Gilbert Brands

NSA, BND & Co.

Die Möglichkeiten der Geheimdienste:

Technik, Datenauswertung, Gegenmaßnahmen

Dr. Gilbert Brands
D-26736 Krummhörn

Email: gilbert@gilbertbrands.de

ISBN-13: 978-1495256134

ISBN-10: 1495256138

Inhaltsverzeichnis

1 Zu diesem Buch

Die Idee zu diesem Buch entstand mehr oder weniger spontan während eines Seminars über IT-Sicherheit, das ebenfalls mehr oder weniger spontan aufgrund der NSA-Spähaffaire im Wintersemester 2013/14 durchgeführt wurde. Ausschlaggebend war die schon als peinlich zu bezeichnende Naivität der Politik im Umgang mit dem Thema sowie das solide Halbwissen, mit dem Medien und von Politik und Medien erkorene Fachleute darauf reagierten. Grund genug für uns, einmal unter der Prämisse unbegrenzter Mittel zu ergründen, was man denn so machen könnte – hardware- wie softwaretechnisch.

Auch als Profi ist man gewohnt, sich immer wieder ein wenig darüber zu wundern, was man mit den inzwischen von fast jedem personifizierten Silikatmitarbeitern alles machen kann. Und ein wenig menschlich benehmen sich die Maschinen ja wirklich, wenn man bedenkt, dass sie nicht nur unglaublich komplizierte Sachen, zu denen der Nutzer nicht in der Lage wäre, erledigen, sondern auch divenhaftes Herumgezicke an den Tag legen, wenn man es wieder einmal eilig hat oder etwas besonderes will.

Was wir bei ein wenig Recherche und Nachdenken, wie man bestimmte Themen als Programmierer angehen könnte, gefunden haben, hat aber selbst uns etwas erstaunt. Man kennt zwar das eine oder andere Detail aus irgendwelchen Quellen, die Synthese ist aber noch wesentlich eindrucksvoller. Von ganz wenigen Ausnahmen abgesehen stellt das vollautomatische maschinelle Aufspüren von Kriminellen und Extremisten für die Nachrichtendienst kaum ein Problem dar, wenn sie tatsächlich über die Möglichkeiten verfügen, über die sie angeblich verfügen. Und dann ist da auch noch die dunkle Seite der Macht . . .

Als Quellen haben wir alles genutzt, was in online-Recherchen auffindbar ist. Allerdings ist das Buch aus dem Blickwinkel verschiedener Möchtegern-Doktorarbeiten der letzten Zeit nicht wissenschaft-

lich: es enthält keine Quellenangaben (oder nur eine: das Internet).
Das hat gute Gründe. Zunächst existiert keine zitierfähige „Bibliothek der NSA-internen Techniken". Viele Medieninformationen sind
unvollständig und die Gesamtinformation muss aus verschiedenen
Teilen zusammengesetzt werden. Internetquellen sind im Gegensatz
zu Bibliotheken auch nicht persistent: eine Zeitschrift finden Sie in
der Bibliothek auch noch in 30 Jahren, einen Link möglicherweise
schon nächstes Jahr nicht mehr (wenn es sich um die Bibliothek von
Omsk/Sibirien handelt, nützt sie einem aber auch wenig). Unternehmensinformationen sind überdies nur bis zum nächsten Produktupdate gültig. Zu Softwareprodukten findet man noch weniger Informationen. Manches in diesem Buch wird daher oberflächlich betrachtet
als Spekulation, wenn nicht als Verschwörungstheorie erscheinen.
Wenn Sie sich als Leser dafür interessieren, wird es aber kaum ein
Problem sein, im Internet Belege zu finden. Vielleicht andere, weil
die Technik sich inzwischen ändert, vielleicht bessere oder schlechtere als wir, weil Sie andere Suchschemata verwenden – aber finden
werden Sie etwas.

Was die im Einsatz befindliche nachrichtendienstliche Technik angeht, kommen wir um verschwörungstheoretische Ansätze kaum herum. Die NSA-Affaire lehrt uns, dass die Dienste wesentlich weiter
sind, als man annimmt, aber wie das Adjektiv „geheim" bei den
Diensten schon andeutet, ist kein Kabel oder kein Schaltschrank mit
einer NSA-Inventarplakette versehen, die irgendeinen Rückschluss
erlauben würde. Im Zweifelsfall gehen wir daher davon aus, dass die
Dienste auch das machen, was sie machen könnten, zumindest örtlich begrenzt, um durch „Erfolge" nachweisen zu können, dass noch
mehr Geld benötigt wird.

Software ist noch diffuser, weil selbst über käufliche technische Systeme kaum etwas in Erfahrung zu bringen ist. Hier mussten wir uns
darauf beschränken, zu analysieren, wie wir als Programmierer bestimmte Probleme angehen würden. Würden, denn natürlich ist es
aus einer ganzen Reihe von Gründen – Hardware, Daten, Zeit – klar,
dass wir in der Praxis nichts erproben konnten. Allerdings hat man
nach 35 Jahren Praxis schon genügend Erfahrungen und Detailkenntnisse, um beurteilen zu können, ob und wie etwas funktioniert
und welcher Aufwand dazu notwendig ist. Bei der Darstellung war

aber verschiedentlich Abkürzung angesagt, da ein Abtauchen in technische Details das Buch zu fachlastig für einen Nichtinformatiker machen würde – ein Drahtseilakt, der ohnehin zu bewältigen war und hoffentlich gelungen ist.

Herausgekommen ist ein Buch, das sich an eine breite Leserschaft wendet, wobei ein wenig technisches Interesse allerdings schon notwendig ist. Formeln gibt es nicht, ebenso keinen Programmcode. Einem Nichttechniker wird das hoffentlich ein *„Aha, so machen die das"* ermöglichen, und bei einem Informatiker wird meist trotzdem ein rudimentäres Klassen- oder Datenbankmodell im Kopf entstehen. Zum leichteren Verständnis habe ich möglichst viele Grafiken integriert. Bei einigen handelt es sich um Screenshots von Anwendungen oder Webseiten auf dem eigenen Rechner, die meisten Abbildungen habe ich dem Internet entnommen und leicht modifiziert. Bis auf wenige Produktabbildungen handelt es sich um Abbildungen, die den *public licence* Bedingungen unterliegen, also frei verwendet werden können und nicht mit Quellenvermerken versehen werden müssen (entsprechend werden Sie auch hier in den seltensten Fällen Quellenvermerke finden). Bei den verbleibenden Abbildungen erhielt ich durchgängig die Mitteilung

> *Bei der Menge der Abbildungen unserer Produkte wissen wir nicht, welche Aufnahme wann und zu welchem Zweck entstanden ist. Die ... GmbH wird daher generell keine Freigabe erteilen, einer Veröffentlichung aber auch nicht widersprechen.*

Nun ja, wer hat schon etwas gegen kostenlose Werbung? Das eine oder andere Unternehmen muss sich aber auch mit kostenloser Antiwerbung in diesem Buch abfinden, wobei ich nichts schreibe, was nicht auch schon andere geschrieben haben.

Die Sprache ist teilweise etwas salopp, was einige seriöse Wissenschaftler ebenfalls als unseriös bezeichnen. Aber besser, Sie bleiben beim Lesen wach, als nach einiger Zeit in ein wissenschaftlich begründetes Wachkoma zu verfallen. Vielleicht verführt es Sie ja auch dazu, einige der Maßnahmen, die am Ende des Buches beschrieben werden, umzusetzen, und sei es nur, um die NSA und den BND zu ärgern. Und nun viel Spaß!

2   NSA = <u>N</u>o <u>S</u>uch <u>A</u>gency ?

2.1   Die Kraken

Viele Vorstellungen von der Arbeit der Geheimdienste kulminieren derzeit im Kürzel „NSA". Früher hatte die CIA diesen Posten, aber um sie ist es etwas ruhiger geworden, zumal sich seit den 1990er Jahren so einige Pannen ereignet haben. Die beiden Kürzel deuten aber schon an, dass man es nicht nur mit einer Organisation zu tun hat, selbst wenn man nur ein Land betrachtet. Und nicht nur in den USA ist die Geheimdienststruktur ein fast undurchschaubarer Krake:

- In den USA spionieren neben NSA und CIA die Defense Intelligence Agency (DIA) als Dachorganisation der Nachrichtendienste der Teilstreitkräfte, die wiederum ihre eigenen Dienste haben, im Wesentlichen:

  - Air Force mit der Air Force Intelligence, Surveillance and Reconnaissance Agency (ISR),

  - Army mit der United States Army Intelligence (G2),

  - Marine Corps mit der Marine Corps Intelligence Activity (MCIA),

  - Navy mit dem Office of Naval Intelligence (ONI),

  - National Geospatial-Intelligence Agency (NGA), die mittels geospezifischer Fernaufklärung Karten- und Bildmaterial liefert,

  - National Reconnaissance Office (NRO), das die Spionagesatellitenprogramme betreibt,

  - National Security Agency (NSA) für die weltweite Überwachung und Entschlüsselung von elektronischer Kommunikation,

- Central Intelligence Agency (CIA) für die ebenfalls weltweite Nachrichtenbeschaffung aus geheimen Quellen, darüber hinaus auch mit operativen verdeckten Geheimoperationen beauftragt,

- Federal Bureau of Invesitgation (FBI) für die landesinterne Verbrechensbekämpfung, aber auch für weltweite verdeckte Ermittlungen im Anti-Terror-Bereich,

- Drug Enforcement Administration (DEA) für die weltweite Drogenbekämpfung, inzwischen aber auch für verdeckte Operationen gegen organisierte Kriminalität allgemein zuständig,

- Bureau of Alcohol, Tobacco, Firearms and Explosives (ATF) mit ebenfalls weltweiter Zuständigkeit auf ihren Gebieten,

- United States Secret Service (USSS) mit Zuständigkeit für Finanzdelikte neben dem Personenschutz.

Daneben gibt es weitere lokale Behörden. Die Dienst unterstehen teilweise einer zentralen Dachorganisation, sind administrativ aber auch unterschiedlichen Ministerien zugeordnet (Verteidigungsministerium DoD, Justizministerium, Finanzministerium, Marineministerium).

- In der BRD, einigermaßen übersichtlich im Vergleich zur USA, tummeln sich

  - der Bundesnachrichtendienst BND,

  - der militärische Abschirmdienst MAD sowie der für landesinnere Nachrichtenbeschaffung zuständige

  - Bundesamt für Verfassungsschutz (BvS), ergänzt durch

  - den Landesverfassungsschutz, den jedes Bundesland für sich zusätzlich unterhält, sowie das

  - Bundeskriminalamt BKA und seine ebenfalls wieder landeseigenen Pendants, den Landeskriminalämtern LKA,

  - außerdem der Bundesgrenzschutz, Feldjäger, Finanzfahndung und Zollfahndung sowie

○ das Bundesamt für Sicherheit in der Informationstechnik (BSI), das neben zivilen Aufgaben auch für die Abschirmung im Internetbereich zuständig ist.

Wie in den USA sind unterschiedliche Dienstherren wie Bundeskanzleramt, Innenministerium, Finanzministerium usw. für die Dienste zuständig.

• In Frankreich wird geht es ähnlich zu, wobei anscheinend fast jedes Ministerium seine eigene Schlapphut- oder Polizeiabteilung mit erweiterten Befugnissen unterhält:

○ Police Nationale,

○ Direction Centrale des Renseignements Généraux (DCRG),

○ Direction de la Surveillance du Territoire (DST),

○ Direction centrale du renseignement intérieur (DCRI),

○ Direction de la Protection et de la Securité de la Defense (DPSD – vor 1992: Securité Militaire),

○ Direction Générale de la Sécurité Extérieure (DGSE)

○ sowie, um auf Kürzel zu reduzieren, BR BRENS, DRM, SGDN und SDECE.

• Großbritannien mit dem

○ Department of Naval Intelligence

○ British Security Service Organisation (BSSO)

○ Defence Intelligence Staff (DIS) - militärischer Geheimdienst

○ Joint Intelligence Committee (JIC)

○ Intelligence Corps - British Army Intelligence

○ Government Communications Headquarters (GCHQ) - technische Aufklärung

○ RAF Intelligence - Royal Air Force Intelligence Branch

○ Security Service (MI5) - Abwehr- und Inlandsdienst

○   Secret Intelligence Service (SIS, MI6) – Auslandsdienst

wobei GCHQ, MI5 und MI6 wohl die bekanntesten sind.

•   In Israel Shin Bet, Mossad und Aman (das sind die bekannten Geheimdienste).

•   . . .

… und so lustig weiter, wobei wir wichtige Länder wie Russland, China, Japan usw. noch nicht mal in der Liste haben. Die Zahl der Geheimdienste kann es schon fast mit dem Artenreichtum des brasilianischen Regenwaldes oder dem Teilchenzoo der Kernphysiker aufnehmen, und auch die Ökologie ist oft kaum weniger komplex.

Wie aus den Bezeichnungen meist schon hervorgeht, hat jeder Dienst formal einen bestimmten Zuständigkeitsbereich. In der BRD beispielsweise:

➤   der BND betreibt formal Auslandsaufklärung,

➤   der Verfassungsschutz übernimmt das Spionieren im Landesinneren,

➤   das BKA ist für die Aufklärung von Verbrechen zuständig,

➤   der MAD ist involviert, sobald militärische Belange betroffen sind,

➤   die Finanzbehörden haben die Steuerfahndung und die Zollfahndung als eigene, neben den Polizeibehörden bestehende und mit einigen Sonderrechten ausgestattete, aber auch sehr speziell ausgerichtete Dienste.

➤   Wenn Militärangehörige involviert sind, sind auch die Feldjäger zuständig.

Intern gliedern sich die Dienste meist grob in Aufklärung, Operationen und Abschirmung (Gegenspionage).

Natürlich gibt es die eine oder andere Schnittstelle zwischen den Zuständigkeiten, aber je nach Sachlage wird jeder Dienst wohl seine Angelegenheiten unabhängig davon verfolgen, ob der Nachbar formal zuständig ist oder nicht.

Auffallend ist, dass die Dienste unterschiedlichen Ministerien unterstehen. Jeder, der ein politisch mit der entsprechende Macht ausgestattetes Amt inne hat, scheint sich mit einem eigenen Spionagedienst umgeben zu wollen, der nicht immer die gleichen Ziele verfolgt wie der des Kollegen. Man arbeitet lustig miteinander (auch Geheimdienste verschiedener Länder) oder gegeneinander (auch Dienste eines Landes), wie es gerade passt.

Zu allem Überfluss darf man häufig auch feststellen, dass der oberste Chef nicht unbedingt über alles informiert ist oder zumindest so tut: wie das 2013 an die Öffentlichkeit gelangte Abhören von Regierungschefs „befreundeter" Nationen durch die NSA zeigt, wusste US-Präsident Obama nach eigenem Bekunden angeblich herzlich wenig von solchen Aktionen. In diesem Fall haben ihn seine Geheimdienstchefs aber später ein wenig mit der Bemerkung in die Pfanne gehauen, dass auch das Bespitzeln der „Freunde" schon immer Bestandteil der Geheimdienstaufgaben gewesen sei. Ob er sich wohl tatsächlich naiverweise nur gewundert hat, wieso man ihn jeweils so umfassend briefen konnten?

Wie dem Leser sicher schon aufgefallen ist, sind einige Organisationen in dieser Aufzählung formal zur Polizei zu zählen. Ihre primäre Aufgabe ist die Verbrechensbekämpfung und ihre Zuständigkeit endet daher meistens an der Landesgrenze, aber bezüglich FBI, DEA, ATF oder deutschem BKA glaubt wohl kaum einer wirklich an diese Beschränkungen, treten doch alle sporadisch in den Medien mit nicht ganz legal erscheinenden Auslandseinsätzen in Erscheinung und ist doch das FBI, und nicht nur das, seit seiner J. Edgar Hoover Zeit auch mit recht dubiosen Vorgehensweisen im Inland aufgefallen.

Auch wenn diese Dienste eine feste Rolle im Polizeiapparat übernehmen, ist es wohl nicht nur Verschwörungstheorie, wenn man eine deutliche Grauzone unterstellt, und die kommt auch nicht von ungefähr, haben diese Dienste doch auch die Aufgabe, nicht legal erworbene Erkenntnisse zu legalisieren (wir werden das noch genauer untersuchen).

Auf der anderen Seite stehen die Bürger eines Landes mit ihren gesetzlichen und verfassungsmäßigen Rechten. Im Grunde sollten sie froh sein, wenn die Dienste sie vor Strolchen und Schlimmerem schützen – aber tun diese das wirklich? Wenn man ein wenig darüber nachsinnt und Meldungen analysiert, darf man getrost seine Zweifel haben, nur edle Jedi-Rittter vor sich zu haben. Die dunkle Seite der Macht scheint manchmal zu verlockend zu sein.

Natürlich spielt auch eine gewisse Paranoia der Betroffenen eine Rolle. Während Lieschen Müller dankbar ist, weil ihr der Metzger in Kenntnis ihrer Vorlieben ein besonderes Stück Fleisch reserviert hat, ohne dazu beauftragt zu sein, stört sie es, wenn amazon das Gleiche macht. Was man technisch nicht durchschaut, ist grundsätzlich unheimlich, aber ein wenig Mühe, sich technisches Verständnis anzueignen, ist selbst bei Akademikern oft schon deutlich zu viel verlangt, und so lässt man sich gerne von Verschwörungstheorien zu ebenso extremen Ansichten verleiten, wie sie die Dienste auf der anderen Seite vertreten.

Schauen wir uns das bunte Treiben im Folgenden einmal ein wenig an. Wie eingangs schon betont: ich verfüge nicht über spezielle Informationsquellen und bin auch kein professioneller Rechercheur – das überlasse ich den Journalisten. Ich benutze lediglich allgemein bekannte oder zugängliche Informationen und verdichte diese aufgrund meiner technischen Fachkenntnisse (diese sind bei Journalisten im Gegenzug Mangelware). Ein bisschen Spekulation ist natürlich auch dabei, wenn den Diensten der Zugriff auf die eine oder andere Informationsquelle im Weiteren einfach unterstellt wird. Man mag einiges unter diesen Gesichtspunkten   vielleicht als Verschwörungstheorie abtun, aber Maßstab in diesem Buch ist:

Was ist technisch mach- und bezahlbar?

Die Geschichte bzw. C.N.Parkinson lehren uns: *„was gemacht werden kann, wird auch gemacht"*, also gehen wir davon aus, dass es so ist (Mahatma Gandhi war außerdem der Ansicht: *„die Geschichte lehrt die Menschen, dass die Geschichte die Menschen nichts lehrt"*, und wir werden diese Weisheit später auch noch wiederfinden).

Manches wird dem Leser vermutlich bekannt vorkommen, und er wird denken *„Aha! Das habe ich in dem oder dem Film schon mal gesehen! "*. So manches sieht in den Kinofilmen vielleicht recht unwahrscheinlich aus, und einiges ist auch sicher mehr der filmischen Dramatik geschuldet als der Realität. Wir werden aber sehen: So weit entfernt von dem, was möglich ist und vermutlich auch gemacht wird, sind die Kinofilme gar nicht entfernt.

2.2 Strategische Ausrichtung

Unser Themenbereich in diesem Buch betrifft vorzugsweise die Aufklärung und Informationsauswertung. Die Abschirmung wird eigentlich nur an den Stellen berührt, wo sie etwas peinlich versagt hat, und Operationen à la James Bond lassen wir ganz außen vor.

Die klassische Ausrichtung der Aufklärung ist die gezielte Informationsbeschaffung. Das betrifft politisch die Regierungen anderer Länder, wobei traditionell keine großen Unterschiede zwischen Ländern, zu denen gute Kontakte unterhalten werden, und solchen, zu denen die Beziehungen sehr konfliktgeladen sind, gemacht werden. Die Aufklärung in Ländern mit guten Beziehungen ist häufig sogar aktiver, da sich die Dienste freier bewegen können, und es ist ziemlich blauäugig, davon auszugehen, dass die Bewegungsfreiheit nur dazu genutzt wird, die Feinde auszuspähen und Informationen, die über die Freunde nebenbei auch anfallen, zu ignorieren.

Spätestens mit den ersten Terroranschlägen, also schon deutlich vor dem 11.9.2001, aber auch besonders danach stellte die Öffentlichkeit natürlich die Frage an die Nachrichtendienste, wieso sie im Vorfeld keine Aufklärung betrieben und die Anschläge verhindert hat. Die gleichen Fragen wurden anschließend bei Amokläufen gestellt, weil es einfacher ist, nach Schuldigen für ausgebliebene Vorwarnung zu suchen als sich der Frage nach den Ursachen und deren Abstellung zu stellen.

Wie sich später in Untersuchungsausschüssen oft herausstellt, waren Aufklärungsdaten tatsächlich vorhanden, haben aber nicht zu den gewünschten Schlussfolgerungen geführt. Retrospektiv ist alles ganz klar. In der BRD wurden die verschiedenen Dienste beispielsweise im Rahmen der Morde, die der NSU-Gruppe unterstellt werden, gnadenlos von einem Bundestagsuntersuchungsausschuss mit tatkräftiger Unterstützung insbesondere der türkischen Regierung und türkischer Medien geschlachtet, wobei fein säuberlich unterdrückt wurde, dass die türkische Polizei die deutsche Polizei immer wieder mit Hinweisen in der Richtung „organisierte Kriminalität" gefüttert hat (zeitonline noch im Mai 2012).

Während es retrospektiv für ausgewiesene Fachleute wie Politiker klar auf der Hand liegt, dass man sofort in eine bestimmte Richtung hätte ermitteln sollen, können die Fachleute der nachrichtendienste auf der anderen Seite mehr oder weniger mathematisch schlüssig nachweisen, dass die statistische Datenbasis bzw. die Verknüpfungsmöglichkeiten unterschiedlicher Daten einfach zu dünn gewesen sind, um zwingend den richtigen Schluss zu ziehen. Während die deutsche Politik der Versuchung, Deutschland wieder einmal als *Bad Boy of the World* zu präsentieren, haben die britische und US-amerikanische Regierung ihren Fachleuten anscheinend besser zugehört.

Die Antwort der Dienste auf die Vorwürfe besteht folglich in einer immer größeren allgemeinen Datensammelwut, die auf den ersten Blick in Teilen wenig zielführend aussieht. So fragten selbst Sicherheitsexperten wie Bruce Schneier, wo denn die strengen Kontrollen an Flughäfen mit Erfassung biometrischer Daten hinführen soll. Schließlich gehören Selbstmordattentäter nicht in die Rubrik Wiederholungstäter. Sie schlagen einmal ohne Warnung zu, und aufgezeichnete Daten können nicht zur Verhinderung des nächsten Anschlags dienen, weil der Täter wieder ein anderer ist.

Die Zweifel wären zumindest teilweise korrekt, wenn die Nachrichtendienste mit dem Sammeln solcher Daten aufgehört hätten. Haben sie aber nicht. Die Sammlung vom Daten, die für sich alleine betrachtet vielleicht ebenso sinnlos erscheinen, geht sehr viel weiter, und den Hauptaspekt – die Verknüpfung der Daten untereinander – hat Schneier offenbar zunächst gar nicht mitbekommen. Über einige Jahre kumuliert erlaubt die Verknüpfung vieler unscheinbarer Daten die Aufdeckung von Netzwerken und damit letztendlich doch das rechtzeitige Stoppen eines Selbstmordkommandos, so die Idee der Nachrichtendienste.

Herausgekommen ist zumindest bei der NSA und den Briten die Strategie des allgemeinen Ausspähens der kompletten Bevölkerung mit Rückgriff auf Daten, die im Allgemeinen als private Daten betrachtet werden, die niemanden etwas angehen. Die klassische Aufgabe der Zielausspähung wird bei dieser allgemeinen Bespitzelung zum größten Teil gleich mit erledigt bzw. lässt sich bei Bedarf sogar effektiver als vorher erledigen, weil mehr Mittel dazu zur Verfügung stehen.

Mit Hilfe dieser Strategie hofft man, terrorverdächtige Strukturen bereits früh im Vorfeld zu erkennen, gezielter zu beobachten und, sollte sich die Lage auf einen Terroranschlag zuspitzen, rechtzeitig zugreifen zu können. Wie die Erfahrung zeigt, geht diese Erwartung manchmal auf (verhinderte Anschläge in der BRD und in Großbritannien), manchmal aber auch nicht (Anschlag von Boston in den USA und in Großbritannien).

Natürlich sind die meisten so gesammelten Daten völlig harmlosen Bürgern zuzuordnen, wenn man nur den Aspekt des Terrorverdachts unterstellt. Wie wir noch sehen werden, ist aber gerade eine allumfassende Datensammlung und Datenverdichtung eine Voraussetzung dafür, dass die Ziele halbwegs sicher erreicht werden können. Ein weniger dichtes Netz hat weitere Maschen, und weitere mediale Unfälle in Form gelungener Attentate wollen die sich Regierungen nicht einhandeln.

Was macht man nun mit 99% nur teilweise benötigten Daten? Wegwerfen wäre schade und widerspricht dem Messie-Prinzip des Sammlers. Die Anstrengungen zielen daher noch einen Schritt weiter: nicht nur eine mögliche Terrorzelle aus mehreren Personen mit spezifischer Struktur und Verhaltensweisen soll erkannt werden, auch der mögliche Einzeltäter soll irgendwann durch Suchraster erkannt werden, so dass die Polizei gewissermaßen schon vor Ort wartet, wenn der Täter sich nach dem Frühstück erst für seine Tat anzieht.

Für diese Ziele benötigt man natürlich noch mehr Daten und noch speziellere und rechenzeitintensive Auswertungen, wobei wohl erst die Zukunft zeigen wird, was genau auszuwerten ist und welche „Erfolge" zu erwarten sind.

Dass bei Verfolgung dieser Strategie folgerichtig kein Teil des Lebens mehr ausgespart wird und hinterher möglicherweise

- Regierungen oder einzelne Gruppen in den allmächtigen Diensten ihre Macht im Stil der Filme „Das Netz" oder

„Staatsfeind Nr. 1" missbrauchen und jeden nach Belieben ruinieren oder vernichten können oder

• Maschinen aufgrund irgendwelcher Algorithmen Entscheidungen über Menschen treffen, die denen einiger SciFi-Horror-Kinofilme nicht unähnlich sind,

hat ebenso folgerichtig Datenschützer auf den Plan gerufen, die gesetzliche Beschränkungen oder persönliche Schutzmaßnahmen im Sinn haben. Deren Erfolge sind bislang begrenzt, da Politik Freiheitsrechte immer mehr zur Disposition stellt und die Masse der von der Ausspähung Betroffenen eher auf dem Standpunkt „ich habe nichts zu verbergen" verharrt und nichts zum Selbstschutz unternimmt. Letzteres hat vornehmlich damit zu tun, dass keiner etwas von der Technik versteht oder verstehen will und Alternativen zum „Schutz vor Terror" politisch wenig diskutierbar sind.

2.3   Große Empörung!

Kommen wir nun einmal zum Auslöser für das Schreiben dieses Buches. Eigentlich weiß ja jeder, oder sollte es wissen, dass die Nachrichtendienste alles abhören, was sie abhören können. Das inzwischen veraltete Echelon-System der NSA, eine Gemeinschaftsproduktion der USA und nahezu aller ehemals britischer Kronländer, das angeblich die gesamte Telefonie in Deutschland überwachte (und das wohl auch tat), ist schon seit den 1970er Jahren bekannt und inzwischen durch ein Programm namens Prism ersetzt – noch größer, noch schöner, noch bunter, noch umfassender. Allerdings ist das alles ja nicht so schlimm, wie das EU-Parlament bescheinigt:

> *„Auch über die Zielsetzung des Systems, private und kommerzielle – und nicht-militärische – Kommunikation abzuhören, ist man sich einig. Der Ausschuss weist jedoch darauf hin, dass die technischen Kapazitäten des Systems nicht annähernd so weitreichend sind, wie von einigen Medien behauptet wurde [...]. Der Ausschuss kommt zu dem Schluss, dass bei einer Verwendung des Systems ausschließlich für nachrichtendienstliche Zwecke kein Verstoß gegen EU-Recht besteht; wenn das System jedoch dazu missbraucht wird, sich*

Wettbewerbsvorteile zu verschaffen, steht dies in krassem Ge-
gensatz zu der Verpflichtung der Mitgliedstaaten zu Loyalität
mit dem Konzept des freien Wettbewerbs im Gemeinsamen
Markt."

– BERICHT DES ECHELON-AUSSCHUSSES DES EUROPÄISCHEN
PARLAMENTS

Nun ja, das EU-Parlament ist ja bislang auch nirgendwo verfassungs-
mäßig legitimiert, sondern man musste in den Ländern, in denen ansatzweise darüber abgestimmt wurde, nach der demokratischen Regel
„hier wird so lange gewählt, bis das Ergebnis stimmt" verfahren, und
es hat bei vielen Bürgern aus mehreren Gründen auch sonst eher
einen schlechten Ruf, da braucht man hier eigentlich auch nichts anderes zu erwarten. Wobei bei Parlamenten immer noch hinzu kommt
ist, dass selten echte Fachleute hinzu gezogen werden. Wenn man
sich die Fachkommissionen anschaut, die ein Parlament beispielsweise zu Fragen der Atomtechnik berät, so wimmelt es darin von Dokto-
ren und Professoren der Sozialwissenschaften, Juristerei, Politikwis-
senschaften, Künstlern und sonstigen Geisteswissenschaftlern. Nur
einen Physiker wird man vergebens in der Liste suchen. Warum sollte
es bei Fragen der Internettechnik anders sein?

Nun kommt im Jahr 2013 der WhistleBlower Edward Snowden ins
Spiel, der von der totalen Überwachung des Internets – und damit
auch der Telefonie, die inzwischen weitgehend auch über dieses Netz
abgewickelt wird – und überhaupt vieler Bereiche des öffentlichen
Lebens durch die NSA berichtet. Zusätzlich wird noch bekannt, dass
das britische GCHQ das Selbe macht, indem es kurzerhand die
Überseekabel, die über britisches Territorium laufen, anzapft. Nun,
vermutlich macht das jeder, der Zugriff auf eines der weltweiten Ver-
bindungskabel hat (Abbildung 2.1), aber die Briten sind halt dabei
aufgefallen.

Die Öffentlichkeit, also die Medien, ist pikiert, betroffen, bestürzt
und was sich sonst noch so an üblichen Floskeln herbei zaubern lässt,
verlangt Auskunft, Untersuchungen, Stellungnahmen und ist zumindest für eine Weile lang beschäftigt.

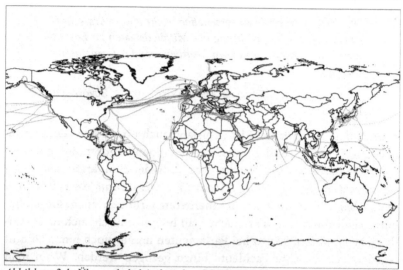

Abbildung 2.1: Überseekabel (wikipedia, CC BY-SA 3.0)

Und die Politik? Die Regierung hüllte sich mehr oder weniger in Schweigen und tat so, als ob nichts geschehen sei, und der Bundespräsident legte auch eher ein Verhalten an den Tag, das man als Verrat an seiner früheren Bürgerrechtsrolle auslegen kann. Immerhin sind die Amerikaner ja "Freunde", die man nicht wegen so einer Lappalie anpinkelt. Lediglich der deutsche Innenminister reiste in die USA, um „Aufklärung" zu verlangen, wobei er aber hier völlig falsch am Platz ist, denn

a) das wäre die Aufgabe des Außenministers (von dem hörte man aber gar nichts) oder der Kanzlerin, die aber lediglich in bekannter Weise die Fingerspitzen aneinander legte, und

b) gerade er dürfte über solche Sachen genau im Bilde sein, spielt sich doch alles in seinem Zuständigkeitsbereich ab und mischen seine Leute doch mit hoher Wahrscheinlichkeit ebenfalls mit.

Vermutlich ist außer *„könnt ihr nicht besser auf eure Verräter aufpassen? "* nichts bei den Gesprächen heraus gekommen. Von Regierungsseite ein wenig Scheinaktivismus, aber sonst weitgehend die Pflege des alten sizilianischen Brauchs der Omertà (→ Schweigekodex der Mafia) sowie die Versicherung, dass von den deutschen Schlapphüten nichts gesetzwidriges unternommen worden sei.

Der Bundestag setzte zwar eine kleine Kommission ein, die nach kurzer Beratung erwartungsgemäß heraus fand, dass die deutschen Geheimdienste nichts gewusst und schon gar nichts Unrechtes getan hätten. Wobei das „nichts gewusst"

a) ziemlich peinlich ist, wenn der Platzhirsch (angeblich) nichts davon mitbekommt, wenn sich in seinem Hinterhof jemand an seine Herde heranmacht, und obendrein

b) schon recht eigenartig ist, sind die deutschen Nachrichtendienste doch andernorts (z.B. Afghanistan) an der Schnüffelei mit eben diesem System PRISM beteiligt (natürlich ein ganz anderes, das *zufällig* den gleichen Namen besitzt) und testen hier zu Lande die US-Software für den Eigenbedarf.

Und wo bleibt eigentlich der Abschirmdienst in Gestalt des Verfassungsschutzes und des BSI? Wenn der VS es schon hinbekommt, ca. 2/3 der Parteimitglieder der NPD zu stellen, um ein Verbot dieser Partei einzustielen, sollte es ihm da nicht auffallen, dass im Gegenzug 2/3 aller Telekom-Mitarbeiter Agenten der NSA sind? Gut, das Zweite ist ein Scherz und übertrieben, aber prinzipiell stellen sich solche Fragen schon, wenn es heißt „haben wir nicht gewusst".

Anmerkung 1. *Natürlich gibt es auch Kontrollmechanismen für die laufende Tätigkeit der deutschen Nachrichtendienste wie den parlamentarischen Kontrollausschuss des Bundestages. Allerdings ist der auf 11 ausgesuchte Mitglieder beschränkt, die zwar weit reichende Vollmachten haben, aber zur Verschwiegenheit verpflichtet sind und natürlich auch nur Sachen nachgehen können, von denen sie Kenntnis erlangen und die nicht in den Diensten selbst intern verdeckt sind. Bei der oben angesprochenen Auffächerung und weiterer Organisationsschemata, auf die wir noch kommen, lässt sich vermutlich sehr viel verstecken.*

Anmerkung 2. *Die Erklärungen, die man von offizieller Seite zu solchen Themen über sich ergehen lassen muss, lassen schon manchmal den Eindruck entstehen, dass eine Beleidigungsklage gegen die Regierung wegen öffentlicher Unterstellung totaler Blödheit des Bürgers Aussicht auf Erfolg haben könnte.*

Um die Sache nun endlich abzuschließen, trat das Justizministerium mit der Erklärung an die Öffentlichkeit, dass die NSA anlässlich des inzwischen ebenfalls in die Öffentlichkeit gezerrten Neubaus eines Abhörzentrums hoch und heilig versprochen habe, sich an deutsche Gesetze zu halten. Für mich hat das etwa die Qualität einer Meldung wie

> *„Nach zähen Verhandlungen haben sich die Löwen in der Serengeti vertraglich verpflichtet, sich zukünftig vegetarisch zu ernähren, damit die Gnus nicht mehr weglaufen müssen."*

Restliche Aufmüpfige gegen die Spähaktionen wurden jedenfalls brav ignoriert, und auch die Regierung hat es nicht nötig, zu einer von der Schriftstellerin Juli Zeh initiierten Online-Petition mit mehr als 300.000 Teilnehmer Unterstützern Stellung zu nehmen. Also alles wieder in Ordnung – bis herauskam, dass die Bundeskanzlerin neben Regierungschefs anderer Länder ebenfalls gezielt belauscht wurde.

Erneute große Empörung, diesmal mit Einbestellung des US-Botschafters (erstmalig in der Geschichte der BRD), denn so etwas *„geht unter Freunden gar nicht!"*. Später traf es dann in gleicher Angelegenheit den britischen Botschafter, weil die Briten immer noch lustig weiter spionierten, als die US-Boys schon von den EU-Regierungen, die britische munter mitten drin, heftig gerügt wurden.

„Nicht Freunde, Partner," stellte der ehemalige Botschafter der USA in Deutschland sicher, aber diese Kosmetik kommt bei den Betroffenen nicht allzu gut an. *„Außerdem seien die Geheimdienste unter einem ungeheuren Druck, terroristische Anschläge zu vereiteln,"* wurde weiter argumentiert, *„da könne schon einmal der eine oder andere Mitarbeiter über die Stränge schlagen"*. Auch das kam nicht wirklich gut bei den Adressaten an, zumal der US-Präsident, wie wir oben schon erwähnt hatten, nach der zunächst relativ glaubhaften Versicherung, von nichts gewusst zu haben, postwendend von seinen eigenen Geheimdienstchefs, die betonten, *„die altbewährte Gepflogenheit der Ausspionierens sei schon immer im Weißen Haus bekannt gewesen"*, in die Pfanne gehauen wurde. Außerdem würden sie weiter machen, da es die Anderen (BRD, F, ...) auch tun – was nach wütendem Protest der Anderen (BRD, F, ...) natürlich erstunken und erlogen ist. Außerdem bringt es mehr Sicherheit und fördert die Zusammenarbeit bringt, wenn man wirklich weiß, was ein anderer Regie-

rungschef denkt und man nicht nur auf das Geschwätz in den Medien oder auf dem diplomatischen Parkett angewiesen ist.

Zwischen dieses Geplänkel funkten zusätzlich immer neue auf Snowden zurückgehende Meldungen in den Medien, die jedes Mal die Grenzen des allgemeinen und speziellen Bespitzeln erheblich ausweiteten. Mit jeder neuen Enthüllung wurde es technisch aber auch diffuser, wie die Nachrichtendienste dahin gelangen können.

Wenn es nicht permament nach einem ziemlichen Schmierentheater aussehen würde, was da läuft, könnte man herzlich darüber lachen. Fazit: so lange man (=Regierung) nicht selbst betroffen ist, ist alles halb so schlimm und die Betroffenen (=Bürger) sollen sich gefälligst nicht so aufregen, ja man (=Innenminister) kann sogar fordern, die eigenen Überwachungsanstrengungen doch bitte deutlich zu steigern (→ neues Gesetzesdiskussion der Vorratsdatenspeicherung, natürlich als EU-Vorgabe, um die Diskussion abzukürzen). Ist man (=Regierung) aber selbst betroffen, werden auf einmal ganz andere moralische und rechtliche Maßstäbe angelegt. Und die Medien haben allemal wieder was zu schreiben.

2.4 Datenschutz und juristische Tricks

Ein Problem, vor dem die Datensammler stehen, ist die legale Ausnutzung ihrer Erkenntnisse. Sofern die Daten Bürger des eigenen Landes betreffen und obendrein noch im Land selbst gesammelt werden, haben die Geheimdienste formal die verfassungsmäßigen Bürgerrechte der Staatsbürger und sonstige Landesgesetze zu beachten. Aber gerade Beobachtungen, die auch oder vorzugsweise das eigene Land betreffen, sind für Ziele wie Terrorismusabwehr besonders wichtig.

Was ist erlaubt?

Vom rechtlichen Standpunkt aus betrachtet verhalten sich die NSA mit den Abhöraktivitäten in der BRD und der britische Geheimdienst mit dem Abhören der Überseekabel völlig legal, zumindest wenn die Briten nur ausländische Nachrichten abhören, die lediglich ihr Territorium passieren. Die britischen Medien regten sich zwar auch ein wenig auf, aber selektiv darüber, dass von der Lauscherei mehr oder weniger zwangsweise auch britische Staatsbürger betroffen waren (so genau kann und will man das auch nicht trennen).

Zurück zu den inländischen Beschränkungen, die auch nur formaler und medialer Art sind: Erkenntnisse aus Beobachtungen, die gesetzwidrig durchgeführt wurden, dürfen gerichtlich nicht verwertet werden. Tiefer gehende Eingriffe in den Datenschutz dürfen nur erfolgen, wenn

- ein begründeter Anfangsverdacht vorliegt und

- die Staatsanwaltschaft bzw. ein Gericht die Maßnahme angeordnet hat oder

- „Gefahr im Verzug" ist, was aber juristisch nachzuweisen ist.

Nach diesen Regeln ist die Polizei erst einmal aus dem Spiel, weil sie auf allgemeinem Lauschen erhaltene Erkenntnisse nicht im Rahmen ihrer Aufgaben verwerten könnte. Die Geheimdienste sind natürlich weiterhin im Spiel, allerdings wäre es medial fatal, würden sie der Polizei Tipps geben, die zwar ebenfalls mit hoher Wahrscheinlichkeit nicht gerichtlich verwertbar wären, aber der Öffentlichkeit das breite Bespitzeln offenbart. Ansonsten haben die Geheimdienst nur ein „du, du, du!" zu befürchten, wenn sie auffallen, wie die diversen Whistle Blower-Affairen zeigen – und selbst das wissen sie meist zu verhindern.

Zusätzlich existieren im Falle einer „besonderen Bedrohung" auch Möglichkeiten, die Bürgerrechte gewissermaßen außer Kraft zu setzen und die Arbeit der Geheimdienste zu legalisieren. Mit normalerweise rechtswidrigen Mitteln erhaltene Informationen sind in diesem Fall trotzdem nutzbar bzw. die Geheimdienstleute, die in normalen Zeiten für ein Schlagen über die Stränge auch juristisch belangt werden können, brauchen keinerlei Folgen zu fürchten. In Deutschland ist die besondere Bedrohung mit dem Begriff „Notstandsgesetze" verbunden. Um sie in Kraft zu setzen, bedarf es schon einigen Aufwands.So etwas ist auch in den EU-Verträgen vorgesehen, und zwar an den nationalen Verfassungen vorbei (!) und mit einer eigenen speziellen Vollstreckungseinheit (EuroGendFor), falls die nationalen Polizei Gewissensbisse haben sollte.

AUFWEICHUNG DES SCHUTZES DER BÜRGERRECHTE

In den USA ist das etwas einfacher, weil die sich per Definition permanent im Zustand besonderer Bedrohung befinden. Was die Geheimdienste juristisch einwandfrei innerhalb der USA machen dürfen, wird durch ein Geheimdienstgericht geprüft und freigegeben (United States Foreign Intelligence Surveillance Court, FISC). Das Gericht wird oft auch schlicht „Geheimgericht" genannt, was insofern der Realität entspricht, als die Beschlüsse geheim sind und nur das veröffentlicht wird, was die Regierung für notwendig erachtet. Das Rechtssystem wird hierdurch in mehrfacher Hinsicht pervertiert, weil

- Gerichtsverfahren ja gerade der öffentliche Teil von Rechtsverfahren sind, in denen die Betroffenen das Recht und die Gelegenheit haben, sich gegen die Anschuldigungen zu verteidigen,

- das Geheimgericht im Prinzip illegale Überwachung genehmigt oder illegale Vorgehensweisen legalisiert und

- obendrein keiner öffentlichen Kontrolle unterliegt.

Zwar ist es im Rahmen von Ermittlungsverfahren auch in der BRD üblich, dass Gerichte Überwachungsmaßnahmen absegnen, ohne dass die Betroffen zunächst davon erfahren, allerdings nur im Einzelfall und erst nach einer Kontrolle, ob die rechtlichen Mindestvoraussetzungen für die Einschränkung der Bürgerrechte erfüllt sind. In den USA segnet das Geheimgericht die Überwachung ganzer Gruppen auf bloßen Verdacht hin ab, und mit dem Patriot-Act können die Geheimdienste inzwischen selbst an dieser Kontrolle vorbei in vielen Fällen eigenständig entscheiden, ob sie Bürgerrechte beachten oder nicht.

VORRATSDATENSPEICHERUNG

Doch zurück zum Normalfall in der BRD. Wie erreicht man nun, dass zumindest ein Teil legal gemacht werden kann und obendrein vor Gericht nutzbar wird?

Der auch schon recht alte Trick heißt „Vorratsdatenspeicherung". Man (=Polizei) lässt Andere (!) die Daten abspeichern und kann im

Bedarfsfall im Nachhinein Regel gerecht auf die benötigten Einzelda-
ten zugreifen (um diesen Trick handelt es sich auch wieder bei der
aktuell auflebenden Diskussion). Was die Geheimdienste machen, ist
deren Problem; sie sind zumindest aus dem Fokus gerückt, allerdings
dürfen sie offiziell nicht die Rolle der Anderen (→ also die, die Daten
speichern) im eigenen Land übernehmen.

Außerdem kann man mit einem Auswertungsbeschluss dann auch
Regel gerecht gezielt laufende Daten erfassen, aber nur solche, die
zum juristischen Fall gehören; andere Daten müssen ignoriert werden, oder im Klartext: ein „begründeter Anfangsverdacht" muss irgendwie auf einem anderen Weg beschafft werden, um die Daten nutzen zu können.

Zwar wird regelmäßig über die Vorratsdatenspeicherung diskutiert,
aber wer den Eindruck hat, es gehe hier um das Prinzip, der täuscht
sich; es geht lediglich um den Zeitraum. So gibt es seit den 1990er
Jahren die gesetzliche Verpflichtung für eine Reihe von Branchen,
Daten für mindestens 3-6 Monate zu speichern sowie Abhörschnitt-
stellen für die Behörden vor zu halten. Das funktioniert im Bereich
Telefonie hervorragend, weil die Unternehmen die Verbindungsdaten speichern müssen, um sich mit ihren Kunden ggf. über Abrech-
nungseinzelheiten auseinander setzen zu können. Betroffen sind Verbindungsdaten und im Mobilfunk auch Anmeldedaten an den Fun-
knetzknoten, weil die Unternehmen untereinander auch das so genannte Roaming abrechnen, also Gespräche, die über einen Knoten
eines anderen Mobilfunkanbieters abgewickelt werden.

Die Fremdaufzeichnung stellt allerdings nur eine Teillösung aus Sicht
der Geheimdienste dar, weil nur ein Teil der möglichen Daten aufgezeichnet und obendrein noch nicht einmal ausgewertet werden kann,
wenn kein rechtlicher Grund vorliegt. Für sie ist die zweite gesetzliche Vorgabe, die einzurichtende Abhörschnittstelle, die die Polizei
nur auf richterlichen Beschluss nutzen darf, viel interessanter. Die
Legalisierung ohne rechtlichen Hintergrund erhaltener Informationen wird aber zumindest schwierig, weil in einem Gerichtsverfahren
dann ja zugegeben werden muss, dass staatliche Stellen rechtswidrig
spioniert haben. Erhält die Polizei also einen Tipp bezüglich verdäch-
tiger Personengruppen, enthält dieser vermutlich nur die Details, die
sich hinterher auch legal auswerten lassen.

KLEINE PANNE

Gelten sollen die Regelungen der Aufzeichnung durch den Provider auch für den Internetverkehr, aber hier funktioniert das nicht, weil kaum einer der Provider die Zugangs- oder Verbindungsdaten speichert! Länger als 24 Stunden lässt sich kaum eine IP-Adresse durch die Polizei verfolgen, da meist nur der DHCP-Status, also die für einen begrenzten Zeitraum zugeteilte IP-Adresse, abfragbar ist. Das macht gerade die Strafverfolgung im Internet recht kompliziert, denn die entscheidenden Daten stehen nicht mehr zur Verfügung, wenn man endlich weiß, welche man benötigt (und die vom Geheimdienst, sollte er die Aufzeichnung durchführen, darf die Polizei nicht nutzen – abgesehen davon, dass hier auch Interessen der verschiedenen Dienste aufeinander stoßen, was das Ganze noch komplizierter macht).

Halten sich die Provider hier etwa nicht an deutsche Gesetze? Doch, tun sie. Allerdings wird im Internetbereich weder bei Kunden noch untereinander nach Verbindungen abgerechnet, so dass für sie keine Aufzeichnungsnotwendigkeit besteht. Lediglich der Gesamtdatenaustausch eines Kunden ist abrechnungstechnisch interessant, aber der ist an den Namen gebunden und nicht an eine IP-Adresse.

Wer bezahlt in diesem Fall für die Speicherung? Nach Auffassung der Regierung natürlich der Provider (und damit der Kunde für seine eigene allgemeine Bespitzelung), aber eine diesbezügliche Klage der Provider, die bis vor den Bundesgerichtshof gebracht wurde, ergab:

„wer die Musik bestellt, muss sie auch bezahlen."

Speicherung ja, aber die Kosten haben die Behörden zu tragen. Damit waren die Polizeidienste erst einmal draußen. In der BRD finanziell notorisch schlecht versorgt, ist bei ihnen für Speichermaßnahmen kein Geld vorhanden, zumal die Daten ohnehin nur selten benötigt werden. Und die Provider müssen ja nicht, also tun sie es auch nicht. Ende der legalen Strafverfolgung?

WARUM DIE NSA IN DER BRD SO AKTIV IST

Nein, denn nun kommt die NSA ins Spiel. Für die sind die Kosten für eine Datenspeicherung kein großer Posten, also vermietet der BND gewissermaßen in einem „Lend-Lease-Act" – der Trick von Roose-

velt und Churchill im 2. WK, um die Briten vor der Zahlungsunfähig-
keit zu bewahren – seine Schnittstellenrechte an die NSA, die nun
ganz legal alles abhören und aufzeichnen kann. Sie muss dabei nicht
groß nachfragen, da sie nicht den deutschen Gesetzen unterliegt, und
der BND tut im Rahmen seiner Aufgaben und Rechte auch nichts
Ungesetzliches, wenn er seine ihm gesetzlich zugebilligten Schnittstellen in die Netze auch nutzt.

Wie wird das Ganze nun für deutsche Dienst legal verwertbar? Recht
einfach:

1) Die NSA kann ganz nebenbei dem Partnerdienst BND Informationen aus der Auswertung der allgemeinen Überwachung zufließen lassen, wenn ihr etwas auffällt.

2) Der BND wiederum kann nun ganz offiziell das BKA über
   „Verdachtsmomente" informieren, die er ganz legal und
   durch die Kontrollgremien überprüfbar nicht durch eigene
   Tätigkeit, sondern aus unabhängigen Quellen erhalten hat
   (wir erinnern uns: alle sind zur Verschwiegenheit über die
   Interna verpflichtet).

3) Das BKA kann nun völlig legal und gerichtlich verwertbar
   den Rest der Maschinerie anwerfen, und alle sind zufrieden.

Deutsche Behörden haben in diesem Modell zu keinem Zeitpunkt
selbst illegal etwas abgehört.

Über allem steht das Wörtchen „geheim", d.h. diese Vorgehensweise
ist offiziell nur eine Spekulation, aber eine sehr gut begründete, denn

- die gesetzlichen Grundlagen lassen sich nachlesen,

- die NSA unterhält ganz offen Lauscheinrichtungen für Telefonie und Internet in der BRD und baut sie sogar weiter aus,

- laut Medienberichten geben die deutschen Dienste selbst
  zu, dass ihre Erfolge über islamistische Terroraktivitäten auf
  frühzeitige Hinweise von „befreundeten Diensten", wobei
  die NSA auch namentlich erwähnt wurde, zurückzuführen
  ist.

Es ist gut möglich, dass auch weitere Dienste miteinander kooperiert
haben, aber so oder so ähnlich wird sich das abspielen.

Um das Bild abzurunden: das beschriebene Prozedere betrifft natürlich nur Aktivitäten deutscher Geheimdienste auf deutschem Boden
oder bezüglich deutscher Staatsbürger, trifft aber mit einigen Variationen auch auf andere Nationen zu. Sammeln die Geheimdienste irgendwo im Ausland oder über Ausländer im Inland Informationen,
können diese natürlich völlig legal auch für Polizeiaktionen im Inland
verwendet werden. Dabei darf nur nicht der Eindruck eines allgemeinen Lauschens entstehen. Aus diesem Zusammenhang ergibt sich
zwischen den Geheimdiensten auch die Möglichkeit eines ausgiebi-
gen Gebens und Nehmens, und auch der BND versorgt die über-
mächtige NSA mit dem einen oder anderen Schmankerl aus seiner
Horchtätigkeit.

SCHWEIZER BANKEN

Der letzte Abschnitt dieses Kapitels ist nun in der Tat verschwö-
rungstheoretisch angehaucht. Im Rahmen der Bemühungen, die
Steuerflucht einzudämmen, sind in der BRD wiederholt so genannte
Steuer-CDs aufgetaucht, die (angeblich) Daten von Konten deutscher Staatsbürger bei schweizer Banken enthalten, und den Finanzbehörden zum Kauf angeboten worden. Wir wollen uns dieses Thema
einmal aus der Sicht der Snowdenschen Behauptung, die NSA könne
problemlos alle Bankdaten mitlesen, anschauen.

Gewisse Irritationen bei der Bevölkerung hat zunächst der Ankauf
der CDs durch verschiedene Finanzministerien ausgelöst. Die Kaufpreise lagen angeblich teilweise im Millionenbereich, und bei den
Preisen kauft man wohl kaum noch ohne eine Prüfung, ob die Ware
den Preis auch wert ist. Handelt es sich um gestohlenen Ware, so machen sich die Finanzbehörden rein formal der Hehlerei schuldig, und
die selbstbewussten Worte einiger Minister „wir kaufen alles, was in
schweizer Banken geklaut wird" darf man sogar als Anstiftung zu einer Straftat auffassen. Entsprechend unklar war zunächst, ob solche
Daten überhaupt in Ermittlungsverfahren verwendet werden dürfen.

„Hat uns ein Dieb angeboten" ist aber nach der bisherigen Ansicht
des Bundesverfassungsgerichts in Ordnung (es sind zum Zeitpunkt
des Schreibens des Buches noch Verfahren anhängig). Es kann nichts
Unrechtes daran erkennen, wenn geklaute Daten gekauft werden und
man aus Erträgen eines Verbrechens Beweise für ein anderes bastelt.

Das Interesse des Staates rangiert hier vor dem Recht, das für alle anderen gilt. Gut, muss man als Nichtjurist nicht verstehen, aber schon bei Orwell findet man zu diesem Thema die Auskunft „*all animals are equal, but some animals are more equal then others*", und das sollte dann reichen. Damit war Hürde 1 schon einmal genommen.

Die Wirkung der Steuer-CD scheint zunächst eine Welle von Selbstanzeigen gewesen zu sein, die in der Tat dem Fiskus einige Einnahmen bescherte. Widersprüchliche Angaben belaufen sich auf 640 Mio – zu „einigen Milliarden" € alleine für NRW, das ca. 9 Mio. € für den Ankauf der CDs ausgegeben hat. Aus dem Rest der Auswertung will das Land 70 Mio € über Ermittlungsverfahren erwirtschaften, hat aber Mitte 2013 nach 66 abgeschlossenen Verfahren erst 1,7 Mio € eingenommen. 200 Verfahren sind noch im Gang. Der Leser merkt schon: die Angaben zu diesem Thema sind wieder einmal mehr als diffus, aber Selbstanzeigen scheinen die Hauptquelle der Einnahmen zu sein. Ob die Leute, die sich per Selbstanzeige einer Strafverfolgung entzogen haben, tatsächlich auf den CD enthalten sind, ist eine andere Frage.

Nun behaupten die schweizer Banken, bis auf eine Ausnahme seien aus ihren Häusern keine Daten geklaut worden – soll wohl heißen, nicht von normalen Dieben à la Snowden geklaut worden, also Insidern, die in der Bank eine Datenschnittstelle angezapft haben. Andererseits wird genau von diesem behauptet, die NSA könne die Verkehrsdaten der Banken mitlesen, also das Netz von Außen anzapfen. Außerdem sind schweizer Banken jahrelang von den USA mit der Androhung eines Geschäftsverbots in den USA zur Herausgabe von Daten erpresst worden, um US-Steuersünder habhaft zu werden – erfolgreich, wie inzwischen bekannt ist, d.h. die Banken haben selbst geliefert. Auch im Zusammenhang mit Geldwäsche, Drogengeschäften oder Terrorismus ist das schweizer Bankgeheimnis schon seit den 1990er Jahren nicht so hart wie es die Schweizer selbst gerne vorgeben.

Zusammengefasst wirft das ein neues Licht auf die Steuer-CDs. Was angeblich einzelne Diebe vollbracht haben, kann genauso gut ein Coup der Nachrichtendienste sein. Die NSA oder andere US-Dienste könnte auf der Suche nach US-Steuersündern oder Konten von Terroristen oder der organisierten Kriminalität auch auf Daten deutscher

Steuersünder gestoßen sein, womit nun wieder das Problem der Legalisierung solcher Daten entsteht. *„Haben wir von der NSA bekommen"* hätte in der Öffentlichkeit sicher noch mehr Probleme bereitet als der anonyme Dieb, und mit dem ist man ja bislang durchgekommen.

Wer war denn nun der Dieb? Zugegeben, die Kaufpreise der CDs sind für NSA-Verhältnisse recht gering, aber trotzdem spricht nach meiner Meinung einiges für diese These. Gefasst wurde bislang nur ein Datendieb beim Bankhaus Julius Bär (die zugegebene Ausnahme), der 1,1 Mio € erhalten hatte und nun 18 Monate hinter Gitter muss. Bei den anderen CD-Käufen liegt weiter alles im Dunkeln.

Auch die EU bemüht sich im Übrigen (bislang erfolglos) um einen kompletten Durchgriff auf Konten von EU-Bürgern in der Schweiz, und die deutschen Sozialdemokraten haben einen Staatsvertrag mit der Schweiz, der zwar viele der finanziellen Vorteile der Steuerhinterziehung aufgehoben hätte, aber ansonsten keinen unbeschränkten Zugriff ermöglicht hätte, platzen lassen. Bei diesen Bemühungen geht es um totale Kontrolle, denn bei einem regulären juristischen Ermittlungsverfahren wegen Steuerhinterziehung geben die Schweizer bereits heute Auskunft. Verlangt wird aber mehr oder weniger ein freier Zugang ohne jegliche Begründung. Vorbild sind sicher die amerikanischen Bemühungen – ein weiteres Argument für eine Geheimdienstbeteiligung an den CDs.

2.5   NSA – ein Blick in die Agency

SigInt

Die Aufgabe der NSA im Reigen der US-Geheimdienste ist die „signal intelligence" (SIGINT), also die Nachrichtenbeschaffung aus abgehörten Nachrichten. Für die härtere Gangart ist eher die CIA zuständig, für mehr polizeilichen Stil und organisiertes Verbrechen das FBI, die DEA oder ATF. Die Grenzen sind aber sicher fließend. Jeder Dienst hat sicher die eine oder andere Abteilung, die dem Namen nach nicht so ganz in ihn hinein gehört, und trotz der diversen

Militärgeheimdienste wimmelt es auf Militäreinrichtungen auch von
Personal der im Zivilbereich angesiedelten Dienste.

Im Noch-nicht-Computer-Zeitalter saßen bei der NSA viele Menschen täglich rund um die Uhr vor Lauschgeräten und zeichneten ab-
gehörte Daten in fast sämtlichen Sprachen der Welt auf. Zum Abhören von Daten gehörten selbst so exotische Dinge wie U-Boot-Ein-
sätze: die Techniker hatten es fertig gebracht, Tiefsee-Telefonkabel
berührungslos abzuhören, folglich schlichen sich spezielle U-Boote
der Marine in russischen und chinesischen Gewässern an deren Un-
terseekabel heran und legten sich bis zu 2-3 Monaten zum Lauschen
auf die Lauer – absolut laut- und bewegungslos, denn wenn die Geg-
ner so ein U-Boot aufspüren würden, wäre es wohl schnell versenkt.
Was das für die Besatzungen bedeutete, kann sich jeder selbst ausma-
len.

Abbildung 2.2: IBM-Großrechnenanlage (IBM, CC BY-SA 3.0)

Daneben gab es auch weniger erfreuliche Ereignisse, wie beispielsweise die Affaire um die U.S.S. Liberty, ein Spionageschiff, das 1967
von den Israelis fast versenkt wurde. Die Hintergründe – der Einsatz-
zweck und die harsche Reaktion der Israelis – sind bis heute unklar.

RECHENZENTREN

Heute sitzen nur noch wenige Leute auf den beschriebenen Lauschposten, da das meistens von Computern erledigt wird. Die NSA gehört in den USA fast schon traditionell zum weitaus größten Hardwareabnehmer der Computerindustrie und hat zeitweise mehr als die Hälfte der Produktion für sich beansprucht. Sie besitzt einen größeren Park an Supercomputern bzw. Serverfarmen (Abbildung 2.2) und versorgt diese sogar teilweise aus eigenen Kraftwerken. Das neue Rechenzentrum in Utah – derzeit (2013, Abbildung 2.3) das größte und in der gebäudemäßigen Ausdehnung einer der deutschen Automobilfabriken kaum nachstehend, aber trotzdem nur eines von mehreren – soll eine Leistungsaufnahme von mehr als 64 MW haben, was aufgrund der schwankenden Lastaufnahme der Rechner je nach Belastung zu erheblichen Problemen führen soll. Es soll über mehr Rechen- und Datenkapazität verfügen als google.

Abbildung 2.3: NSA Rechenzentrum Utah (wikipedia, CC BY-SA 3.0)

Allein der Stromverbrauch verursacht pro Monat Kosten von ca. 1 Mio. US-$, und man könnte damit auch eine Stadt mit ca. 20.000 Einwohnern versorgen. Wenn man bedenkt, dass diese elektrische Leistung ausschließlich für den Betrieb von Computerhardware und Klimatisierung benötigt wird, und sie mit der Leistung der heimischen Rechenanlage von vielleicht 200 W bei rechenintensiven Spielen vergleicht, kommt man auf eine Größenordnung von ca. 250.000 häuslichen Maschinen, die dort bei der Arbeit sind und dafür auch mit den entsprechenden Datenmengen versorgt werden wollen. Die

Vorstellungskraft, was die NSA damit alles machen kann, dürfte angesichts dieser Dimensionen wohl selbst bei den meisten IT-Fachleuten
versagen.

Wenn wir die Rechenfabrik der NSA mengenmäßig auf Maschinen
des eigenen Haushalts umrechnen, ist das gar nicht so abwegig. Rechenzentren bestehen heute in der Regel nicht mehr aus einem mo-
nolithischen Gigarechner, wie man das vielleicht aus früheren Tagen
noch im Gedächtnis hat, sondern aus sehr vielen mehr oder weniger
normalen Rechnern, die aufgrund des Fortschritts der Technik allerdings einzeln bereits oft die Leistungen früherer speziell konstruier-
ter Supercomputer erreichen.

Die Maschinen teilen die Arbeit unter sich auf und erzielen beachtli-
che Gesamtleistungen, insbesondere wenn sich Aufgaben dazu eignen, in kleineren Teilen parallel von mehreren Maschinen bearbeitet
zu werden. Die Koordination der auf viele Rechner verteilten Aufgaben erledigt die Software, und die genormte Hardware „von der
Stange" macht die Angelegenheit trotz der immensen Anzahl von
Maschinen finanziell überschaubarer. Auch die Software ist heute bereits in weiten Teilen standardisiert. Der Programmierer einer speziellen Aufgabe muss zwar wissen, wie er seine Algorithmen programmieren muss, nach welchen Schlüsseln er seine Daten aus den Datenbanken liest und an welchen Stellen parallele Rechenstränge synchronisiert werden müssen, auf welchen Maschinen in der Fabrik das Programm aber hinterher läuft und wie die Daten über das Netzwerk
transportiert werden, entscheiden spezielle Betriebssysteme automatisch.

Auch wenn die Leistungsfähigkeit heutiger Rechner diejenigen der
älteren Generationen wie lahme Enten erscheinen lässt, hat das nicht
zu einer Verminderung des Platzbedarfs geführt – eher im Gegenteil.-
Die Anforderungen an die Rechner aufgrund der Aufgaben, die man
ihnen stellt, steigen nämlich erfahrungsgemäß schneller als die technische Entwicklung („Wirthsches Gesetz" der Informatik), und wie
das Beispiel des NSA-Rechenzentrums zeigt, beansprucht die schiere
Anzahl der dafür notwendigen Rechner noch mehr Platz als die früheren Großrechner.

Auch Unternehmen wie google, facebook oder amazon verwenden
solche Systeme. google betreibt geschätzt 450.000 Server, die Zahl

Abbildung 2.4: Server-Container   (wikipedia, CC BY-SA 3.0)

der Unternehmen, die weltweit zwischen 10.000 und 100.000 Maschinen betreiben, liegt im zweistelligen Bereich, und Microsoft gibt an, über ein Million Server in Betrieb zu haben – und alle sind klein gegenüber der NSA.

Die Bedeutung solcher Zahlen erfordert allerdings eine Kommentierung, denn sie passt nicht so ganz zu dem, was oben über die NSA-Maschinen in Utah bemerkt wurde. Rechner sind heute so leistungsfähig, dass viele Aufgaben nur wenige Prozent der CPU-Kapazität beanspruchen. Sie nur mit einer Aufgabe zu betrauen, wäre vergeudete Kapazität. Um die Hardware optimal auszulasten und eine einheitliche Basis für die Synchronisation der Aufgaben zu haben, sind Server im obigen Sinn meist virtuelle Maschinen, d.h. eine Software auf einem physikalischen Rechner simuliert für die Anwendungen eine Hardware mit genau konfektionierter Leistung und Softwarekomponenten, und so lange die physikalische CPU nicht vollständig ausgelastet ist, können neue virtuelle Maschinen dazu geladen werden. Bei einer Überlastung können virtuelle Maschinen auch einfach auf ein anderes physikalisches System übertragen werden. Die angegeben Zahlen der „in Betrieb befindlichen Server" muss man daher vermutlich durch eine nicht näher spezifizierte Zahl dividieren, um die Zahl der physikalischen Maschinen zu ermitteln.

Nun sind solche riesigen Rechenfabriken ja recht eindrucksvoll, aber sie müssen ja auch mit Daten gefüllt werden. Wenn die NSA beispielsweise die Telefondaten aus Europa aushorchen will, kann sie nicht einfach den kompletten Verkehr über ihre Rechenzentren leiten, denn ein doppelter Transfer über den Ozean würde die Übertragungskapazitäten überfordern und außerdem durch die Verzögerung bei den Teilnehmern auffallen. Die Daten müssen daher vor Ort durch weitere System vorverarbeitet und verdichtet werden, bevor sie an die großen Rechenzentren gesandt werden. Außerdem sollte das ganze System auch flexibel genug sein, auf Änderungen der Einsatzbedingungen angepasst werden zu können.

Die standardisierte Hardware erlaubt für diese „kleinere" Aufgaben auch als weitere mobile Konfektionsgröße den Container, wenn kein kleines Rechenzentrum gebaut werden soll: die Servermaschinen werden fertig in einen 20 oder 40 Fuß-Container (12 x 2,3 x 2,7 m) inklusive Stromversorgung, Klimaanlage und Netzinfrastruktur im Werk montiert, und wenn irgendwo Bedarf besteht, wird per LKW einfach ein Container dort hingestellt, an die Versorgung und das Netzwerk angeschlossen, und schon kann es losgehen (Abbildung 2.4). Wenn einmal etwas nicht stimmt, kann die ganze Anlage zurück in die Zentrale zur Wartung gesandt werden, was ebenfalls verschiedene Vorteile für den Betreiber hat.

HAUSHALT

Die NSA kann sich solche Hardwareburgen nebst Infrastruktur allerdings auch leisten. Trotzdem die USA eigentlich pleite sind, beläuft sich der offizielle Jahreshaushalt der NSA 2013 auf ca. 12 Mrd. US-$, der offizielle, wohlgemerkt, und nur für diesen Geheimdienst. Die anderen werden ebenfalls recht großzügig finanziert.

„Offizieller Haushalt" hat wieder ein Gschmäckle nach Verschwörungstheorie, aber nicht von ungefähr. Die CIA hat sich trotz ihres üppigen Haushalts in ihren Glanzzeiten, als die operativen Spionagetätigkeiten noch mehr Gewicht hatten und der Dienst sich noch nicht diverse Male blamiert hatte, zu einem nicht unwesentlichen Teil über Drogen- und Waffengeschäfte zusätzlich finanziert, was spätestens seit der Affaire um Oliver North nicht mehr ins Reich der Verschwörungstheorie gehört.

So etwas kommt nur dann an die Öffentlichkeit, wenn man wieder einmal auffällt und die Medien darüber berichten. Nach allem, was über die Geheimdienste sonst noch so gemunkelt wird, gibt es kaum einen Grund, nicht anzunehmen, dass solche „Nebeneinkünfte" nicht immer noch erzielt werden und es bei anderen Geheimdiensten nicht ebensolche Aktivitäten gibt. Die NSA ist beispielsweise seit den 1990er Jahren immer wieder mit Wirtschaftsspionage aufgefallen. US-Unternehmen dürften sich nicht lumpen lassen, wenn ihnen rechtzeitig Informationen über patentrechtlich interessante Entwicklungen zugespielt werden.

INNERE STRUKTUR

Wie lassen sich Geschäfte an der Legalität vorbei in einer derart großen Organisation verheimlichen (und schon von den legalen Tätigkeiten wissen maßgebliche Leute häufig wenig)? Vor einiger Zeit erschien ein Buch von James Bamford über die Struktur der NSA. Eifrigste Leser nach einer Marktanalyse: die Mitarbeiter der NSA. Die NSA – wir werden dieser Struktur an anderer Stelle wieder begegnen – ist anscheinend zellenweise aufgebaut, wobei möglichst wenig Leute wissen, was andere wirklich tun. So war es für die NSA-Mitarbeiter anscheinend äußerst aufschlussreich, aus dem Buch zumindest ansatzweise zu erfahren, was im Nebenraum vermutlich vor sich geht, obwohl es trotz des Umfangs von mehr als 800 Seiten wohl auch nur an der Oberfläche kratzt.

Unterstellen wir einmal diese Struktur – nur ganz wenige Leute wissen, was in bestimmten Fällen wirklich vor sich geht, und die Unterlagen dazu befinden sich nicht unbedingt in deren offiziellen Besitz, sondern sind irgendwo unauffällig geparkt – kann man eine ganze Menge verheimlichen, selbst vor den eigenen höheren Etagen. Und das dürfte auf fast alle Klubs dieser Art zutreffen. Selbst im Fall der kleinen BRD mit seinen vergleichsweise kleinen und gemütlichen Geheimdiensten – der Etat, aus dem die Geheimdienste und einiges andere finanziert werden, beträgt in Summe gerade einmal 1,9 Mrd. €, so dass „nur" 500 Mio. € auf den BND entfallen (5% des NSA-Budgets) – muss man daher nicht davon ausgehen, dass ein 11-köpfiges parlamentarisches Kontrollgremium bei einem Wust an mehreren Geheimdiensten mit solchen verborgenen Strukturen mehr erfährt als es soll, obwohl es sehr weit reichende Befugnisse hat.

Technisch machen es die beschriebenen Rechnerarchitekturen noch einfacher, Vorgänge zu verschleiern, wenn man darauf aus ist. Wo welche Daten wirklich sind und ob gewisse Daten wirklich irgendwo existieren oder auch nicht und ob eine Maschine sich gerade mit ihrer offiziellen Aufgabe beschäftigt oder etwas anderes macht, lässt sich ohne sehr viel Detailwissen kaum feststellen (Edward Snowden scheint einer der Techniker gewesen zu sein, der zumindest eine gewisse Übersicht hatte).

Das Problem trifft nicht nur auf die NSA zu: multinationale Konzerne wie amazon haben ihre Rechenzentren über die ganze Welt verteilt, und wenn Sie eine Preisinformation aufrufen, kann diese genauso gut aus dem Serverzentrum in Tokio kommen wie aus einem europäischen. Das stellt die Datenschützer wiederum vor große Probleme, denn Daten deutscher Kunden, die nach den deutschen Datenschutzgesetzen vor bestimmten Zugriffen geschützt sind, unterliegen auf dem tatsächlichen Standort anderen rechtlichen Bestimmungen und der Datenschutz ist ausgehebelt. Nachrichtendienste wissen das natürlich ebenfalls und nutzen dies nach Möglichkeit aus.

2.6   Kleine Pannen ...

2.6.1   ... der Amerikaner

Auch bei den mächtigen Geheimdiensten läuft nicht alles rund, wie eine Anzahl von WhistleBlowern, also Insidern, die ihr Wissen und geheime Daten veröffentlichen, beweist. Beispielsweise der Soldat Bradley Manning, der Kriegsverbrechen der USA im Irak und einiges andere an wikileaks verraten hat und nun zu 30 Jahren Haft verurteilt wurde (*womit er noch Glück hat, denn die Forderung der Obama-Administration noch war weit höher, und es hätte sogar die Todesstrafe dabei herauskommen können*).

Der Verräter war in diesem Fall schnell identifiziert und dingfest gemacht worden, was nun nicht gerade auf einen organisierten Verräter schließen lässt. Sein Nachfolger Edward Snowden hat es immerhin verstanden, rechtzeitig unterzutauchen, wenn er auch in Russland und mit einer nur vorläufigen Aufenthaltsgenehmigung sitzt. Bei Manning muss man sich fragen:

a) Wie ist es möglich, dass ein einfacher PFC (private first class, also etwa Gefreiter) eine Top Secret Freigabe bekommt?

b) Wie ist es möglich, dass Manning – auch mit seiner Freigabe-stufe – in der Lage ist, hunderte von Megabyte Daten abzu-greifen?

c) Wie ist es möglich, diese große Datenmenge auch noch pro-blemlos zu kopieren und aus dem Laden zu schmuggeln?

Da haben wohl mehrere Sicherheitsmechanismen versagt oder waren erst gar nicht vorhanden, und Ähnliches kann man auch von Snow-den sagen, der zum Beweis seiner Behauptungen ja auch das ent-sprechende, vermutlich noch umfangreichere Datenmaterial vorlegen kann (nicht gerade räumlich umfangreich, wenn man sich CDs, DVDs, BlueRays oder Festplatten vorstellt, aber trotzdem) und an-geblich noch nicht einmal eine Sicherheitsfreigabe besaß, sondern einfach seine Möglichkeiten als Techniker ausnutzte. Auch in seinem Fall wurde inzwischen in den Medien berichtet, dass Sicherungsmaß-nahmen schlicht nicht vorhanden waren, obwohl „Top Secret" Daten über seinen Arbeitsplatz liefen.

Die USA reagieren auf den Geheimnisverrat ziemlich rachsüchtig, und sie schrecken nicht einmal davor zurück, ihre Beziehungen zu anderen Staaten, in denen sich die Verräter aufhalten, bis fast zum Stillstand abkühlen zu lassen. Snowden drohen noch höhere Strafen als Manning, sollte man ihn erwischen, und auch „Verlegern" wie Ju-lian Assange mit wikileaks geht es an den Kragen. Assange sitzt zum Zeitpunkt des Schreibens dieses Buches seit mehr als einem Jahr in einer südamerikanischen Botschaft in London fest, weil er seine Aus-lieferung an die USA befürchtet, und wenn man sich den Hinter-grund anschaut, wohl mit einigem Grund.

Die USA verlangen seine Auslieferung, aber dem können die Briten nicht nachgeben, da Assange Bürger des Commonwealth ist und er obendrein nach britischem Recht wohl auch nichts Unrechtes getan hat. Angeblich hatte er aber zwei schwedische Prostituierte (!) zum ungeschützten Geschlechtsverkehr gezwungen (!), worauf ihn die Schweden mit einem internationalen Haftbefehl wegen Vergewaltigung für eine Zeugenaussage (!) suchen ließen – mehr als ungewöhnlich bei einem solchen Delikt – und die Briten ihn an Schweden ausliefern wollen – auch mehr als ungewöhnlich, da in Großbritannien der mögliche schwedische Straftatbestand noch nicht einmal besteht. Der Hintergrund scheint zu sein, dass Schweden keine großen Probleme hat, den Nichtschweden nach Erledigung der merkwürdigen schwedischen Ermittlung als unerwünschten Ausländer kurzerhand an die USA unter fadenscheinigen Gründen auszuliefern.

So peinlich die Enthüllungen von Snowden oder auf wikileaks für die USA auch sind, es scheint sich mehr oder weniger um Unfälle zu handeln. Das System, wirklich umfangreiches Wissen auf kleine kontrollierbare Gruppen zu beschränken und die große Masse der Mitarbeiter mit nur unwesentlich mehr abzuspeisen, als ohnehin jeder vermutet, scheint weitgehend zu funktionieren. Jeder kann nur etwas zur großen Verschwörungstheorie beitragen und hält dann lieber die Klappe, bevor er sich lächerlich und unbeliebt gleichzeitig macht.

Und selbst wenn etwas nach Außen dringt – keinen scheint das in den meisten Fällen groß zu stören. Die Politik wiegelt ab, die Medien finden nach 2 Wochen ein neues Thema und die Bürger machen weiter „business as usual". Selbst Snowden wäre bereits „snow from yesterday", wenn er seine Enthüllungen nicht zeitlich gestreckt hätte.

2.6.2   … der anderen

Fallen die Enthüllungen über die NSA-Aktivitäten noch unter „peinliche Pannen", so gehört die Abhöraffaire um die deutsche Bundsregierung eher in die Rubrik „peinliche Dummheit", eine Kategorie, die den Deutschen derzeit offenbar besser liegt als nobelpreisverdächtige Spitzenleistungen.

Gegenspieler der NSA sind die Abschirmdienste, in den USA beispielsweise der Secret Service, hier bei uns der BND und das BSI, die die eigenen Leute vor Ausspähungen schützen sollen, und die hätten eigentlich zumindest eine vernünftige Sicherheitsrichtlinie erarbeiten müssen. Die Verwendung gesicherter Kommunikationswege für die

Regierungsspitzen und weitere Geheimnisträger wäre darin wohl das primäre MUSS. Offenbar weit gefehlt! Und auch Aufklärung scheint erst in dem Augenblick ernsthaft betrieben zu werden, in dem der Einbruch schon offensichtlich ist.

Technisch scheint sich Folgendes abgespielt zu haben, wenn man die verschiedenen Medienberichte zusammenfasst. Zunächst benutzen die Regierungsspitzen mehrere Mobiltelefone, je nach Nutzungszweck. Beispielsweise soll die Bundeskanzlerin mindestens ein „Bundeskanzlerhandy" und ein „Parteivorsitzenderhandy" verwendet haben. Nur das erste scheint als Sicherheitsgerät ausgelegt worden zu sein, während das zweite ein völlig normales Mobiltelefon war. Daneben kann es noch weitere gegeben haben, um beispielsweise in der nächsten Pizzeria etwas zu bestellen.

Mehrere Mobiltelefone für verschiedene Zwecke sind zunächst nicht ohne Sinn. Regierungschefs pflegen Anweisungen auch telefonisch zu geben, und vermutlich werden die Gespräche über das Regierungstelefon zum Zwecke des Nachweises deshalb aufgezeichnet. Sollte diese Regelung auch für die deutsche Regierung zutreffen, ist ein zukünftiger Ex-Regierungschef sicher nicht daran interessiert, dass sich sein Nachfolger die Intrigen des gegnerischen Parteiapparates anhören kann – und schon sind wir beim 2. Handy für die Parteiangelegenheiten angelangt.

Sicherheitstechnisch ist es aber ziemlich daneben, nur das Regierungscheftelefon als Sicherheitsgerät zu definieren, denn dass auch über das weniger wichtige Parteitelefon substantielle Inhalte ausgetauscht wurden, weil sich beide Funktionen kaum streng voneinander trennen lassen, kann wohl als sicher angenommen werden. Technisch wäre es sicher auch möglich, sämtliche sicherheitsrelevanten Gespräche auf ein Gerät zu rangieren.

Aber auch das Sicherheitstelefon – es handelt sich um ein Blackberry-Mobiltelefon – ist eine Mogelpackung, denn sicher verschlüsselt werden bei diesem Gerät nur die Emails und Organizerdaten zwischen dem eigenen Server und dem Mobiltelefon (Abbildung 2.5). Da beides eigene Geräte sind, kennt zumindest kein Dritter die Verschlüsselungsparameter. Ob die Emails aber bereits verschlüsselt auf dem Server landen oder vorher unverschlüsselt durchs Internet übertragen

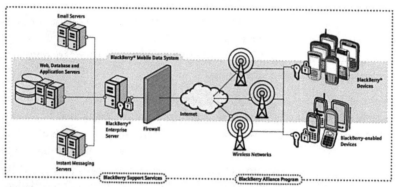

Abbildung 2.5: Verschlüsselungsfunktionen des Blackberry (Quelle: RIM)

wurden, ist damit noch nicht gesagt. Eine Email-end-2-end-Ver-schlüsselung sieht anders aus.

Ebenfalls nicht richtig gesichert werden die Gespräche selbst. Zwar ist eine verschlüsselte VoIP-Telefonie implementiert, die Schlüssel kennen aber außer den Endpunkten auch die SIP-Server, und End-punkt muss nicht das Telefon des Gesprächspartners sein. Befindet sich der in einem anderen Netz als dem Internet, wird ab Übergangs-punkt entweder umverschlüsselt oder komplett unverschlüsselt ge-sendet. Also auch viele offene Baustellen, zu denen sich ein Datenin-teressent Zutritt verschaffen kann. Eine Telefon-end-2-end-Ver-schlüsselung sieht ebenfalls anders aus.

Mobiltelefone mit end-2-end-Verschlüsselung existieren zwar, wer-den aber offenbar relativ selten eingesetzt. Immerhin gäbe es solche Technologie aus Deutschland selbst, d.h. man muss nicht befürchten, dass die amerikanischen Dienste die Unternehmen zu irgendwelchen Deals nötigen. Blackberry selbst ist ein kanadisches Unternehmen, aber man weiß ja inzwischen, dass die Briten keinen Deut besser sind als die Amerikaner. Zudem handelt es sich um eine proprietäre Technologie, d.h. bei vielen Funktionen muss man sich einfach dar-auf verlassen, dass die Blackberry-Leute ehrlich sind, obwohl ein Nachrichtendienst natürlich schon über Kontrollmöglichkeiten ver-fügt.

Unter solchen Umständen muss man sich wirklich fragen, was für Leute da eigentlich in den deutschen Abschirmdiensten sitzen, zumal doch schon seit dem Echolon-System bekannt ist, dass die USA alles abhören. Nehmen die ihren Job nicht ernst? Oder setzen sich die Chefs mit der üblichen Borniertheit darüber hinweg? Oder wird in den Medien etwas Falsches berichtet?

Aufgefallen ist das Abhören der Telefonate auch nicht den Abschirmleuten selbst, sondern Medienleute haben entsprechende Hinweise in den Unterlagen von Edward Snowden gefunden, und nach einigem Hin und Her musste man in BND- und BSI-Kreisen wohl zugeben

Äh ... scheint was dran zu sein ... tja ...

Wieso sind entsprechende Kontrollen nicht vorher durchgeführt worden? Bei aller aus dem Vorfall resultierenden politischen Verstimmung mit den USA: muss man nicht davon ausgehen, dass auch Chinesen, Russen und weitere Interessenten sich daran machen, derart weit aufgerissene Sicherheitslücken auszunutzen? Die Russen haben sich trotz der begrenzten Mittel in der Vergangenheit nicht weniger clever als die USA erwiesen und sind immer für eine Überraschung gut, und über was für Möglichkeiten die Chinesen verfügen, in deren Land ohnehin die meisten Geräte, mit denen die anderen arbeiten, gebaut werden, kann nur wage spekuliert werden. Aber solange kein 痣 bzw. моль in deren Reihen auftaucht, geht man in deutschen Sicherheitskreisen wohl davon aus, dass auch nichts passiert.

2.7   Nur NSA?

Auch wenn die NSA im Buchtitel steht und im Text neben den Worten „Geheimdienst" und „Nachrichtendienst" häufig auch NSA auftaucht und andere Dienste wie der BND weniger oft genannt werden, geht es natürlich nicht nur um die NSA. Eigentlich geht es noch nicht einmal nur um Nachrichtendienste. Auch zivile Datenkraken umgeben uns:

> ➢ google und andere Suchmaschinen listen nicht nur sämtliche im Web erreichbaren Informationen auf, sondern notieren sich nach Möglichkeit auch, wonach wir suchen. Sie wissen, auf welche Anbieterseiten wir von einer Suchseite wechseln,

analysieren, welche Seiten wir aufgrund welcher Suchbegriffe aufrufen, und versuchen, uns beim nächsten Besuch nicht nur die Informationen zu präsentieren, die zu unserer Suchanfrage passen, sondern vorzugsweise zunächst die, an denen wir (oder die Kunden von google) vermutlich interessiert sind, auch wenn wir dies nicht konkret spezifiziert haben.

➢ Große Internetanbieter wie amazon oder ebay informieren uns ungefragt, welche Produkte uns vermutlich interessieren, welche Produkt noch in Verbindung mit einem ausgewählten gekauft werden sollten und welche Produkte von anderen Leuten gekauft wurde, die sich zunächst auch für das von uns ausgewählte interessiert haben. Auch das setzt intensive allgemeine und individuelle Analysen voraus, wenn es im Sinne der Internetshops erfolgreich sein soll.

➢ Soziale Netzwerke wie facebook oder Twitter sammeln Informationen über das individuelle Sozialverhalten, Tagesabläufe und Fotografien und kennen Beziehungsnetze zwischen Personen.

➢ Datendienste wie picasa, flickr usw. sammeln private Fotos.

➢ ...

Man kann den Unternehmen zu Gute halten, dass sie nur auf Geschäfte aus sind und nicht noch weiteres im Sinn haben, aber ihre Datenbanken enthalten ebenfalls Unmengen an Informationen, die für die Nachrichtendienste äußerst interessant sind.

Zwar gibt es sporadisch Gruppen, die sich Gedanken über den Datenschutz machen, aber in der Regel handelt es sich um Strohfeuer, denn die Internetdienste werden trotzdem und meist gerne genutzt, weil eben auch die Nutzer das Gefühl haben, von diesen Angeboten zu profitieren. Probleme kann es geben, aber man kann auch unter ein Auto kommen, wenn man eine Straße überquert. Insgesamt also eher eine Win-Win-Situation für alle Beteiligten aus deren jeweiliger Sicht.

Anders sieht es bei staatlichen Diensten aus. Der Staat wird zumindest in der EU von den Bürgern zunehmend als Feind wahrgenommen: Politiker, die subjektiv ausschließlich an ihrer Bereicherung und nicht am Volkswohl arbeiten, eine immer größer werdende Besteuerung und Bevormundung bis ins Kleinste, eine Ideologie, die nur noch Rechte und keine Pflichten mehr kennt, und ein Staat, der, wenn er für den Bürger in Erscheinung tritt, Gebühren mit demütigendem Auftreten eintreibt. Wenn man den Staat kaum mit guten Erfahrungen verbindet, nimmt man ihm Sicherheitsversprechen auch nicht mehr ab, wenn er als noch schlimmerer Datenkrake auftritt als die kommerziellen Sammler. Diese treten im weiteren (nur) noch als Zuträger für die Staatsdienste auf, weshalb es genügt, sich diese zum Thema zu setzen.

Ein Grund für die textliche Präsenz der NSA ist, dass sie von allen Geheimdiensten bei weitem die größten technischen Möglichkeiten besitzt, vermutlich mehr als alle europäischen Dienste zusammen, selbst wenn man die offenbar beachtlichen Fähigkeiten der Briten berücksichtigt (*die einzige Unbekannte in der Gleichung sind die Chinesen, die weniger offen ähnliche Kapazitäten haben könnten, zumal die Technik ohnehin überwiegend in ihrem Land gebaut wird*). Sie operiert weltweit und kooperiert mit vielen anderen Diensten, und ihr erklärtes Ziel ist die umfassende Kontrolle aller menschlichen Tätigkeiten mit technischen Mitteln.

Ein anderer Grund ist ihre mediale Präsenz. US-Amerikaner sind trotz ihrer zusammen gewürfelten Ethnienmischung wohl das nationalistischst aufgestellte Land der Erde: keine Frittenbude öffnet, bevor nicht die Flagge am Fahnenmast weht. Stolz und kritisch wird über alles berichtet, geschrieben und gefilmt, und die Geheimdienste wie CIA, NSA usw. stehen dabei auch voll im Fokus (*man versuche sich einmal eine deutsche Fernsehserie mit dem BND als Hauptakteur vorzustellen. Das würde aus einer ganzen Reihe von Gründen keinen Erfolg haben*). Zusätzlich verstehen es die amerikanischen Dienste, mehr oder weniger regelmäßig genauso medienwirksam – zumindest in der EU – in irgendein Fettnäpfchen zu treten (*die Fettnäpfchen deutscher Dienste werden meist schnell abgedeckt, abgesehen davon, dass sich der normale Bürger ohnehin nicht dafür interessiert*).

Abbildung 2.6: US-Airbase Wiesbaden, Gebäude der NSA-Abhörzentrale (nach google-earth-Vorlage, bearbeitet)

Die NSA kann ihre geballte Speicher- und Auswertungskapazität natürlich auch nur dann wirksam einsetzen, wenn sie über die erforderlichen Datenmengen verfügt. In den USA scheint es bei der Paranoia
der Regierung kaum ein Problem zu geben, an alle Daten zu gelangen, die der NSA interessant zu sein scheinen. In anderen Ländern
kann sie zwar technisch und finanziell ebenfalls einen großen Teil der
erforderlichen Datenerfassung übernehmen, beispielsweise im neuen
Abhörzentrum in der US-Airbase Wiesbaden (*Abbildung 2.6; das
Gebäude ist 3 Stockwerke hoch und damit schon ein recht eindrucksvoller Klotz*), ist aber auf die „Kooperation" der jeweiligen
Länder und deren Dienste angewiesen, denn bei den Größenordnungen, in denen auf diesem Gebiet Technik installiert und bedient
werden muss, kommt man mit geheimem Wurschteln zunächst nicht
sehr weit. Wenn man die Daten einmal hat, ist dem geheimen
Wurschteln allerdings Tür und Tor geöffnet.

Eine irgendwie geartete „Kooperation" kann in den meisten Fällen
erwartet werden. Am wenigsten vermutlich bei Ländern mit ebenfalls
ausgeprägtem Nationalgefühl wie Frankreich, das vermutlich eher auf
eine Kooperation verzichtet, wenn nicht klar ist, dass der Rücklauf
mindestens genauso groß ist wie die Abgabe, sehr weit bei traditio-

nell an die USA gebundenen Ländern wie Großbritannien, obwohl
auch da genauso traditionell ein gewisses Misstrauen besteht, und
mehr oder weniger ungebremst bei der BRD, die sich nach wie vor in
der Rolle des großen Kriegsverlierers sonnt, jegliches Nationalgefühl
als Extremismus abstraft und den USA gegenüber überhaupt sehr
blauäugig auftritt.

Unter diesen Randbedingungen kann man von der NSA alleine eigentlich nur in den USA sprechen, in allen anderen Ländern wäre im
konkreten Einzelfall zu untersuchen, mit welchem Dienst eine Maßnahme auf nicht-US-amerikanischem Boden zusammen durchgezo-
gen wird und welche Rechte der NSA dabei eingeräumt werden. Hier
muss ich allerdings passen, wie ich eingangs schon zugegeben habe.
Ich habe nicht die Möglichkeiten, etwas zu überprüfen, und die Geheimdienste werden es mir getreu ihrer Bezeichnung auch nicht mitteilen.

Reduzieren wir im weiteren Verlauf des Buches die Untersuchungen
daher auf die Möglichkeiten, die die NSA hat, hätte sie denn jeweils
einen uneingeschränkten Zugriff auf alle Daten, und lassen wir die
potentiellen Bremser wie BND oder Verfassungsschutz in Deutschland einfach aus dem Kalkül. Nach dem, was an die Öffentlichkeit
dringt, scheint das ohnehin weitgehend der Realität zu entsprechen.
Nennen wir es deshalb einfach NSA auf die Gefahr hin, dass in bestimmten Szenarien in der Realität wirklich No Such Agency am
Werk ist.

2.8 Die Ziele

Das öffentlich ausgewiesene Ziel des Sammelns von Informationen
über normale Bürger ist bekanntlich die Abwendung einer Terrorge-
fahr. Eine mögliche Gefährdung hat im Wesentlichen folgende Hintergründe:

- **Politische Extremisten**, die keinerlei Möglichkeit sehen,
  ihre Positionen im politischen System in irgendeiner Weise
  einzubringen und selbst oft Verfolgungen ausgesetzt sind.

Als nun schon historische Beispiele hierzu kann man die RAF in der BRD, die roten Brigaden in Italien und verschiedene andere Gruppen betrachten. Aktuell wird die rechte Szene mit generellem Terrorismusverdacht belegt, was aber wohl eher politisch motiviert ist und nicht auf einer realen Bedrohung beruht.

- **Unterdrückte Ethnien**, die Unabhängigkeit wollen und sich im System anderer Ethnie nicht angemessen repräsentiert fühlen.

  Halbwegs historische Beispiel sind die IRA in Irland/Nordirland und die Eta in Nordspanien/Südwestfrankreich. Explodiert ist eine solche Situation auf dem Balkan, und in Teilen ist sie immer noch explosiv (Kosovo). Trotz all der Beispiele auch im arabischen Raum scheint es die "westliche Wertgemeinschaft" aber immer noch nicht verstanden zu haben, dass eine Einmischung in einen Bürgerkrieg, der sich aus dem Terrorismus entwickeln kann, eher noch kontraproduktiver ist.

- **Religiöse Fanatiker**, die aufgrund der derzeitigen Rückbesinnung der westlichen Gesellschaften auf mittelalterliche Ideale einer ideologischen Dummheit und Ignoranz derzeit Hochkonjunktur haben.

Das Hauptinteresse der US-Geheimdienste liegt formal bei der dritten Gruppe, und hier vorzugsweise beim islamischen Terror. Er ist der Grund für die massive finanzielle und materielle Aufrüstung der Nachrichtendienste. Allerdings wird hierbei auch eine Spirale in Gang gesetzt: mit steigender Höhe der Aufwendungen müssen sich die Dienste auch fragen lassen, warum sie in bestimmten Situationen einen Anschlag nicht im Vorfeld aufklären konnten. "*Wir könnten ja, wenn wir noch . . . beobachten würden*", lautet die Antwort, und die Mittel steigen weiter.

Mit steigenden Mitteln gelangen die Nachrichtendienste und die das Geld locker machenden Ministern aber noch zu ganz anderen Zielen. Kennen Sie den Film "Minority Report"? Eine Gruppe von "Hellsehern" ahnt Straftaten voraus und ermöglicht es der Polizei, den Täter festzunehmen, bevor die Straftat begangen wird. So etwas ähnliches

hat man inzwischen auch hier im Sinn. Neben missglückter Terrorabwehr wirft man den Nachrichtendiensten auch Versagen bei Amokläufern oder Psychopathen vor. *"Warum wurde der Amoklauf nicht
rechtzeitig erkannt?"* darf man in den Medien hören, wenn mal wieder einer um sich geschossen hat, nebst der genauso unsinnigen Forderung gewisser politischer Kreise, nach Brotmessern nun auch das
Essbesteck dem Waffengesetz zu unterwerfen.

Nun, das rechtzeitige Erkennen von Psychopathen und Amokläufern
ist mit den derzeitigen Mitteln offenbar extrem schwierig, wie diverse
Beispiele zeigen, und die bundesdeutsche Reaktion, die so genannte
"Zwickauer Terrorzelle" zu politisch-extremistischen Tätern hoch zu
stilisieren, weil das aus verschiedenen Gründen ins politische und
nachrichtendienstlich formale Kalkül passt, ändert daran auch
nichts. Gleichwohl haben die Nachrichtendienste hier Witterung
aufgenommen, zumal das gut bezahlt wird. Dazu müssen sie aber ihre
Beobachtungsbasis wesentlich verbreitern und Quellen erschließen
und miteinander korrelieren, die das Leben des Einzelnen mehr oder
weniger lückenlos umfassen. Endziel ist wirklich so etwas wie ein Minority Report, d.h. ein riesiges Sammelraster von persönlichen Merk-
malen und Beziehungen, aus dem sich "Verhaltensauffälligkeiten"
herausfiltern und Maßnahmen ergreifen lassen, bevor etwas passiert.

In verschiedenen US-Städten passiert dies schon. Die Datenbasis hat
zwar bei weitem noch nicht dem Umfang, wie er von den Nachrichtendiensten angedacht ist, aber allein aufgrund statistischer Merkmale wird die Anbahnung einer kritischen Situation vielfach schon
rechtzeitig erkannt und Streifenwagen strategisch platziert, um die Situation zu kontrollieren.

Das Problem sind die "Verhaltensauffälligkeiten". Konzepte einer all-
umfassenden Datenerfassung bis in den privaten Bereich und der gemeinsamen Auswertung sämtlicher Daten berücksichtigen bis zu
1.200 statistische Faktoren, die nicht nur eine allgemeine Auffällig-
keit ermitteln sollen, sondern nach auffälligen Verhaltensvariationen
im individuellen Verhalten selbst suchen. Was bei einer Person noch
normal ist, kann aufgrund bestimmter Randbedingungen bei anderen
bereits als kritisch eingestuft werden. Und bei der Entwicklung solcher Konzepte ist die NSA noch nicht einmal Monopolist, sondern
schaut staunend und interessiert auf das, was europäische Kollegen

aus der Hochburg des individuellen Datenschutzes vorlegen oder die
Nachrichendienste Taiwans umsetzen.

Ist man aber einmal dort angekommen, sind der Manipulation der
Auffälligkeiten allerdings kaum noch Grenzen gesetzt. Vom Schutz
vor irgendwelchen Bedrohungen bis zur massiven Bedrohung eines
politisch unliebsamen Gegners ist es nur ein kleiner Schritt.

3 Die Datenquellen

Die Arbeit der Nachrichtendienste besteht aus mehreren, sich einander ergänzenden Teilen:

a) Dem Anzapfen möglichst vieler Datenquellen zur Erfassung flüchtiger Daten (→ Bewegung, Kommunikation) und dem möglichst vollständigen Erfassen statischer Daten in Datenbanken.

b) Der Verbindung der Daten unterschiedlicher Quellen mit dem Ziel der möglichst eindeutigen Zuordnung zu bestimmten Entitäten (→ Personen oder Organisationen).

c) Die Verdichtung der Entitäten zu Beziehungsnetzwerken.

d) Der allgemeinen statistischen Analyse der Daten zur Ermittlung besonderer Auffälligkeiten.

e) Der gezielten Analyse der Daten auf nutzbare Informationen.

f) Spezielle Beobachtung bestimmter Ziele mit ergänzendem technischen Aufwand.

g) Operative Maßnahmen (→ Agenten, Fahnder).

Mehr oder weniger alle Nachrichtendienste verfolgen diese Strategien, wobei je nach technischen Möglichkeiten die Erfassungstiefe der Daten oder die Breite der Auswertung begrenzt ist. Die NSA legt bekanntermaßen besonderen Wert auf eine automatische Erfassung und Auswertung, die die Voraussetzung mit dem Umgang mit Massendaten ist. Von den Briten sind ähnliche Anstrengungen bekannt, allerdings scheinen diese etwas diskreter vorzugehen, was ihre mediale Präsenz angeht (allerdings sind sie auch schon durch recht rigides Auftreten gegenüber Medien aufgefallen). Die deutschen Dienste sind mindestens an den NSA-Aktivitäten beteiligt, von Chinesen, Russen und anderen ist medial nur bekannt, dass sie lästige Spionagetätigkeiten entwickeln.

Bei den im Folgenden aufgezählten Datenquellen beziehe ich mich
auf deutsche Verhältnisse. Die meisten dürften ihre Gegenstücke
auch in anderen Staaten besitzen. Die Rechtslage bindet den Quel-
lenzugang von Behörden vielfach an bestimmte Umstände, wobei die
BRD in dieser Beziehung vergleichsweise wohl recht restriktiv aufgestellt sein dürfte; in den USA gibt es anscheinend kaum Hindernisse
für die NSA, auch an Daten zu gelangen, die in Deutschland zu den
Tabuthemen gehören. Ob sich die Nachrichtendienste mit Billigung
(oder im Auftrag) der zuständigen Regierungen um solche Neben-
sächlichkeiten wie rechtliche Voraussetzungen kümmern, sei einmal
dahin gestellt. Schließlich bleibt alles unter der Decke, so langer keiner quatscht; wenn allerdings jemand quatscht, wie beispielsweise
Edward Snowden, wird schnell sichtbar, was wirklich läuft.

Problemlosen Zugriff auf die meisten der hier genannten Quellen haben natürlich zunächst nur die deutschen Polizeibehörden, der Verfassungsschutz und der BND. NSA, FBI und CIA stehen in der zweiten Reihe, und wohl kaum ein Mitarbeiter einer deutschen Verwaltung würde diesen Organisationen so ohne weiteres direkten Zugang
zu seinen Daten verschaffen oder lange dazu schweigen, wenn er eine
entsprechende dienstliche Weisung erhält.

Abbildung 3.1: BND-Zentrale in Berlin (Quelle: euroluftbild.de/Grahn)

Die deutschen Dienste werden wahrscheinlich technisch (noch)
nicht in der Lage sein, die oben angerissenen Auswertungen in der
Breite alleine durchzuführen. Zwar ist die BND-Zentrale auch nicht
gerade ein Einfamilienhaus (*Abbildung 3.1, immerhin in der Nähe*

von 1 Mrd. € Baukosten), aber die verfügbaren Mittel liegen gerade
einmal bei 5% dessen, über was die NSA verfügt, und der für das Inland eigentlich zuständige Verfassungsschutz verfügt nur über ca.
50% dessen, was der BND bekommt. Das ist vermutlich zu wenig für
den schnellen Aufbau und Betrieb eines alle Bürger umfassenden
Spionagenetzes. Die Fähigkeiten scheinen aber zu steigen, denn wie
in den Medien übereinstimmend berichtet wird, experimentiert der
BND mit der NSA-Software „XkeyScore" und möglicherweise auch
weiterer Spionagesoftware, und das lohnt sich nur, wenn auch entsprechende Daten verfügbar sind.

Wie wir aber schon bemerkt haben, geht die Zusammenarbeit zwischen den westlichen Geheimdiensten sehr weit, und mit dem BND
oder dem Verfassungsschutz als Relais bleibt die Gruppe derjenigen,
die von den Datenströmen in Richtung NSA konkrete Kenntnis hat,
kontrollierbar klein. Bei entsprechenden Gegenleistungen dürften
kaum Skrupel bei der Weitergabe der Daten der Bundesbürger bestehen, und wer verfolgt, mit welcher Wendigkeit Politiker ihre Ansichten verändern, wenn sie vom Parlamentsstuhl auf die Regierungs-
bank wechseln, wird wohl auch von dieser Seite eher mit Unterstützung als mit Hindernissen rechnen.

Wenn man US-Dienste weitgehend machen lässt, hat man natürlich
auch nur beschränkte Möglichkeiten zu kontrollieren, was sie wirklich machen. Technisches Verständnis ist in Deutschland inzwischen
ohnehin Mangelware, und die Reaktionen auf die Abhörskandale bewegen sich eher zwischen Glaube und Hoffnung statt auf einer technischen Offensive.

3.1   Staatliche Datenquellen

Einige Datenquellen sind direkt bei Behörden angesiedelt, so dass eigentlich niemand gefragt werden muss, um Zugang zu den Daten zu
erhalten. Schlimmstenfalls gibt es einen Befehl „von oben", eine Zugriffsschnittstelle einzurichten, über deren Nutzung die betroffene
Abteilung nicht weiter informiert wird und somit auch keinen Anlass
hat, Verschwörungstheorien in die Welt zu setzen. Technik versteht,
wie schon betont, heute ohnehin kaum jemand.

MELDEREGISTER

Die Register der 5.283 Gemeindeämter liefern

- Familiennamen, frühere Namen, Vornamen,

- Doktorgrad, Ordensnamen, Künstlernamen,

- Tag und Ort der Geburt, Geschlecht,

- gesetzlicher Vertreter / Eltern von minderjährigen Kindern
  (Vor- und Familienname, Doktorgrad, Postanschrift, Tag der
  Geburt, gegebenenfalls Sterbetag),

- Staatsangehörigkeit(en),

- eingetragene Zugehörigkeit zu einer Religionsgemeinschaft,

- gegenwärtige und frühere Anschriften, Haupt- und Nebenwohnung, Datum des Ein- und Auszugs,

- Familienstand, bei Verheirateten oder Lebenspartnern zusätzlich Tag und Ort der Eheschließung oder der Begründung der Lebenspartnerschaft, Ehegatte oder Lebenspartner
  (Vor- und Familienname, Doktorgrad, Tag der Geburt, Anschrift, gegebenenfalls Sterbetag), minderjährige Kinder,

- Ausstellungsbehörde, Datum und Gültigkeitsdauer des Personalausweises/Passes,

- Übermittlungssperren von Daten aus besonderem Grund (so
  etwa bei Gefahr für Leben, Gesundheit oder persönliche
  Freiheit),

- Sterbetag und -ort,

- Tatsache, dass der Betroffene vom Wahlrecht ausgeschlossen ist,

- steuerrechtliche Daten,

- eventuell die Tatsache, dass Passversagungsgründe vorliegen, ein Pass versagt oder entzogen oder eine Anordnung getroffen worden ist, wonach der Ausweis nicht mehr dazu berechtigt, die Bundesrepublik Deutschland zu verlassen.

Stufenweise sollten diese Daten über Landesmelderegister, die inzwischen bestehen, bis in ein Bundesmelderegister, das Ende 2013 noch nicht zu bestehen scheint, verdichtet werden. Für die Nachrichtendienste bestehen jedenfalls keine Probleme, an die ohnehin (gegen Gebühr) öffentlich zugänglichen Daten zu gelangen. Für die Spionagetätigkeiten wichtig sind folgende weitere Daten, die ebenfalls erhoben werden:

> **Fotos** müssen den Anforderungen biometrischer Erkennungsverfahren genügen, Körpergröße und Augenfarbe kommen als schlecht veränderliche persönliche Merkmale hinzu.

> **Fingerabdrücke** sind zumindest bei Reisepässen bereits Pflicht, in Personalausweisen (noch) optional.

> **Elektronische Ausweise** (Zertifikate) für die Identifizierung bei Internetgeschäften sind derzeit ebenfalls noch optional.

Abbildung 3.2: Muster Personalausweis mit biometrischem Foto (public domain, BGBl. I Nr. 54)

STATISTISCHE DATEN DER KOMMUNEN

Kommunen veröffentlichen regelmäßig statistische Daten über Mietspiegel, Migrationsprofil , soziale Lage und weitere Daten der einzelnen Stadtteile. Durch Korrelation mit den Meldedaten lassen sich Rückschlüsse auf die soziale Entwicklung und den sozialen Status einer Person/Familie ziehen.

REISEKONTROLLEN

Bei Reisen ins nichteuropäische Ausland oder vielfach bereits bei Personenkontrollen im öffentlichen Bereich werden die Ausweispapiere (Personalausweise, Reisepässe) elektronisch überprüft. Aufgrund der Datenvernetzung ist es für die Nachrichtendienste, die aufgrund der Terrorabwehr ohnehin in den Prozess eingebunden sind, kein Problem, diese Überprüfungszugriffe in einer Datenbank abzulegen und sich so eine Übersicht zu verschaffen, wer sich wie lange in welchem Land aufhält. Insbesondere im Bereich "Terrorismus" sind solche Daten interessant.

Offline fallen weitere Bewegungsdaten an: ob Hotel, Pension oder Campingplatz, überall sind Meldeformulare auszufüllen, die Name, Anschrift und Aufenthaltsdauer enthalten. Die Formulare sind für eine Digitalisierung vorbereitet, und selbst bei schwer leserlicher Schrift ist eine Digitalisierung sicher kaum ein Problem. Inzwischen sind auch elektronische „Erleichterungen" eingeführt worden, die auch eine Datenübernahme durch die Behörden vereinfachen.

KFZ-DATEN

Die Zuordnung von Kfz-Kennzeichen und Führerscheinen zu Personen aus dem Melderegister ist eine der leichteren Übungen. Fahrzeugart und Fahrzeugwechsel erlauben zusammen mit den Meldedaten eine verfeinerte Definition des Sozialstatus im Dossier über eine Person.

Mit den Fahrzeugdaten verbunden sind aber auch polizeilich registrierte Unfälle, schriftliche Verwarnungen und verhängte Bußen bis hin zum zentralen Verkehrssünderregister. Alles wird heute elektronisch erfasst, und auch kleinere Verwarnungsgelder werden nicht mehr vor Ort eingezogen, sondern zentral von den Ordnungsämtern verwaltet. Diese Daten stehen also erst einmal zur Verfügung, und wenn diese Daten nach Bezahlen des Verwarnungsgeldes auch offiziell nicht weiter gespeichert werden, so bedeutet das nicht, dass Nachrichtendienste diese Daten nicht inoffiziell doch weiter speichern. Diese Daten sind jedoch mit einem Unsicherheitsvermerk zu versehen, da der belangte Halter des Fahrzeugs nicht auch der verursachende Fahrer sein muss.

VIDEOÜBERWACHUNG DES VERKEHRS

Die Mautbrücken auf deutschen Autobahnen haben die Aufgabe zu kontrollieren, ob tatsächlich jeder LKW ordentlich am Mautsystem teilnimmt. Dazu werden die Kennzeichen der Fahrzeuge ausgelesen und mit Mautdaten verglichen. So weit die offizielle Version.

Inoffiziell können an den Mautbrücken und an allen anderen Videoüberwachungsstellen aber sämtliche Kennzeichen erfasst und ein Bewegungsmuster für alle Fahrzeuge erstellt werden, die jeweiligen Fahrer eingeschlossen. Auch für deren Identifizierung reichen die aufgenommenen Bilder meist aus.

Die USA sind vielerorts noch einen Schritt weiter und erfassen aus dem fahrenden Streifenwagen die Kennzeichen der am Rang geparkten Fahrzeuge und des sonstigen Verkehrs. Ist eines in irgendeinen Vorgang verwickelt, erhält die Streifenwagenbesatzung spätestens an

der nächsten Ecke die Aufforderung, zu wenden und sich das Fahrzeug genauer anzusehen.

ORDNUNGSAMT, BAUAMT

Ordnungsämter sind für eine Vielzahl von Meldungen und Genehmi-
gungen zuständig und übernehmen in bestimmten Bereichen zunehmend auch polizeiliche Aufgaben. Von Gewerbetätigkeiten über
Tierhaltung, Pflanzen von Sträuchern und Fällen von Bäumen, Ab-
brennen von Feuerwerk, Versammlungen bis hin zur Auswahl der
Verblender an Hausfassaden halten die Ordnungsämter eine Fülle
von Antragsformularen und Vorschriften bereit, und vermutlich be-
geht jeder Bürger durch unterlassene Meldungen mehrfach im Jahr
eine Ordnungswidrigkeit, der er sich gar nicht bewusst ist (nimmt
man die Sachen hinzu, die aus irgendeiner Regulierungswut heraus
verboten sind, ist das nach Untersuchungen von einigen Journalisten
spätestens jeden zweiten Tag der Fall).

Steht das alles elektronisch zur Verfügung, ist eigentlich nur eine
halbwegs einheitliche Datenbankstruktur für eine zentrale Auswertung durch die Datenkraken notwendig. Die ist aber zumindest auf
Länderebene gegeben.

GERICHTS- UND POLIZEIAKTEN

Gerichts- und Polizeiakten enthalten eine erstaunliche Fülle von Daten zu einer Person. Bekannt ist mehr oder weniger nur das polizeiliche Führungszeugnis, das nur strafrechtlich Verurteilungen enthält.
Durch die Digitalisierung ist jedoch ohne Probleme ein erweitertes
Führungszeugnis erstellbar, das aus Polizeiakten

> ➢ eingestellte Ermittlungsverfahren,

> ➢ Zeugenaussagen über andere Personen oder Sachstände,

> ➢ Opferrollen,

> ➢ ausgeübter Beruf (teilweise)

und aus Gerichtsakten

> ➢ Zeugenaussagen über andere Personen oder Sachstände,

> ➢ Klagen in Zivilprozessen,

> ➤ gegen die Person angestrengte Zivilklagen jeweils mit Ergebnis

enthalten kann, also sehr viel umfangreichere Informationen. Aus anderen Abteilungen der Gerichte lassen sich weitere Informationen dem Personendossier zuordnen:

- Grundbesitz.

- Handelsrechtliche Verantwortung für Unternehmen oder Genossenschaften als Geschäftsführer, Vorstand, Inhaber usw.

- Partnerschafts- und güterrechtliche Vereinbarungen.

- Mitgliedschaften in Vereinsvorständen.

BUNDESANSTALT FÜR FINANZDIENSTLEISTUNGSAUFSICHT BAFIN

Bei der BaFin laufen sämtliche Bankdaten deutscher Banken zusammen. Jedes Konto bei einer innerdeutschen Bank ist hier namentlich einer Person zugeordnet. Die Zentralschnittstelle wurde mit dem ausdrücklichen Ziel der Terrorabwehr und der Bekämpfung von Geldwäsche geschaffen, d.h. die Nachrichtendienste verfügen (vermutlich uneingeschränkt) über diese Schnittstelle.

Inzwischen bedienen sich aber auch Sozial- und Finanzämter in ziemlich inflationärer Weise der BaFin. Von den Zentralinformationen der BaFin auf den direkten Durchgriff auf die Kontenstände und Bewegungen ist es dann nur noch ein kleiner Schritt. Von irgendeiner Art von Bankgeheimnis kann in der EU keine Rede mehr sein.

Darüber hinaus ist die BaFin auch noch für andere Finanzdienstleistungen wie Versicherungen zuständig, mit Ausnahme der Sozialversicherungssysteme, für die das Bundesversicherungsamt zuständig ist. Grundsätzlich schließt dies eine Einsicht in nahezu alle Details des Geschäftsbetriebes ein, in wie weit sich die BaFin diese Einsicht allerdings verschafft (und dann auch weitergeben könnte), ist schwer zu beurteilen.

ARBEITS-, SOZIAL- UND FINANZÄMTER

Weitere Behördenregister fallen in der BRD unter den Datenschutz, und selbst Ermittlungsbehörden sollten auf solche Daten nur unter bestimmten Umständen zugreifen können. Was gäbe es hier zu holen?

Rentenversicherungen und (teilweise) Berufsgenossenschaften geben Auskunft über Berufstätige, genauer über

- schulische Laufbahn und berufliche Ausbildung,

- Beruf,

- Arbeitsstelle und Dauer von Beschäftigungsverhältnissen,

- Höhe der Einkünfte aus nichtselbständiger Arbeit

Sozialbehörden wie die Agentur für Arbeit und die Sozialämter liefern Daten über den nicht einer geregelten Arbeit nachgehenden anderen Teil der Bevölkerung,

- Dauer der Arbeitslosigkeit,

- allgemeines Sozialverhalten,

- Details zu Familienverhältnissen.

Hinsichtlich der Terrorabwehr ist für die Dienste eine Reihe von Daten durchaus aufschlussreich, so dass von einem Interesse ausgegangen werden kann.

Ergänzend können die Finanzämter genaue Übersichten über die Vermögensverhältnisse liefern. Da hier zentrale staatliche Interessen aufeinander stoßen, ist das vermutlich der Bereich, der am meisten abgeschottet ist.

Zwischenbilanz

Aus diesen Daten ergibt sich bereits ein sehr detailliertes persönliches Dossier sowie auch ein primäres familiäres Beziehungsnetz. Psychologisch können Profile erstellt werden, die

- den sozialen Status und das bürgerliche Sozialverhalten sowie

- Auffälligkeiten durch soziale Brüche im primären Beziehnungsnetz (abweichendes Verhalten der Kinder von den Eltern)

- . . .

berücksichtigen und Prädispositionen für zukünftige Handlungsmuster beinhalten. Dazu ist kein individuelles psychologisches Gutachten notwendig – das könnten die Dienste bei der Masse gar nicht leisten. Das statistische Aufeinandertreffen bestimmter Merkmale genügt für eine Kategorisierung.

Teilweise sind die Daten redundant, was für Kontrollzwecke recht nützlich ist. Viele diese Daten sind mehr oder weniger frei zugänglich. Privatpersonen müssen vielleicht im Einzelfall begründen, wozu sie eine bestimmte Information benötigen, und sind möglicherweise auch auf Informationen beschränkt, die sie selbst betreffen. Für Behörden sind diese Datenabfragen kein Problem. Sie sind lediglich aus Datenschutzgründen gehalten, dies nur im Rahmen laufender Vorgänge zu machen und die beschriebene Verdichtung auf allgemeine Dossiers nicht durchzuführen. Für Nachrichtendienste dürften die letzten Beschränkungen nur in der Theorie zutreffen.

3.2   Gesetzlich geregelte Zugriffe

Die Zugriffsmöglichkeiten auf eine Reihe von Quellen sind bereits insofern gesetzlich geregelt, als die Dienstleister bestimmte Daten speichern müssen/sollen oder Schnittstellen für die Nutzung durch staatliche Stellen bereit stellen müssen. Der Zugriff auf die Daten unterliegt zwar formal gewissen Beschränkungen, aber mit Verweis auf die Terrorismusgefahr dürfte ein permanenter Zugriff kaum ein Problem für die Nachrichtendienste sein. Da landeseigene und fremde Dienste (BND, NSA) in dem Geschäft mitmischen, werden wir im Weiteren sowohl einen direkten Zugriff auf die Schnittstellen als auch alternativ einen allgemeinen Zugriff an Stellen, an denen die Daten teilweise durch Verschlüsselung geschützt sind, annehmen.

TELEFONIE

Aus den Daten der Telefondienstanbieter lassen sich die Dossierdaten durch die Rufnummern von Festnetz- und Mobiltelefonen ergänzen. Eigentlich sollte diese Zuordnung komplett möglich sein, aber wie später noch genauer gezeigt wird, sind anonyme Mobiltelefone

nicht nur möglich, sondern werden von bestimmten politischen Strö-
mungen sogar zum Programm erhoben.

Die Anmeldedaten der Mobiltelefone an Zugangsknoten werden
zwar bei den Providern aufgezeichnet, aber vermutlich parallel auch
bei den Nachrichtendiensten, die sie für andere Auswertungen in
Echtzeit benötigen. Die Herausgabe dieser Daten an die Behörden ist
nicht freiwillig, sondern gesetzlich vorgeschrieben. Durch diese so
genannte Funkzellenortung können grobe Bewegungsprofile aufgezeichnet werden. Ortsgenaue Bewegungsprofile lassen sich von Geräte mit GPS durch Abfrage der Koordinaten erhalten (soziale Netzwerke wie facebook enthalten oft Kommentare mit dem Vermerk
„vom Handy gesendet" mit genauer Standortangabe; es ist daher
nicht sehr schwer, an genaue Daten zu gelangen).

Sind die Mobiltelefone abgeschaltet, unterbleibt die Anmeldung am
nächsten Funkmast. Eine Möglichkeit, trotzdem eine Ortung durchzuführen, ist die Silent-SMS. Diese löst keinerlei sichtbare Reaktionen des Gerätes aus, zeigt jedoch den Standort des Gerätes selbst im
ausgeschalteten Zustand beim Provider an, weshalb Entfernen des
Akkus und der SIM-Karte notwendig ist, will man sich davor schützen. Die Funktion wurde von den Providern für eigene Zwecke geschaffen, jedoch von den Behörden genauso schnell für deren Zwecke
requiriert. Die Silent-SMS ist eine aktive Ortungsmethode, und die
von den Bundesbehörden (Verfassungsschutz, BKA, Bundespolizei,
Zoll) gegenüber den Medien offiziell zugegebene Zahl liegt in der
BRD bei ca. 300.000 – 500.000/Jahr, Tendenz zunehmend. Rechtlich
sind Funkzellenortung und Silent-SMS zwei Paar Schuhe, aber solche
juristischen Spitzfindigkeiten sollen uns hier nicht weiter beschäftigen.

Eine Qualitätsstufe oberhalb der Funkzellenortung liegt die Verbin-
dungsdatenauswertung. Bei polizeilichen Ermittlungen ist wieder
eine richterliche Anordnung notwendig, um an diese Daten zu gelangen, bezüglich nachrichtendienstlicher Spähaktionen kann man
wieder spekulieren.

Werden darüber hinaus auch die Gespräche selbst angezapft, kann
dies gleich in zweifacher Hinsicht ausgenutzt werden:

a) Ist der Teilnehmer beim Provider registriert, kann als weite-
    res biometrisches Merkmal ein Stimmprofil aufgenommen
    werden. Dieses kann genutzt werden, um die Person an ande-
    rer Stelle zu identifizieren.

b) Der Gesprächsinhalt kann erfasst und weiter verarbeitet wer-
    den.

Zumindest in den USA wird offenbar eine flächendeckende Überwachung und Analyse der Telefonate angestrebt, auch wenn dies rechtlich problematisch ist. Keine rechtlichen Probleme bestehen für US-
amerikanische Dienste im Ausland. In der EU werden offenbar bereits viele Gespräche überwacht, Auslandsgespräche möglicherweise
bereits flächendeckend.

*Bereits Anfang der 2000er Jahre wurde ein Geschäftsmann
bei der Einreise in die USA wegen illegaler Waffengeschäfte
aufgrund eines in Spanien geführten Telefonats festgenom-
men. Nationale Gesetze, beispielsweise in Frankreich, verbieten die Verschlüsselung von Telefonaten, woran sich Unternehmen aber nicht unbedingt halten.*

Telefonie wird inzwischen weitgehend über die gleichen Backbone-
Netze übertragen wie der Internetverkehr und kann anhand der Protokolle identifiziert werden. Insbesondere Auslandsgespräche dürften
so bei einem Abhören des Internetverkehrs von den Nachrichtendiensten aufgezeichnet werden. Bislang scheint eine Verschlüsselung
die Ausnahme gewesen zu sein, so dass die Nachrichtendienste leich-
tes Spiel hatten.

Der lokale Telefonverkehr, d.h.

•   klassische Festnetz → Festnetzverbindungen,

•   klassische Festnetz → GSM-Verbindungen,

•   GSM- → GSM-Verbindungen,

•   VoIP-Verbindungen → klassisches Festnetz,

•   VoIP-Verbindungen → GSM-Netz

kann innerhalb des Netzes eines Providers, zwischen Netzen unterschiedlicher Provider oder zwischen virtuellen Providernetzen (ein
Provider mietet Netze anderer Provider, besitzt aber selbst keine)

stattfinden. Schnittstellen für ein Abhören des Telefonverkehrs sind vorhanden, und zumindest ausgewählte werden vermutlich durch Nachrichtendienste permament überwacht. Verschlüsselungsprobleme dürften für die Nachrichtendienste an diesen Stellen nicht bestehen.

Für satellitenvermittelte Gespräche unterhalten die Nachrichtendienste traditionell eigene Empfangsstationen, die ohne Eingriff bei den Providern ein Abhören der offenbar auch meist unverschlüsselten Telefonate erlauben. Für diese Variante des Lauschens ist keine Kooperation mit lokalen Landesdiensten notwendig, da eine geeignete Empfangsanlage beispielsweise auf dem Dach eines Konsulats oder einer Botschaft installiert werden kann.

GSM-Mobilfunk sollte in der Regel verschlüsselt sein, jedoch betrifft das lediglich den Datenverkehr mit dem nächsten Funkmast. Durch Manipulation der Funkmasten kann man jedoch auch unverschlüsselte Verbindungen erzwingen. Ein ausländischer Dienst könnte die betreffende Funkzelle in diesem Fall auch ohne Kooperation mit dem lokalen Dienst abhören (*es ist möglich, dass Briten und Amerikaner diese Technik im Regierungsviertel in Berlin genutzt haben*).

Einen abweichenden Mechanismus verlangt die immer mehr aufkommende VoIP-Telefonie, die inzwischen auch von klassischen Telefonieprovidern wie der Telekom anstelle von ISDN angeboten wird. Sie kann im allgemeinen Verkehr im Internet aufgrund der Protokolle mitgeschnitten werden, sofern sie unverschlüsselt abgewickelt wird. Bei verschlüsseltem Verkehr werden die Schlüssel durch die SIP-Server ausgehandelt und nicht durch die Endgeräte. Bei direkten Verbindungen zwischen verschiedenen Unternehmens-SIP-Servern ohne dazwischen Schalten eines Providers dürfte es Probleme für die Nachrichtendienste geben, die Nachrichten zu lesen.

Eine zwischen den Endgeräten direkt ausgehandelte end-2-end-Verschlüsselung ist derzeit noch die absolute Ausnahme. Sie ist die einzige wirklich abhörsichere Methode, sofern die Geräte oder die Gerätesoftware nicht von vornherein manipuliert sind.

Zwischen allen genannten Netzen werden zusätzlich zu den Gesprächen auch Kurznachrichten und Multimediadaten ausgetauscht (SMS, MMS). Diese werden bislang unverschlüsselt versendet und daher komplett abgehört. Apps für eine end-2-end-Verschlüsselung existieren zwar, sind aber kein Standard und dürften eher in Ausnahmefällen eingesetzt werden, da ein Konfigurationsaufwand mit ihrer Nutzung verbunden ist.

Moderne Multimediatelefone übermitteln neben Sprach- auch Bilddaten (Videotelefonie). Diese stehen den Nachrichtendiensten ebenfalls zur Auswertung zur Verfügung.

INTERNET

Aus den Providerdaten der Telefongesellschaften geht ebenfalls hervor, wer einen Internetanschluss besitzt, und zwar sowohl einen Festnetzanschluss als auch einen Mobilfunkanschluss. Mehr lässt sich allerdings zunächst nicht feststellen, da die Zuteilung der IP-Adressen nicht fest ist, sondern täglich wechselt.

Weitere statische Daten, an die die Dienst problemlos kommen, sind Emailadressen, so weit sie bei den Internetprovidern eingerichtet sind, sowie von den Kunden betriebene Webseiten. Webseiten bei Webhostern oder Serverhostern lassen sich über die DNS-Dienste problemlos zuordnen (Abbildung 3.3).

Abbildung 3.3: DENIC-Abfrage Maske (eigene Domain)

Nicht so ohne Weiteres zuzuordnen sind Emailadressen, die ohne Identitätsprüfung eingerichtet werden können. Wie bei anonymen

Mobilfunktelefonen fragen die Anbieter zwar persönliche Daten ab, können aber kaum deren Korrektheit überprüfen.

Die Provider speichern die IP-Zuteilungen derzeit in der Regel nicht ab, es sei denn, aus abrechungstechnischen Gründen besteht eine Notwendigkeit dazu. Die Nachrichtendienste müssen sich daher direkt bei den Betreibern bedienen, um eine im Netz abgefangene Nachricht eindeutig einem Anschluss zuordnen zu können; über die technischen Mittel dazu verfügen sie auf jeden Fall.

An zentralen Knotenpunkten kann der komplette Verkehr beobachtet werden. Dass das ohne große Probleme möglich ist, haben die Briten bei über ihr Territorium laufenden Interkontinentalkabeln nachgewiesen (d.h. sie sind dabei aufgefallen). Erfasst werden

- unverschlüsselte Emails und

- unverschlüsselte IP-Telefonie,

- SMS-Verkehr.

Die Internetprovider behaupten zwar, den Diensten keine Kundendaten direkt zur Verfügung zu stellen und den Emailverkehr zwischen den Mailservern zukünftig verschlüsseln zu wollen. Ersteres muss man nicht unbedingt glauben, zumindest was die USA angeht, in der sich einige Provider wegen mehr oder minder starken Drucks, Daten zugänglich zu machen, aus dem Geschäft zurück gezogen haben. Andere wie google oder AOL machten Ende 2013 gegen die Praktiken der NSA Stimmung, was aber eher den Anschein erweckt, als hätten sie die Gunst der Snowden-Stunde genutzt, dem unangenehmen großen Bruder mal kräftig vor das Schienenbein zu treten. Wenn die NSA tatsächlich die Datenbanken von google und anderen nutzen, kann selbst die das nicht mal so eben nebenbei machen, sondern ist auf Unterstützung durch die Unternehmen angewiesen. Auch Suchmaschinen und soziale Netzwerke unterliegen einer permanenten Weiterentwicklung, die auch vom stillen Nutzer mitvollzogen werden muss. Auch in den USA ist davon auszugehen, dass die Meckernden ihre Schnittstellen nicht kostenlos zur Verfügung stellen (müssen), sondern aus dem Riesenhaushalt der NSA entsprechend entlohnt werden.

Wie weit so ein Horchen der Nachrichtendienste an den Schnittstellen auch auf deutsche Provider zutrifft, ist die Frage. Die erschrockene Reaktion auf die Veröffentlichungen über die NSA-Aktivitäten spricht nicht gerade für die Unternehmen, sondern auch eher für eine Verschleierungstaktik. Und verschlüsselt hatten sie den Verkehr auf den Fernleitungen tatsächlich nicht: bei der Einrichtung der Verschlüsselung zwischen den Mailservern der großen Provider kam es im September 2013 zu einer Panne bei der Auswahl der Verschlüsselungsprotokolle, was dazu führte, dass zwischen der Deutsche Telekom und Web.de eine Zeit lang keine Emails ausgetauscht werden konnten.

Was immer auch in dem Bereich läuft: so lange die Nutzer ihr Emails nicht mit einer end-2-end-Verschlüsselung sichern, werden die NSA und andere Dienste weiterhin gute Chancen haben, einiges mitzulesen.

Bezüglich des Serververkehrs genügt es für die Nachrichtendienste, die IPs ausgewählter Server direkt zu filtern. Was für die Nachrichtendienste alles interessant ist, hängt wohl auch von deren Interpretation über den Nutzen der Daten ab. Die Aufzeichnungen dürften zunächst – natürlich in einem weitaus größeren Rahmen – den privaten Statistiken ähneln, die zur Serveroptimierung geführt werden (Abbildung 3.4).

Monat	Unterschiedliche Besucher	Anzahl der Besuche	Seiten	Zugriffe	Bytes
Jan 2012	648	930	1,280	5,339	52.59 MB
Feb 2012	653	907	1,234	5,340	53.46 MB
März 2012	672	927	1,412	5,283	47.85 MB
Apr 2012	623	870	1,226	5,038	1.79 GB
Mai 2012	515	709	1,148	4,142	5.10 GB
Juni 2012	505	666	1,004	4,165	1.22 GB
Juli 2012	523	643	870	3,825	38.19 MB
Aug 2012	445	573	898	3,465	36.19 MB
Sep 2012	489	656	939	4,774	36.77 MB
Okt 2012	331	427	558	2,246	22.16 MB
Nov 2012	554	740	1,041	4,649	41.90 MB
Dez 2012	520	863	1,176	3,713	40.46 MB
Total	6,478	8,911	12,786	51,979	8.48 GB

Abbildung 3.4: Serverstatistik mit AWStat

Ob die Server ihre Seiten nun verschlüsselt anbieten oder nicht, die
Nachrichtendienste können auf jeden Fall ermitteln, wer sich mit den
Servern verbindet. Die Seiteninhalte der Server lassen sich unabhängig von den Nutzern analysieren, sofern ein direkter Zugriff möglich
ist. Bei nicht durch SSL geschützten Seiten lassen sich auch die Nutzerdaten analysieren. Vermutlich ist die NSA im Besitz sämtlicher
Kennworte, die unverschlüsselt übermittelt werden (müssen).

POSTDIENSTE

Formal gilt das Post- und Fermeldegeheimnis, d.h. so lange ich nicht
selbst jemandem einen Brief zeige, hat niemand das Recht, den Empfänger oder den Absender abzulesen, vom Inhalt ganz zu schweigen.
Wie es mit diesen Geheimnissen (das Bankgeheimnis war ja einmal
ein weiteres) inzwischen bestellt ist, haben wir ja schon erfahren.
Warum sollte es mit dem Postgeheimnis anders aussehen?

Zumindest in den USA ist die (Brief- und Paket-) Post ein Ziel der
NSA. Wie Medienberichten zu entnehmen ist, wird der Briefverkehr
dort komplett erfasst, und Homeland Security leugnet das noch nicht
einmal (im Gegenteil *"wir machen weiter. Nationale Sicherheit
usw."*).

Jeder Brief(umschlag) wird eingelesen und Absender- und Empfängerdaten gespeichert. Da viele Briefe handschriftlich adressiert sind,
spricht dies für die Leistungsfähigkeit der OCR-Systeme. Die Post
muss zur Nutzung der automatischen Verteilsysteme selbst in der
Lage sein, zumindest die Postleitzahlen auslesen können, so dass sich
die Nachrichtendienste nur daran anhängen müssen.

In Deutschland werden Briefe und Paketsendungen zunehmend elektronisch beschriftet bzw. erfasst (Internetmarke mit Adresse, Paket-
verfolgung der Dienstleister). Auch diese Daten brauchen nur bei
den Dienstleistern ausgelesen werden; da bei Internetfrankierung ohnehin eine Bestätigung per Email versandt wird, genügt alternativ
auch ein Mitlesen der Mail (was im Querbezug auch die personelle
Zuordnung des einen oder anderen Emailkontos erlauben dürfte).

Beim immer stärker expandierenden Internethandel ist von einer
vollständigen elektronischen Abwicklung auszugehen. Nachrichtendienste müssen die Postdaten nur noch in Privatsendungen und Ge-
schäftssendungen unterscheiden, was aufgrund des Absenders und

Abgleich mit dem Handelsregister sehr einfach realisierbar ist. Mit dem Lieferant ist oftmals weitgehend bereits bekannt, was bestellt wurde. Beispielsweise werden viele über amazon abgewickelte Geschäfte dort zentral registriert, der Versand erfolgt aber über Spezialunternehmen.

Gehen wir also im Weiteren davon aus, dass die Nachrichtendienste auch wissen, wann wir Post von wem erhalten haben. Ob der Angriff noch weiter geht – einlesen von Postkarten bzw. Auslesen von e-Briefen – lassen wir offen. Der Nutzen dürfte aber eher gering sein, falls auch dies der Sammelwut zum Opfer fällt.

BANKEN

Den Abgriff der deutschen Kontendaten über die BaFin haben wir bereits erwähnt. Auch in vielen Ländern mit „hartem Bankgeheimnis" dürfte es ähnlich aussehen. Völlig anonyme Nummernkonten existieren nicht; in den Ländern, in denen noch Nummenkonten verwaltet werden, ist die Kenntnis der Person des Kontoinhabers auf einen kleineren Kreis von Bankangestellten reduziert, mehr nicht. Im Bedarfsfall müssen Ermittlungsbehörden auch die Inhaber dieser Konten namentlich nachweisen.

Eine Kenntnis der Konten beinhaltet natürlich noch nicht die Kenntnis des Umsatzes auf den Konten. Wie weit der Durchgriff von Nachrichtendiensten auf die Kontensaldi geht, ist unklar, aber vermutlich ist auch hier mehr möglich, als man glaubt. Schweizer Banken sind beispielsweise jahrelang von den USA mehr oder weniger mit einem Geschäftsverbot in den USA erpresst worden, um US-Steuersündern habhaft zu werden – erfolgreich, wie inzwischen bekannt ist.

Auch die EU bemüht sich um einen kompletten Durchgriff auf Konten von EU-Bürgern in der Schweiz, und die deutschen Sozialdemokraten haben einen Staatsvertrag mit der Schweiz, der zwar viele der finanziellen Vorteile der Steuerhinterziehung aufgehoben hätte, aber ansonsten keinen unbeschränkten Zugriff ermöglicht hätte, platzen lassen. Dabei geht es um totale Kontrolle, denn bei einem regulären juristischen Ermittlungsverfahren wegen Steuerhinterziehung geben die Schweizer bereits heute Auskunft. Wenn schon von den schweizer Banken verlangt wird, deutschen Behörden freien Zugang zu Konten deutscher Kunden ohne jegliche Begründung zu gewähren, muss

man wohl nicht lange spekulieren, was von deutschen Banken verlangt wird.

Auch bei Geldgeschäften gibt es Knotenpunkte, die abgegriffen werden können. Um sich eine (fast komplette) Übersicht über den gesamten Zahlungsverkehr zu machen, genügt ein Datenabgriff bei den
Clearingbanken. Der Zahlungsverkehr zwischen verschiedenen Geld-
instituten wird landes- bzw. auch weltweit über eine Hand voll Clearingbanken abgewickelt, die in der Öffentlichkeit weitgehend unbekannt sind. Die Nachrichtendienste brauchen daher nicht jede Bank
einzeln zu beobachten (allein in der EU fast 7.900 Institute), allerdings geht der Teil des Geldverkehrs, der innerhalb eines Hauses
oder aufgrund besonderer Vereinbarungen zwischen Instituten direkt
abgewickelt wird, an den Nachrichtendiensten vorbei.

Dass das Mitlesen dieser Daten Realität ist und nicht nur als Option
existiert, lässt sich indirekt aus Vereinbarungen bzw. Verhandlungen
zwischen der EU und den USA entnehmen, bei denen es gerade darum geht, die Daten an die Amerikaner auszuliefern. Auch hier kann
man wieder spekulieren, ob es sich bei der „Auslieferung" nicht nur
um eine Legalisierung bereits längst bestehender Praxis handelt.

Was für Bankdaten zutrifft, ist auch auf die international agierenden
Kreditkartengesellschaften oder Zahlungssysteme wie PayPal anzu-
wenden.

Bei Kreditkartenzahlungen oder der Benutzung von Geldautomaten
bietet sich aufgrund der zentralen Bearbeitung – es wird bei jeder
Transaktion geprüft, ob ausgezahlt werden darf – eine direkte online-
Überwachung an. Die typische Filmszene, in der ein Gesuchter mit
einer Kreditkarte etwas bezahlt und Minuten später das Geschäft von
Polizei nur so wimmelt, dürfte vielfach nicht realitätsfern sein. Gerade im Bereich laufender Ermittlungen ergeben sich hier für die Behörden Möglichkeiten, die Zielpersonen zu lokalisieren und weiter zu
beobachten; einige Stunden Verzögerung liefern nur noch inzwischen veraltete Informationen.

Nebenbei liefert die Videoüberwachungen von Geldautomaten, die
als Sicherheitsmaßnahme überall vorhanden ist, weitere Informationen. Die Kameras sind in der Regel so montiert, dass biometrische
Aufnahmen geliefert werden, d.h. man kann auch direkt Personen

und einen Teil des öffentlichen Raums beobachten. Wenn jemand ein zweites Kabel installiert und für die Kosten aufkommt, dürften die Banken wenig Einwände haben.

GESUNDHEITSDATEN

Gesundheitsdaten gelten als sakrosankt, aber sind sie das wirklich? Für die Beurteilung einer Person dürften Gesundheits- oder Krankheitsdaten schon eine interessante Rolle spielen. Wo liegen Gesundheitsdaten vor, abgesehen von den Ärzten?

- Einige Unternehmen und insbesondere der öffentliche Dienst verlangen oft Gesundheitsnachweise bei der Einstellung.

- Viele Beschäftigte des öffentlichen Dienstes und ihre Angehörigen sind beihilfeberechtigt, d.h. die Arztrechnungen landen direkt bei den Besoldungsämtern.

- Ärzte rechnen mit den gesetzlichen Krankenkassen direkt ab, diese wiederum sind öffentlich-rechtliche Einrichtungen und hängen am Tropf einer staatlichen Geldzuteilungsbürokratie, die wiederum Kontrollaufgaben wahrnehmen kann.

- Viele Unfälle werden über Berufsgenossenschaften reguliert, so dass auch hier wieder Informationen beispielsweise über Folgeschäden oder Behinderungen in der Nähe staatlicher Finger landen.

- Gesundheitskosten von Sozialhilfeempfängern werden teilweise von den Sozialämtern übernommen, wodurch diese in den Besitz von Abrechnungen gelangen. Die Zahl ist jedoch stark rückläufig, da per Gesetz die Leistungsempfänger an die gesetzlichen Krankenkassen überstellt werden.

Viele Informationen sind also auch an Stellen gespeichert, wo es relativ einfach ist, an irgendeinem RJ45-Port ein Kabel anzuschließen, das einer anderen Behörde gehört. Man muss halt glauben, dass das nicht passiert.

Ein wenig außerhalb dieser Spielchen liegen die privaten Krankenkassen, bei denen auch sämtlich Daten auflaufen, aber formal keine direkte staatliche Eingriffsmöglichkeit besteht.

3.3 Wirtschaftsunternehmen

Wirtschaftsunternehmen sind in der Regel wenig daran interessiert, ihre eigenen Daten mit anderen zu teilen, insbesondere mit Nachrichtendiensten, bei denen man nie weiß, was damit alles angestellt wird. Anders sieht es mit in ihrem Besitz befindlichen Daten aus, deren Weitergabe ihnen nicht schadet, zumindest so lange nicht, wie nicht allzu offenbar wird, in welchem Umfang die Daten weitergegeben werden. Bei Nachrichtendiensten kann man sich nun wieder recht sicher sein, dass nichts an die Öffentlichkeit dringt.

(Internet)Dienstleister, die in großem Umfang Daten sammeln, sind

- die großen Suchmaschinenbetreiber google, yahoo und weitere,

- Trackdienste, die die Seitenbesuche von Internetnutzern anbieterübergreifend analysieren,

- Bewertungsdienste, bei denen die Nutzer ihre Zufriedenheit über Dienstleister hinterlassen können,

- soziale Netzwerke wie facebook, auf denen die Nutzer freiwillig jede Menge Informationen hinterlassen,

- branchenübergreifende Bonussysteme wie PayBack sowie

- Kundenkarten größerer Handelsketten,

- Energieversorger, die mit modernen Zählern zukünftig auch steuernd eingreifen wollen, indem sie Verbraucher wie Waschmaschinen oder Kühlgeräte vorzugsweise zu den Tageszeiten einschalten, in denen viel Strom zur Verfügung steht.

Die gesammelten Daten können von den jeweiligen Unternehmen gemäß ihren AGBs nahezu beliebig vermarktet werden, was auch das eigentliche Ziel der Unternehmen ist. Im Gegenzug werden die Dienste, die der Endnutzer zu Gesicht bekommt, meist kostenlos angeboten.

Dem stehen in der BRD oft Datenschutzregelungen gegenüber, und die Unternehmen müssen in ihren AGBs auch immer wieder klarstellen, sich daran zu halten. Allerdings sind die wesentlichen Unternehmen international aufgestellt:

- Bei amazon meldet man sich weltweit in allen Unterbereichen (der hauseigene Verlagszweig CreateSpace einmal ausgenommen) mit einer Identität an, d.h. es gibt nur einen Server, der die Identitäten verwaltet.

- Gleiches gilt für ebay und deren hauseigenes weltweit operierendes Banksystem PayPal.

- Facebook wird trotz Millionen von deutschen Nutzern in Deutschland durch die facebook Deutschland GmbH in Hamburg vertreten, die nur aus wenigen Angestellten besteht.

  Alles, worüber sich Nutzer echauffieren, also Änderungen der Software, der Datenfreigaben, zeitweisen Sperrungen der Konten usw. erfolgt zentral und automatisch, d.h. facebook Deutschland hat im Prinzip keinerlei Einflussmöglichkeiten, was auch deren lange Reaktionszeiten bei Beschwerden erklärt: sie müssen irgendwo auf der Welt um schönes Wetter für deutsche Belange bitten, falls nicht ohnehin „ignorieren" die Direktive von oben ist.

Niemand weiß, auf welchen Servern der Unternehmen welche Daten lagern, wie sie dorthin gelangen und was unterwegs alles passiert. Insofern mutiert der Datenschutz zur Glaubenssache.

SUCHMASCHINEN

Suchmaschinenbetreiber verdienen ihr Geld mit einem Informationsangebot, das möglichst viele Nutzer zur Nutzung ihrer Seiten bringt, sowie Werbung, die möglichst gezielt auf Nutzeranfragen platziert wird. Das Geld wird über die Werbung finanziert, während der Dienst für die Endnutzer kostenlos ist.

Für den Erfolg sind zwei Punkte wichtig:

a) Ein möglichst umfassender Informationsbestand, der Nutzer auch dann zur Nutzung der Seiten veranlasst, wenn kein Kaufinteresse vorliegt. Damit erfolgt eine Gewöhnung des Nutzers an eine Dauernutzung des Suchdienstes.

b) Intelligente Algorithmen, die auf Anfragen des Nutzers mög-
    lichst viele passende Informationen aussieben und zur Verfü-
    gung stellen.

Die großen Suchmaschinenbetreiber sind beim Informationssam-
meln bereits weit über die Auswertung von Texten hinaus und können auf Anfragen auch Bilder oder Multimediadaten liefern, wenn
auch hier die Trefferquote noch hinter der Textauswertung hinterher-
hinkt. Auch Bilder können alleine oder zusammen mit Text als Suchbegriffe angegeben werden. Die Suchmaschinen finden die Bilder
auch in unterschiedlichen Auflösungen wieder.

Zudem beschränken sich die Konzerne längst nicht mehr auf das automatisierte Sammeln von Informationen aus dem Netz. Verschiedene weitere Dienste der Suchmaschinenkonzerne wie youtube oder
flickr laden Nutzer ein, ihre eigenen Multimedia-Daten im Netz zu
verwalten und der Öffentlichkeit zur Verfügung zu stellen. Auch
wenn nicht freigegebene Daten nicht in den Suchmaschinen angezeigt werden, kann man wohl davon ausgehen, dass sie in den internen Auswertungen Berücksichtigung finden. Über Maildienste stehen den Konzernen weitere private Daten zur Verfügung.

Bei vielen dieser Dienste muss man sich fragen, wie die Unternehmen daraus Gewinn ziehen wollen. Manches wird sicher aus der
Schublade gezogen, um dem Wettbewerber wieder ein wenig in der
Nutzerakzeptanz voraus zu sein, und ist hinsichtlich möglicher Un-
ternehmensgewinne mehr oder weniger ein Flop. Allerdings können
sich die Unternehmen das problemlos leisten.

Eine umfassende Informationsbasis erlaubt aber auch weitere Geschäftsmodelle: was für den Endnutzer kostenlos ist, kann für institu-
tionelle Nutzer auch professioneller gegen Bezahlung angeboten werden. Google weiß sicher besser als der normale Nutzer, wie seine Datenbanken abzufragen sind, wenn man bestimmte sehr spezielle Informationen sucht.

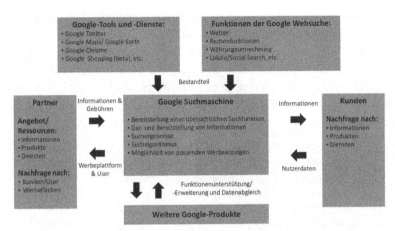

Abbildung 3.5: google-Geschäftsmodell (CC BY-SA 3.0)

Und hier kommen wir dann auch zur den Nachrichtendiensten. Die weisen eine noch größere Sammelwut an Informationen auf als google & Co. Warum also deren Arbeit wiederholen? Man holt sich die gesammelten Daten gegen Bezahlung bei den Suchmaschinen ab. Ob das durch einen direkten Zugriff auf die Datenbanken erfolgt oder die Suchmaschinenbetreiber hier Unterstützung mit Algorithmen liefern, sei einmal dahin gestellt. Für die Suchmaschinenbetreiber ist eine Kooperation sicher ebenfalls lukrativer als eine Verweigerung, die vermutlich zu geheimer Datenanzapfung führt und dann auch unternehmensinterne Daten an die Nachrichtendienste überträgt.

Wie man der medialen Aufregung der Suchmaschinenbetreiber und anderer US-Unternehmen über die NSA-Zugriffe auf ihre Datenbanken entnehmen kann, ist diese Kooperation keine Spekulation, sondern Realität. Ich persönlich glaube auch nicht an die vorgebliche Unfreiwilligkeit der Zusammenarbeit, wie es die Unternehmen darstellen wollen. Der Zeitpunkt, die ohnehin brodelnde Gerüchteküche und die Beschränkung auf ein paar Lippenbekenntnisse deuten eher auf ein versuchtes Reinwaschen bei den Nutzern und eine bessere Basis bei den Preisverhandlungen über die Datenlieferungen hin.

TRACKINGDIENSTE UND BEWERTUNGSDIENSTE

Trackingdienste werden im Auftrag von Unternehmen tätig. Hierzu werden auf den Unternehmensseiten Links auf Server der Trackingdienste gelegt, von denen kleine Informationsstücke der Seite gela-

den werden. Im Rahmen dieser Verbindung speichert der Trackingdienst Informationen über den Aufruf der Unternehmensseite, beispielsweise Kundeninformationen über Dauercookies, IP-Adressen,
zuvor aufgerufene Seiten und anderes, was im Rahmen eines Seiten-
aufrufs alles an Informationen zur Verfügung steht. Da der Trackingdienst dies für sehr viele Seiten macht, lassen sich die Bewegungen
von Nutzern im Internet verfolgen und Nutzerprofile erstellen.

> *Ein Nutzer sucht Produktinformationen über eine Suchma-*
> *schine und klickt nacheinander verschiedene Anbieterseiten*
> *an. Über die Zeiten und die IP-Adressen sind die Informatio-*
> *nen beim Tracker verknüpfbar. Sofern beim Anbieter der*
> *Nutzer über ein Login oder ein Cookie identifiziert werden*
> *kann, können diese Daten verschlüsselt an den Tracker über-*
> *tragen werden, so dass Verknüpfungen mit früheren oder spä-*
> *teren Vorgängen möglich werden.*

Im Laufe der Zeit entstehen beim Trackingdienst Nutzerprofile, die
ausgewertet an die Unternehmen zurück fließen:

- Wie ist der Erfolg des eigenen Angebots im Vergleich zu anderen Anbietern?

- Welche Anbieter sind die wesentlichen Wettbewerber?

- Wird das eigene Produkt überhaupt gefunden/aufgerufen?

- Welche Produkte/Produktkombinationen liegen im Trend
  und können speziell beworben werden?

- Wie ist die Bindung von Kunden an das Unternehmen?

- Sollten Kunden individuell aufgrund einer laufenden Suche
  beworben werden?

Um diese Informationen liefern zu können, werden das Surfverhal-
ten, die angesehenen Produkte, die Preise und schließlich die gekauften Produkte benötigt. Preisübersichten liefern beispielsweise
auch Preissuchmaschinen, zu deren bekannten Käuferschnittstellen
sicher auch Unternehmensschnittstellen hinzukommen, die über die
Situation beim Wettbewerb informieren. In den Strategieabteilungen
der Unternehmen entstehen so ausgedehnte Spielwiesen für Statisti-
ker.

Bewertungsdienste runden das Bild mit individuellen Urteilen über eine Seite ab, eine Kopplung mit einer Suchmaschine liefert weitere Informationen und erleichtert die Verknüpfungen. Für die Unternehmen ergeben sich daraus wertvolle Hinweise auf die Gestaltung von Seiten und Preisen.

Nutzerprofile in möglichst kompletter Form sind auch für die Nachrichtendienste interessant, wenn es um Verhaltensanalysen geht. Gehen wir daher davon aus, dass die Daten der Trackingdienste auch an die Nachrichtendienste verkauft werden.

SOZIALE NETZWERKE

Besonders im Bereich Terrorabwehr, aber auch zur Gewinnung informeller Mitarbeiter sind Daten aus sozialen Netzwerken wie facebook, Twitter, Dienste von google und anderen für die Nachrichtendienste interessant. Es ist allgemein bekannt, dass sich verschiedene Interessenten der Daten aus sozialen Netzwerken bedienen:

- Unternehmen überprüfen das private Verhalten ihrer Angestellten oder von Bewerbern für eine Stelle,

- Ermittlungsbehörden nutzen die Informationen im Rahmen laufender Ermittlungen,

- weniger freundliche Zeitgenossen ermitteln die richtigen Zeitpunkte für Einbrüche oder Erpressungen,

- ...

Normalerweise stehen den Interessenten nur die Informationen zur Verfügung, die die Nutzer freigegeben haben, allerdings dürften die Zugriffsmöglichkeiten von Ermittlungsbehörden auch wesentlich weiter gehen, und von Einbrüchen in schlecht gesicherte private Bereiche wird auch immer wieder berichtet. Trotz ihres diesbezüglich bekannt schlechten Rufes scheuen sich die meisten Nutzer aber kaum, weiterhin die privatesten Sachen einem sozialen Netzwerk anzuvertrauen.

Nachrichtendienste könnten nun solche Netzwerke mit automatisierten Methoden abgrasen, was jedoch nicht alle Informationen sichtbar macht und möglicherweise mit den Verhaltensnormen der Netzwerke kollidiert und zu einer zumindest vorübergehenden Sperrung führen kann. Wesentlich einfacher dürfte auch hier eine Vereinbarung für den Zugriff auf die Datenbanken der Netzwerkbetreiber sein, zumal diesen das nicht wehtut. Gehen wir daher davon aus, dass auch das vom Budget der Nachrichtendienste abgedeckt wird.

Außer Kommentaren hinterlassen die Nutzer auch Fotografien und Videomaterial, wie wir im Abschnitt über Suchmaschinen bereits erwähnt haben. Fotografien liefern zusätzliche Informationen über Aufenthaltsorte (Urlaubsbilder), Kontakte, die nicht in den Netzwerken auftauchen (Markierung von Personen auf Bildern), ergänzendes biometrisches Material usw., Videomaterial kann ggf. für ergänzende psychologische Analysen interessant sein.

Nicht vergessen werden sollen an dieser Stelle weitere Dienstleistungen wie Terminkalender (google, doodle, facebook u.a.) und Web-Office-Anwendungen, die teilweise recht detailliert Auskunft über Tagesabläufe und deren Inhalte geben.

KUNDENKARTEN

Die Datensammlungen betreffen vorzugsweise den Internetbereich. Genauso interessant für die Nachrichtendienste ist aber, was im täglichen Ablauf so alles erledigt wird.

Wo Geld ausgegeben wird, lässt sich beispielsweise über EC- und Kreditkartengeschäfte nachvollziehen. Aus den reinen Transaktionsdaten der Banken geht nur die Summe hervor, nicht aber, was gekauft wurde. Um die Verbindung zu den gekauften Produkten herzustellen, muss auf den Inhalt des Kassenzettels zurückgegriffen werden. Aufgrund weitgehend standardisierter Warenwirtschaftssysteme sollte dies grundsätzlich möglich sein, allerdings kann man nur spekulieren, ob solche Zugriffe erfolgen. Der Anteil der Kreditkartenzahlungen liegt 2013 nur bei ca. 42%, d.h. ca. 58% der Käufe wird weiterhin als Bargeschäft abgewickelt.

Dem Erfassungsloch lässt sich mit Bonussystemen entgegen wirken. PayBack entspricht etwa dem alten Rabattmarkensystem, das vielleicht ältere Leser noch kennen, Kundenkarten von Unternehmen (Baumärkte, Kfz-Reparaturketten u.a.) vergeben teilweise ebenfalls Rabattpunkte, teilweise wird auf den generierten Umsatz direkt ein Einkaufsrabatt gegeben.

Diese Systeme sind keine Erfindungen der Nachrichtendienste, sondern übernehmen die gleichen Aufgaben wie die Trackingdienste im Internet, um die Verkaufsstrategien der Unternehmen zu optimieren. PayBack ist ein solches Trackingsystem, und um wirklich interessant für die teilnehmenden Unternehmen zu sein, müssen auch Daten über Umsätze und gekaufte Waren in den Sammlungen vorhanden sein. Genau das interessiert aber auch die Nachrichtendienste, zumindest in speziellen Fällen. Gegen entsprechende Vergütung solche Daten auch von Handelsketten mit eigenem Kundenkartensystem zu erhalten dürfte zumindest theoretisch kein Problem sein.

ENERGIEVERSORGER

Energieversorger rüsten zumindest den Strombereich zunehmend auf intelligente Zähler um, die das Verbrauchsverhalten Rückmelden können. In Verbindung mit intelligenten Haushaltsgeräten, die gemäß verschiedenen EU-Richtlinien nach Angaben der Stromversorger und des VDE in absehbarer Zeit verpflichtend werden (→ wer Geräte in der EU verkaufen will, muss entsprechende Steuerungstechnik grundsätzlich vorsehen), kann steuerungstechnisch in den Haushalt eingegriffen werden, indem beispielsweise zu Starklastzeiten Kühlgeräte abgeschaltet werden, so weit die Temperatur dies zulässt, und zu Schwachlastzeiten Verbraucher wie Waschmaschinen und Trockner aktiviert werden. Solche Eingriffe sind Maßnahmen im Rahmen der Umstellung der Energieversorgung und im industriellen Bereich seit Jahrzehnten üblich. Die Versorger dürften ihren Kunden die Teilnahme an solchen Steuerungen über entsprechende Tarife in den nächsten Jahren schmackhaft machen.

Diese Daten sind allerdings auch für Nachrichtendienste interessant, weil sie detaillierte Informationen über den Tagesablauf innerhalb des Haushalts liefern. Wann stehen Sie auf? Wieviel Kaffee trinken Sie über den Tag hinweg? Wann ist der Fernseher oder das Radio eingeschaltet? Wenn Sie es selbst vergessen haben, fragen Sie den Nachrichtendienst Ihres Vertrauens! Die Auflösung der Geräte ist teilweise so hoch, dass aufgrund der Helligkeitsschwankungen des Fernsehbildschirms sogar auf das Programm zurück geschlossen werden kann, das gerade angeschaut wird.

3.4   Der Privatbereich

Wenn sich die Lauschangriffe gegen jeden Bürger richten, sind private Geräte ebenfalls als wichtige Quelle zu betrachten, die in zwei
Schritten untersucht werden:

1. Welche Daten sind für ein Persönlichkeitsprofil interessant?

2. Wie kann ein Nachrichtendienst an diese Daten gelangen?

Sehr viele persönliche Daten sind auf den elektronischen Kommuni-
kationsgeräten PC und Mobiltelefon hinterlegt. Dies umfasst Schrift-
verkehr (Briefe, Email, Tagebücher und Notizen), Kontakt- und Ka-
lenderdaten (Emailkontakte, Briefkontakte, Telefonnumern, Ter-
mine), Fotografien und weitere Multimediadaten. Um an diese Daten
zu gelangen, ist ein Eindringen in die Geräte notwendig.

Außer den gespeicherten Daten können die Geräte auch Echtzeitda-
ten liefern:

-   **Bilddaten.** PCs, Mobiltelefone und zunehmend auch Fern-
    sehgeräte, die zu verschiedenen Zwecken an Netzwerke ange-
    schlossen werden, sind mit Kameras ausgestattet, um Video-
    chats und ähnliches durchführen zu können. Sind diese Ge-
    räte immer ausgeschaltet, wenn der Nutzer die Funktion
    nicht nutzen möchte?

-   **Audiodaten.** Was für Bilddaten gilt, gilt aufgrund des inte-
    grierten Mikrofons auch für Audiodaten.

PCs sind eine besonders lohnenswerte Beute. VNC-Server erlauben
beispielsweise die Fernwartung von Rechnern (Abbildung 3.6), in
dem die Arbeitsfläche mit sämtlichen Zugriffsrechten auf Dateien
und Anwendungen auf einen anderen Rechner im Netzwerk übertragen wird. Der dortige Nutzer muss gar nicht selbst aktiv sein, sondern kann auch passiv alles sehen, was der Eigentümer des Rechners
gerade macht. Solche Anwendungen sollen es weniger qualifizierten
Nutzern erlauben, Einstellungen durch Fachleute vornehmen zu lassen, ohne das ein teurer Besuch vor Ort notwendig ist. Fatal ist natürlich, wenn diese Schnittstelle unkontrolliert aktiviert ist und sich
beispielsweise ein Nachrichtendienst so Zugang zum privaten Rechner beschafft.

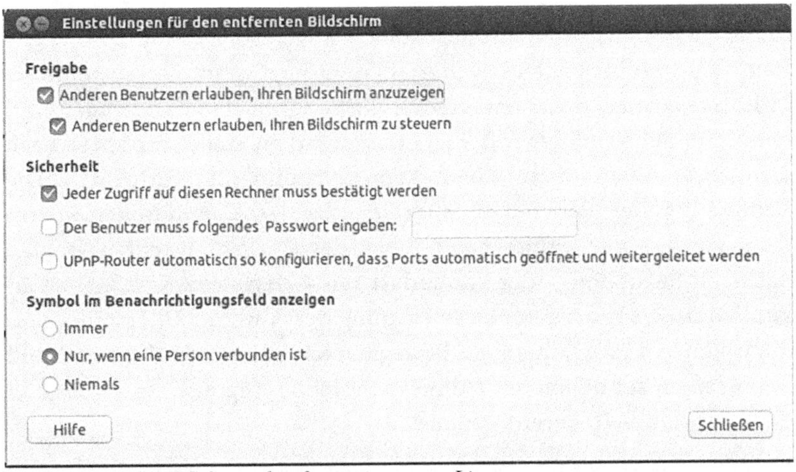

Abbildung 3.6: VNC-Serverkonfiguration unter Linux

UPnP-Anwendungen sind eine weitere Klasse von Programmen, die eine ohne hinreichende Kontrolle Zugriffe auf einen Rechner erlauben. Darüber hinaus existieren eine Reihe weiterer technischer Möglichkeiten, denen wir uns im nächsten Kapitel annehmen.

Der bereits erwähnte intelligente Stromzähler macht steuerungstechnisch letzten Endes auch nur dann Sinn, wenn er im Haus auf intelligente Haushaltsgeräte stößt, beispielsweise einen Kühlschrank, der weiß wie lange er die Kühlung abschalten kann, wenn wenig Strom zur Verfügung steht. Solche Funktionen sind mit einer Sensorik in den Geräten gekoppelt, die meist wesentlich mehr Informationen liefern können, als benötigt wird. Wie gut ist der Kühlschrank gefüllt und womit, wie viel Wäsche waschen Sie, und warum erlaubt der Kühlschrank ihrem PDA nicht, Bier auf die Einkaufsliste zu setzen? Vielleicht weil ihm die Badezimmerwaage mitgeteilt hat, dass Sie ohnehin schon zu dick sind?

Das ist nur teilweise Utopie. Die Steuerungsmöglichkeiten sind bereits vorhanden bzw. sollen verpflichtend werden. Der Einbau weiterer „Servicefunktionen" ist dann nur eine Frage der Zeit, schon alleine aus Marketinggründen seitens der Hersteller. Damit alles funktioniert, muss der Kühlschrank aus italienischer Produktion problemlos mit der Mikrowelle aus Thailand kommunizieren können, ohne dass der schon heute überforderte Hausherr dabei eingreifen muss.

Voraussichtlich sind die Geräte daher in keiner Weise gegen irgendwelchen Datendiebstahl abgesichert.

Beim Automobil geht es weiter: bereits jetzt sind alle Systeme (→
Motorsteuerung, Sensoren, Radio, GPS, ...) in den Fahrzeugen vernetzt, Tendenz zunehmend, Sicherheitstendenz unbekannt bzw. nach
kleinlauter Auskunft der Hersteller nur rudimentär vorhanden. Die
Vernetzung der Fahrzeuge untereinander (→ Kommunikation mit
dem Vorder- und Hintermann über dessen Fahrabsichten in den
nächsten Sekunden) oder zumindest mit Leitsystemen ist keine Zu-
kunftsmusik, sondern konkrete Planung der Automobilhersteller und
Stadtplaner. Erste Fahrzeuge bewegen sich bereits semi-autark, und
Teststraßen, auf denen der Fahrer nicht mehr eingreifen muss, sind in
den nächsten 5-10 bereits geplant.

Ihr Fahrzeug merkt bereits jetzt, wie viele Sitze belegt sind, und me-
ckert bei nicht angelegten Sicherheitsgurten. Die Sensoren können
ähnlich wie bei den Haushaltsgeräten auch genauso gut zusätzlich Ihr
Gewicht messen und weitere Daten wie Muskeltonus oder Pulsfre-
quenz aufnehmen. Auch Ihr Fahrstil ist für den Bordcomputer kein
Geheimnis – und für das vernetzte Leitsystem am Wegesrand ebenfalls nicht. Wo halten Sie wie lange an, wo tanken Sie, welchen Radio-
sender hören Sie, sind Sie emotional ausgeglichen oder stark gest-
resst? Das Navi kennt die Positionen, das Radio die Sender und die
Lautstärke, usw.

Sicherheit ist bislang Mangelware. Über den Mobilfunkanschluss
oder die BlueTooth-Schnittstelle am Radio ist es bei manchen Mo-
dellen möglich, sich in das interne Datennetz einzuklinken und auch
die Motorsteuerung abzufragen. Selbst Fehler können von Außen simuliert werden, und ihr Auto will auf einmal nicht mehr.

Allen diese Entwicklungen werden von den Nachrichtendiensten mit
Sicherheit aufmerksam verfolgt und für die Datenerfassung ausgenutzt. Wenn man bedenkt, welche Zeit ein Mensch im Durchschnitt
in seinem Fahrzeug verbringt und welche Fülle von sehr persönlichen
Informationen ggf. sogar bis zum Mithören von Gesprächen im Fahrzeug potentiell vorhanden ist, muss man daran wohl kaum zweifeln.

4 Technisches

In diesem Kapitel beleuchten wir die technischen Möglichkeiten, an Informationen über Organisationen oder Personen zu gelangen. Bei der Auflistung soll erst einmal nicht interessieren, ob, von wem und in welchem Umfang diese Möglichkeiten genutzt werden. Für alles, was wir hier betrachten, existieren allerdings Anbieter zum Teil recht teurer Geräte, die bereits in der Entwicklung einiges an Kapitaleinsatz erfordert haben. Ein hinreichend großer Markt ist daher auf jeden Fall vorhanden.

Sehr vieles in diesem Bereich basiert natürlich auf spezifischem Know-How der Produzenten, und die werden der Öffentlichkeit nur das verraten, was ohnehin nicht zu übersehen ist. Für spezielle Entwicklungen der Nachrichtendienste trifft das in noch größerem Maß zu, da diese noch nicht einmal das zugeben, was nicht zu übersehen ist. Außerdem unterliegen sie nicht dem Marktzwang: ob eine Entwicklung 5, 15 oder 50 Mio. US-$ kostet, ist egal, weil nicht der „return-of-invest" interessiert, sondern nur die Erfüllung der gewünschten Funktion. An einigen Stellen werden wir uns deshalb in diesem Kapitel auch ein wenig der Spekulation hingeben, was machbar ist.

4.1   Internet

Die Kapitelüberschrift lautet zwar „Internet", aber wir fassen hier den gesamten Datenverkehr zusammen, der über Netzwerke abgewickelt wird, also auch normale Telefonie, Fax und sonstige Daten. Auf den Datenfernleitungen wird ohnehin alles gemischt abgewickelt, und wer hier zugreift, muss bei einem gelesenen Datensatz nur anhand der Protokollnorm (→ OSI-Schichtenmodells, Abbildung 5.4, Seite 165) jeweils nachschauen, wie die Daten zu interpretieren sind. Das ist relativ einfach, da alles sauber hierarchisch geordnet ist:

*Bei der Datenübertragung existieren logische Ebenen. Bei-
spielsweise muss eine Nachricht in einem lokalen Netzwerk
wie Ihrem Heimnetzwerk den Router ins Internet finden,
dort den Weg zum Zielsystem (→ Rechner, der sich ggf. in einem dem lokalen Netz ähnlichen Zielnetzwerk befindet), und
an diesem angekommen noch den zuständigen Prozess (→ das
Programm) auf dem Rechner. Die Daten werden daher in
einen Rahmen (Umschlag) verpackt, der den Prozess angibt,
dieser wiederum in einen Rahmen für die Wegsuche, usw. Die
Verpackung ähnelt gewissermaßen den Schalen einer Zwie-
bel, und jedes Gerät auf dem Weg muss sich nur um seine eigene Schale kümmern. In einer Schale können daher durchaus unterschiedliche Unterschalen verpackt werden, ohne das
dies den Gesamtbetrieb stört. Da die Kommunikation auch
funktionieren muss, wenn sich die Partner noch nicht kennen, sind Prozesse und Daten ebenfalls zu einem großen Teil
genormt.*

Bei den Daten kann man noch unterscheiden zwischen

- statisch ohnehin vorhandenen Daten, deren Auswertung im
  laufenden Betrieb nicht notwendig ist, und

- flüchtigen Daten, die nur durch eine laufende Überwachung
  zu erhalten sind.

Nachrichtendienst können daher auch auf den Datenfernleitungen
sehr genau und schnell herausfiltern, was sie interessiert. Leser, die
sich einen Eindruck davon verschaffen möchten, was in ihrem Heimnetzwerk über die Leitung geht, können beispielsweise das Programm „wireshark" dazu nutzen, das Netzwerkdaten analysieren und
filtern kann.

4.1.1   Server

Server sind Maschinen, die Dienste im Internet bereitstellen, wie
HTTP-Server, die Webseiteninhalte anbieten, FTP-Server, von denen man Dateien herunterladen kann, Mailserver, die Emails versenden und empfangen, usw. Viele Inhalte von HTTP-, FTP- und einigen
anderen Servertypen sind frei zugänglich und werden von Suchmaschinen regelmäßig überprüft und kategorisiert. Der Prozess ist rela-

tiv einfach. Um hier nicht in einem Sumpf technischer Daten zu versinken, beschränken wir uns auf einige Auswertungsdetails für HTTP-Server, um dem Leser zu demonstrieren, wie Suchmaschinen (und Nachrichtendienste) vorgehen.

a) Server werden bekanntlich über ihren Domainnamen (→ http://www.mein_server.de) angesprochen, die von verschiedenen Organisationen ja nach Endung .de, .com, .net usw. verwaltet werden. Diese Listen sind öffentlich zugänglich.

b) Über den Domain-Namen erhält man die IP-Adressen, unter denen Server zu erreichen sind (es sind mehrere IP-Adressen für eine Domain genauso möglich wie mehrere Domains für eine IP-Adresse).

Da die Portnummern der Server definierte Werte aufweisen, lässt sich mit einem kurzen Portscan feststellen, welche Servertypen vorhanden sind und ob Zugangsbeschränkungen bestehen. Solche Scans werden allerdings nicht von Suchmaschinen durchgeführt.

c) Die frei zugänglichen Informationen des Servers werden abgerufen. Dabei kann es sich um HTML-Seiten oder Dateien wie Bilder, PDF-Dateien, mp3-Dateien usw. handeln.

Alle Dateien werden mit einem passenden Programm geöffnet und ausgewertet. Häufig finden sich Links auf weitere Dateien oder Seiten, für die der Prozess rekursiv fortgesetzt werden kann. Links auf andere URLs werden als Beziehungsnetz notiert.

Die gesamte Auswertung wird automatisch durch so genannte Bots (→ Roboterprogramm, automatisches Programm) durchgeführt. In ungünstigen Fällen stößt ein Bot auf eine Datei, die er nicht interpretieren kann, oder einen Server, der eine Autorisierung des Nutzers verlangt (Name und Kennwort). Für Suchmaschinenbots ist an diesen Stellen Schluss.

Die Auswertung von HTML-Code, den Sie sich auch in ihrem Browser ansehen können (→ Funktion „Seitenquelltext anzeigen"), ist technisch nicht besonders kompliziert. Insbesondere Links sind einfach zu identifizieren und zu verfolgen. Viele Webseiten wickeln ihre Funktionen aber über JavaScript-Programme auf dem Browser ab. Beispielsweise kann ein „Löschen"-Knopf im Browserbild mit dem Code

```
<input type="button"
       id="delete_entry"
       value="Elemente löschen"
       onclick="delete_entry()" />
```

verknüpft sein, und wenn man ihn drückt, werden im Hintergrund Daten zusammengestellt, die an den Server geschickt werden und weitere Aktionen auslösen.

Diese Art der Webseitenprogrammierung macht die Anwendungen zwar deutlich nutzerfreundlicher, erschwert aber den Suchmaschinen ihre Arbeit. Diese müssen nämlich nun den JavaScript-Code ebenfalls auswerten, wenn sie Verlinkungen folgend wollen. Es gibt allerdings wiederum eine Reihe von Regeln, an denen man einfache Verlinkungen von weiter gehende Operationen unterscheiden kann.

Unkritisch sind einfache Abrufe weiterer Seiten, bei denen keine Daten an den Server übertragen werden. Werden für den Aufruf einer weiteren Seite Daten an den Server übertragen, ist das in der Regel ebenfalls unkritisch, wenn keine speziellen Anwendereingaben notwendig sind. Operationen, die Eingaben des Anwenders erfordern, könnten allerdings schon als versuchtes Hacken der Seite ausgelegt werden. Suchmaschinen werden daher irgendwo einen Schlussstrich bei der Seitenauswertung ziehen, Nachrichtendienste vermutlich wesentlich später.

Das Erfolgsgeheimnis der Suchmaschinen liegt in der Art der Datenauswertung und den Antworten auf Suchanfragen, wobei Suchmaschinen auch ihre regelmäßigen Nutzer samt ihren Fragen registrieren. Eine Suchanfrage löst dann nicht nur eine Suche nach Informationen aus, die zu der Frage passen könnten, sondern aufgrund der Fragehistorie auch eine Gewichtung, an welcher Art von Informationen der Nutzer interessiert ist. Welche statistischen Verfahren die Grundlage hierfür bilden, ist Geheimnis der Suchmaschinenbetreiber. Je nach Suche kann es dadurch durchaus passieren, dass bei einer ungewöhnlichen Suche die ersten 10-20 Seiten der Suchmaschinen die gesuchte Information aufgrund der Vorfilterung der vermeintlichen Interessenlage nicht enthält.

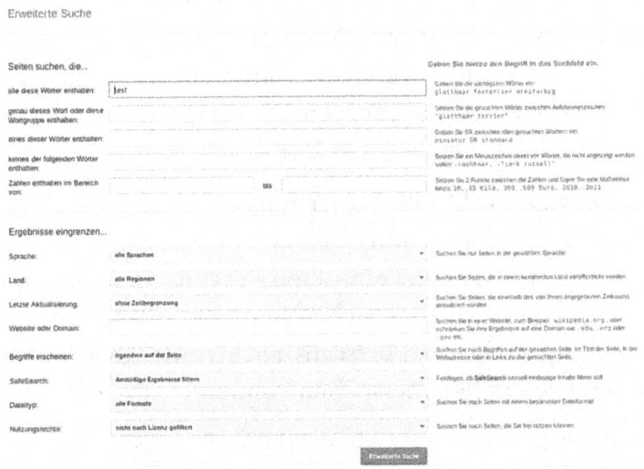

Abbildung 4.1: Maske für erweiterte Suche

Man sollte nun nicht allzu sehr auf die Suchmaschinenbetreiber wegen dieser Vorgehensweise einschlagen, die nicht ganz zu unrecht als Ausspähen der persönlichen Vorlieben interpretiert wird. In den meisten Fällen kommt der Frage auf diese Art tatsächlich schnell an die gewünschte Information. Für ungewöhnliche Suchen gilt: nicht nur die Kategorisierung der Informationen ist eine Kunst, die richtige Abfrage der Suchmaschinen ist fast genauso kompliziert. Diese bieten in erweiterten Suchen eine größere Zahl an Einstellmöglichkeiten an, die Datenbanken nach bestimmten Gesichtspunkten zu durchsuchen (Abbildung 4.1).

Inwieweit nun jeder Suchmaschinenbetreiber seine eigenen Bots über das Netz laufen lässt oder auch einmal beim Wettbewerb kopiert, können wohl nur die Betreiber selbst beantworten. Zumindest die Nachrichtendienste werden die Suchergebnisse der Suchmaschinen mit hoher Wahrscheinlichkeit nutzen, um ihrerseits gezielter suchen zu können. Die Preisentwicklung einer Waschmaschine wird sie dabei weniger interessieren, an die Auswertung anderer Informationen werden sie aber andere Kriterien anlegen als die Suchmaschinen und auch andere Bewertungssoftware anwenden. Suchmaschinen liefern hier vermutlich eine Vorauswahl, und bestimmte Seiten dürften

von den Nachrichtendiensten anschließend nochmals genauer untersucht werden.

In die folgenden Bereiche dringen Suchmaschinen nicht vor, da man
einiges durchaus als versuchtes Hacken interpretieren kann. Für
Suchmaschinen gehören besuchte Server genauso zu den Kunden wie
die Anwender, und Kunden verärgert man nicht. Nachrichtendienste
werden irgendwelche Konsequenzen allerdings kaum interessieren
(siehe auch Bot-Netze auf Seite 101).

Verdeckte Server. Nicht alle Server müssen einer Domain angehören. Manche Server sind nur über ihre IP-Adresse erreichbar. Die Zuteilung der IP-Adressen an die einzelnen Provider ist jedoch ebenfalls
international geregelt, so dass sich Nachrichtendienste ohne große
Probleme durch gezielte IP/Portscans nach verdeckten Servern um-
sehen und diese ebenfalls untersuchen können.

Verdeckte Ports. Server verstecken Administratorzugänge oder weitere Server oft unter unüblichen Portnummern, die ebenfalls mit
Portscans zu entdecken sind.

Verzeichnisscans. Viele Server verwenden die gleiche Grundsoftwa-
re (→ wordpress, simple machines forum, usw.), deren Verzeichnis-
struktur und Funktionsweise bekannt ist und auf auslesbare Dateien
abseits des allgemein zugänglichen untersucht werden kann.

Nutzerkonten. Bei bekannten oder durch Auswertung der Inhalte
kategorisierten Anwendungen wie Foren oder Blogs können Nutzerkonten eröffnet werden, um die Informationen zu lesen, die nur ein-
getragenen Anwendern zugänglich sind. Auch bei individuellen Pro-
grammierungen sind Formulare zur Kontoeröffnung oft erkennbar,
so dass der gesamte Vorgang ebenfalls durch Bots erledigt wird. Das
mag jetzt wieder spekulativ klingen, aber mir sind von meiner eigenen Webseite beim Betrieb eines Forums Kontenanmeldungen aufgefallen, die aufgrund ihrer Zahl und Form am wahrscheinlichsten
mit solchen nachrichtendienstlichen Aktivitäten vereinbar sind.

Außer Suchmaschinen sind soziale Netzwerke wie facebook oder
Twitter lohnende Ziele für Nachrichtendienste. Der Zugriff wird hier
vermutlich direkt auf die Datenbanken der Betreiber erfolgen und
nicht über das Netzwerk (siehe Wirtschaftsunternehmen auf Seite
74).

4.1.2 Allgemeiner Datenverkehr

Bei der Überwachung des Internetverkehrs fallen an den Knotenpunkten extrem viele Daten in kurzer Zeit an. Der Traffic liegt im Bereich einiger Terabit/sec, was schon einen merklichen Hardwareauf-
wand bei den Knotenbetreibern zur Folge hat.

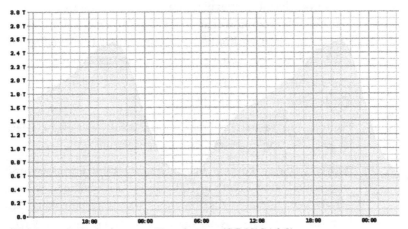

Abbildung 4.2: Trafic an einem Hauptknoten (CC BY-SA 3.0)

Ein Nachrichtendienst, der hier Daten abgreift, muss

- mit einer entsprechend leistungsfähigen Hardware ebenfalls
  vor Ort sein und

- die Daten auf ein geeignetes Maß verdichten, um sie in die
  Zentrale zu übertragen.

Die notwendige Quantität an Hardware wird der der Knotenbetrei-
ber weitgehend entsprechen, die Menge der aufgezeichneten Daten
durch Filter begrenzt.

Technisch ist der Vorgang nicht sonderlich kompliziert, da in jedem
Datenpaket nur wenige Byte an genau definierten Stellen ausgewertet
werden müssen. Er entspricht im ersten Filtervorgang dem, was eine
Firewall oder ein Proxyserver – Begriffe, die den meisten Anwendern
irgendwo schon einmal beim Einrichten des eigenen LANs begegnet
sind – auch zu leisten hat. Bezogen auf den Datenverkehr am heimi-

schen Router – in den Verteilerknoten kann dies aufgrund der verwendeten Protokolle variieren – laufen folgende Prozesse ab:

➢ Die einzelnen Datenpakete sind maximal ca. 1.500 Byte groß. 2 Bit spezifizieren, ob es sich um IP-Datenpakete oder etwas anderes handelt (die Größe kann je nach verwendetem Basisprotokoll variieren).

➢ In IP(v4) Paketen spezifizieren 4 Byte das Ziel des Pakets. Der Verteilerknoten wertet dieses Feld noch aus, um das Paket weiterleiten zu können (sofern bereits IPv6 verwendet wird, ändern sich auch hier die Details geringfügig).

Die nachrichtendienstliche Hardware muss sich u.U. noch mit folgenden Daten beschäftigen:

➢ Weitere 4 Byte spezifizieren die Herkunft des Pakets. Diese ist für Filterung und Datenzusammensetzung notwendig.

➢ Anwenderdaten können bis zu 65.000 Byte umfassen und werden in kleine Pakete in 1.500-Byte-Abmessungen zerlegt. 4 Byte kennzeichnen zusammengehörende Datenpakete. Sofern die Daten interessant sind, muss das Gesamtpaket wieder zusammengesetzt werden. Diese Entscheidung erfolgt aufgrund der Auswertung der beiden folgenden Datenfelder.

➢ 4 Bit kennzeichnen, welche Art von Daten transportiert werden. Interessant sind beispielsweise Verbindungen mit Servern.

➢ 2 Byte kennzeichnen, um welche Art von Servern es sich handelt.

Der Rechner des Nachrichtendienstes kann somit mit Hilfe einiger fest installierter Tabellen sehr schnell feststellen, ob ein Datenpaket aufgezeichnet werden soll oder nicht. Lediglich aus vielen Teilpaketen bestehende Daten verursachen größeren Aufwand, weil Herkunfts- und Zieladresse sowie Kennzeichnung in einer temporären Tabelle gespeichert werden müssen, bis alle Daten vorliegen. Theoretisch können die Pakete verschiedene Wege im Netz nehmen, so dass sich nicht alles aufzeichnen lässt, in der Praxis wird dies allerdings eher nicht passieren.

Anhand der verwendeten Protokolle lassen sich ausfiltern:

- Unverschlüsselter Emailverkehr (Protokoll SMTP),

- unverschlüsselter VoIP-Verkehr (Protokolle SIP und RTP),

- Reine Verbindungsdaten (IP der Quelle und IP/Port-Kombination für das Ziel),

- ... (was die Nachrichtendienste halt interessant finden)

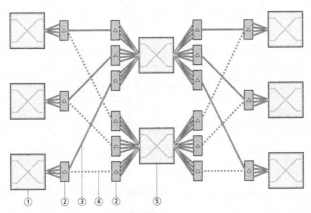

Abbildung 4.3: Switch-Topologie an einem Hauptknoten (DE-CIX)

Bei Verbindungen zu HTTP-Servern dürfte sich in der Regel eine komplette Analyse der Datenpakete nicht lohnen, da auf Serverinhalte, sofern frei verfügbar, ohnehin zugegriffen werden kann. Eine Teilerfassung hinsichtlich privater Nutzerdaten - Zuordnung IP-Adresse → Name bzw. Name/Kennwort bei Anmeldung, ggf. auch Betriebssystem und Browserversion - dürfte aber stattfinden.

Bei der reinen Internettelefonie (VoIP, Abbildung 4.4) werden zwei Protokolle - SIP und RTP - eingesetzt (zur Telefonie über herkömmliche Telefonienetze oder Mischverkehr siehe Kapitel 2.2). Gespräche werden folgendermaßen vermittelt:

- Die IP-Telefone melden sich zunächst bei den für ihr Netz zuständigen SIP-Servern an. In der Regel sind dies Maschinen des Betreibers des lokalen Netzwerkes, also eines Unternehmens oder im Fall der privaten IP-Telefonie, die inzwi-

schen auch von der Deutsche Telekom eingesetzt wird, der
SIP-Server des Providers.

Dies muss nicht unbedingt der für das Gerät eigentlich zuständige SIP-Server sein. Bei der Anmeldung beim lokalen
Server wird das jedoch festgestellt und zwischen lokalem und
zuständigen Server ausgehandelt, ob eine Anmeldung im lokalen Netz zulässig ist.

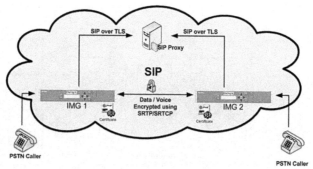

Abbildung 4.4: Verschlüsselte Telefonie (CC BY-SA 3.0)

- Bei der Wahl einer Nummer wird diese zunächst vom IP-
  Telefon an den lokalen SIP-Server gesandt (SIP-Protokoll),
  der nach Auflösung der Rufnummer in eine IP-Adresse den
  SIP-Server im Zielnetz kontaktiert. Dieser wiederum kontaktiert das angerufene Telefon in seinem Netz, ob der Ruf angenommen werden kann.

- Bei Annahme des Rufes installieren die beiden SIP-Server
  Ports auf den NAT-Firewalls und teilen die IP-Adressdaten
  den Telefonen mit (vergleiche aber auch Kapitel 5.6 auf Seite
  163 bezüglich verdeckter Firewallfunktionen). Diese kommunizieren nun direkt über das RTP-Protokoll miteinander,
  wobei für jede Übertragungsrichtung eine Serverschnittstelle
  bereit gestellt wird.

- Nach Beenden des Gesprächs wird die Kontrolle an die SIP-
  Server zurückgegeben und die Verbindungen abgebaut.

Technisch können sowohl SIP- als auch RTP-Protokoll angezapft
werden, je nachdem, ob nur Verbindungsdaten oder auch Gesprächs-

inhalte interessieren. Bei einer Verschlüsselung haben die Dienste aber erst einmal das Nachsehen.

Alle von den Nachrichtendiensten herausgefilterten Daten sind am Netzknoten so weit auf interessant Inhalte zu verdichten, dass eine Übermittlung an den Zentralrechner nicht die Kapazität des Datennetzes überfordert. Wenn keine Gründe für eine Echtzeitauswertung vorliegen (siehe „TOR-Service"), kann die Datenverdichtung und -übertragung auch in Schwachlastzeiten Reste des in Starklastzeiten nicht bearbeitbaren Traffics durchführen.

Das zentrale Lauschen an Netzknoten wird ergänzt durch lokales Anzapfen von Providerschnittstellen. Angesichts der Datenmengen, die an den Datenknoten umgesetzt werden, mag man vielleicht glauben, dies alles sei wieder eine verschwörungstheoretische Spekulation und technisch nicht umsetzbar. Da Lauschen ja nicht direkt auffällt, gibt es auch keinen konkreten Nachweis für diese Aktivitäten, so lange man nicht die Technik selbst in Augenschein nimmt (und auch dann ist es vermutlich selbst für Fachleute schwierig, mitzubekommen was genau läuft). Den Beweis können wir jedoch aus dem Lager ziehen, das in alle Betrachtungen nur als Randnotiz eingeht: die Chinesen betreiben eine landesweite und teilweise offensichtlich auch sehr selektive Zensur ihres Netzes. Eine reine Zensur zwar formal etwas einfacher als die beschriebenen Lauschangriffe, zeigt aber, dass es funktioniert, zumal die Zensurkriterien ja auch laufend angepasst werden müssen.

4.1.3 Aktive Angriffe

Die Nachrichtendienste begnügen sich aber nicht nur mit simplem Lauschen. Das QUANTUM-Programm der NSA ist auf aktive Angriffe ausgelegt, wobei eine Möglichkeit in der Erzeugung zusätzlicher Datenpakete besteht (packet injection). Paketinjektionen erforden eine leistungsfähige Angriffshardware, erlauben aber eine sehr weit gehende Manipulation von Client-Server-Verbindungen:

> ➤ Vorzeitiges Beenden einer Verbindung,

> ➤ Umleiten der Verbindung über einen eigenen Server,

> ➤ Übernahme (Hijacking) von Sitzungen,

> ➤ Angriffe auf die Server- oder Clientrechner direkt.

Die einfachste Anwendung der Paketinjektion besteht in der Unterbrechung unerwünschter Verbindungen und wird insbesondere von den Chinesen intensiv zur Internetzensur verwendet. Der TCP-Protokoll-Header enthält ein Bit mit der Bezeichnung RST, das zum Beenden einer Verbindung verwendet wird. Wird im Datenstrom eine Verbindung zu einem unerwünschten Server registriert, generiert der Nachrichtendienstserver ein Paket mit gesetztem RST-Bit. Das Paket muss natürlich in die Datenpaket-Sequenzen passen, die die Verbindung zwischen Server und Client kontrollieren. Diese Daten können dem laufenden Datenstrom entnommen werden, und der Störserver muss nur dafür sorgen, dass sein Paket vor dem nächsten regulären Paket des Servers beim Client eintrifft. Das RST-Bit führt zum Abschalten der Verbindung, und das danach eintreffende Paket des regulären Servers wird aufgrund der nun nicht mehr passenden Sequenznummern verworfen.

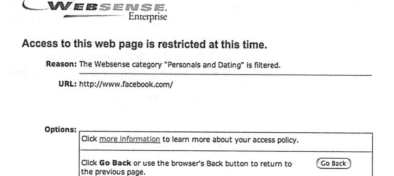

WEBSENSE.
Enterprise

Access to this web page is restricted at this time.

Reason: The Websense category "Personals and Dating" is filtered.

URL: http://www.facebook.com/

Options:

Click more information to learn more about your access policy.

Click **Go Back** or use the browser's Back button to return to the previous page.   (Go Back)

Abbildung 4.5: Internet-Zensur (ScreenShot)

Eine RST-Injektion funktioniert bei allen TCP-Internetprotokollen, unterbricht aber nur die Verbindung. Bei HTTP-Verbindungen bestehen weitere Möglichkeiten durch Injektion von Fehlermeldungen, oft ebenfalls kombiniert mit RST-Verbindungsabbruch. Serverrückmeldungen aus dem Fehlernummernbereich 4xx simulieren eine fehlende Berechtigung, eine nicht vorhandene Seite oder Ähnliches, eine

Meldung aus dem Bereich 3xx ermöglicht eine Umleitung des Aufrufs auf einen anderen Server, wobei der Nutzer im günstigen Fall
eine Meldung erhält, im weniger günstigen Fall nichts davon merkt,
dass er mit einem anderen Server kommuniziert.

Diese Möglichkeit besteht auch bei anderen Protokollen, die HTTP-
ähnliche Statusmeldungen verwenden. Hierzu gehören beispielsweise:

> Das **VoIP-Vermittlungsprotokoll SIP**, das zu einer Umlei-
  tung eines Anrufs veranlasst werden kann. Der Nachrichtendienst kann in diesem Fall beispielsweise versuchen, Einfluss
  auf die Verschlüsselungsparameter der RPT-Verbindungen zu
  nehmen, um das verschlüsselte Gespräch mitlesen zu können.

> Das **Mailprotokoll SMTP**, das einen Server als nicht er-
  reichbar simuliert und Emails ggf. auch auf einen anderen
  weg zwingt.

> **UPnP**, das vollständig auf HTTP aufsetzt.

> ...

Beim HTTP-Protokoll besteht außerdem die Möglichkeit, den Inhalt
einer Serverseite mit eigenen Webbug-Links zu versehen. Hierzu
wird der abgerufene Seiteninhalt vom NSA-Server mitsamt des zusätzlichen Codes gesendet. Da die Sequenznummern des regulären
Servers nicht stimmen, werden dessen Pakete abgewiesen, was aber
nicht weiter tragisch ist, da der Seiteninhalt über die Fälschung komplett ankommt. Mit dem letzten Paket schaltet der NSA-Server mittels des RST-Bits die Verbindung ab, und der Browser wird die weiteren Inhalte wie Bilder usw. nun in einer weiteren Verbindung abrufen
– eine völlig normale Aktion im HTTP-Geschäft. Darunter auch die
Bilder der eingeschleusten Links, die nun Cookies und ähnliches auf
den Browser laden.

Wenn man sich den Quelltext von Webseiten anschaut, entdeckt man
Einträge der Art

```
<script src="http://debian.home/javascript/jquery.js"
type="text/javascript"></script>
<script src="http://debian.home/javascript/dynatree-
1.2.1/jquery/jquery-ui.custom.js"
```

```
        type="text/javascript"></script>
    <script src="http://debian.home/javascript/dynatree-
    1.2.1/jquery/jquery.cookie.js"
        type="text/javascript"></script>
```

Genau wie Bilder werden Javascript-Programme vom Browser einzeln geladen, da er ja erst nach Laden des HTML-Codes weiß, dass er
das machen soll. Normalerweise macht er das innerhalb einer bestehenden TCP-Verbindung zum Server, aber das HTTP-Schema macht
keine Probleme, wenn zwischendurch die Verbindung abgebrochen
wird. Die Informationen werden allerdings nicht in jedem Fall geladen: der Browser verfügt über einen Cache, und wenn in der nächsten Seite die gleichen Informationen erneut geladen werden sollen,
holt er sie einfach aus dem Cache und lädt sie nicht neu über das
Netz. Auch das nutzen die Nachrichtendienste wiederum aus, um
manipulierte Skripte zu injizieren. Ein beliebtes und sehr ergiebiges
Ziel war hier das Skript der google-Suchmaschine, was google dazu
veranlasst hat, die Suchmaschinenseite nur noch in SSL-verschlüssel-
ter Version anzubieten.

Die HTTP-Header enthalten überdies Informationen über verwendete Browser- und Serverversionen. Die Schöner-Größer-Bunter-Welt
des Internets führt dazu, dass auch OpenSource-Software immer wieder Bugs enthält, die für Angriffe ausgenutzt werden können. Die
NSA verfügt wohl über die größte Analyseabteilung für Schwach-
punkte, und wenn diese in OpenSource-Software nach einiger Zeit
ebenfalls auffällt und beseitigt wird, haben die Nachrichtendienste
vermutlich bereits einen ausnutzbaren Vorsprung (über die Klein-
weich-Praktiken, der NSA vorab mitzuteilen, was demnächst repa-
riert wird, wird in Kapitel 5.4 berichtet).

Je Exploit kann der Cache-, der Cookie- oder auch andere Bereiche
eines Browsers manipuliert werden, also ähnlich der bereits beschriebenen Technik, aber nachhaltiger. Sofern der Fehler und das OS es
zulässt, ist auch eine komplette Übernahme des Rechners durch Installation einer Backdoor (siehe Abbildung 5.2 auf S. 159) möglich.

Ebenso lässt sich der DNS-Service manipulieren, so dass URLs auf
völlig andere IP-Adressen umgeleitet werden. Insbesondere die Chinesen haben mit dieser Taktik auch schon internationale Probleme
verursacht.

Ein nicht unbedeutender Teil der NSA-Technik wird inzwischen in diesen aktiven Teil des Informationskrieges im Internet investiert, d.h. das Internet ist nicht nur Ort eines globalen Lauschens, sondern inzwischen auch Ort eines globalen Angriffs gegen jeden Nutzer, und das nicht nur durch die NSA. Das Magazin „wired" bemerkt dazu:

> *If the NSA can hack Petrobras, the Russians can justify attacking Exxon/Mobil. If GCHQ can hack Belgacom to enable covert wiretaps, France can do the same to AT&T. If the Canadians target the Brazilian Ministry of Mines and Energy, the Chinese can target the U.S. Department of the Interior. We now live in a world where, if we are lucky, our attackers may be every country our traffic passes through except our own.*
>
> *Which means the rest of us — and especially any company or individual whose operations are economically or politically significant — are now targets. All cleartext traffic is not just information being sent from sender to receiver, but is a possible attack vector.*

Wie aus der technischen Diskussion herauszulesen ist, können solche Angriffe nur von Nachrichtendiensten ausgeführt werden, da dazu leistungsfähige Hard- und Software sowie eine zentrale Position im Datenstrom notwendig sind. Die Datagramme müssen in Echtzeit gefälscht, echte Datagramme gegebenenfalls verzögert und Antworten abgefangen werden. Gewöhnliche Hacker besitzen dazu nicht die technischen Möglichkeiten. Die einzige technische Gegenmaßnahme besteht in der vollständigen Verschlüsselung des Datenverkehrs, die eine RST-Injektion allerdings auch nicht verhindern kann.

4.2   Bot-Netze

Angriffe auf Server oder Netzwerke werden in der Regel dezentral durchgeführt, sofern Informationen, die ein schnelles und gezieltes Zugreifen ermöglichen, fehlen. Schnelle Zugriffe erfordern die Kenntnis von Sicherheitslücken im System oder von Insidern in den Zielnetzen. Verfügt man über beides nicht, so bleibt noch die Suche nach Fehlern in der (individuellen) Anwendungsprogrammierung oder schlampiger Konfiguration.

Mit Einzelsystemen ist aber weder ein Zielsystem sabotierbar noch kann länger nach Lücken gesucht werden, ohne aufzufallen und Gegenmaßnahmen zu provozieren. Greifen jedoch hunderttausende von Systemen gleichzeitig auf die Server einer Organisation zu, so kann man selbst Kreditkartengesellschaften oder Softwaregiganten kurzfristig aus dem Verkehr ziehen.

Die Arglosigkeit vieler Nutzer machen dezentrale Angriffe möglich. Mit Viren, Troianern oder Würmern lassen sich private Rechner insbesondere mit dem Windows-OS infizieren, bei anderen Systemen ist es schwieriger, aber nicht ausgeschlossen, siehe Kapitel 5.5 ab Seite 157. Bekannt ist vorzugsweise Schadsoftware, die den befallenen Rechner angreift, allerdings handelt es sich dabei eigentlich um lästigen Kinderkram.

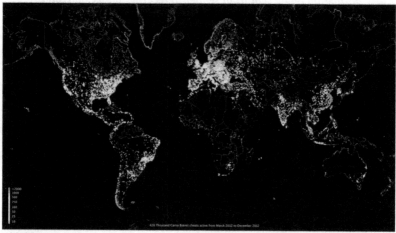

Abbildung 4.6: Carma-Botnetz (CC BY-SA 3.0)

Für die Organisation eines dezentralen Angriffs (oder auch für das Aushorchen des Besitzers eines Rechners) ist es im Gegenteil wichtig, gar nicht erst aufzufallen. Eine infiltrierte Schadsoftware, angefangen beim viel diskutierten Bundestroianer, wird bei einem Zentralserver die Betriebsbereitschaft melden, vielleicht das eine oder andere von dort angeforderte Datenpaket absenden, aber ansonsten nichts tun, was leicht auffällt.

Solche Schadsoftware kann von Nachrichtendiensten oder privaten Organisationen eingeschleust werden. Insbesondere nach Zerfall des Ostblocks haben sich wohl mehrere dadurch arbeitslos gewordene Geheimdienstler auf dieses Gebiet begeben, und es wird geschätzt, dass mehrere solcher „Unternehmen" jeweils hunderttausende bis zu mehreren Millionen privater Rechner unter ihrer Kontrolle haben – von solchen von Nachrichtendiensten direkt betriebenen Netzen ganz zu schweigen.

Soll nun ein bestimmtes Netzwerk angegriffen werden, brauchen die befallenen Rechner nur über Zeitpunkt und Art des Angriffs informiert werden. Zum Zeitpunkt X senden die zu diesem Zeitpunkt laufenden Rechner Daten zur Überlastung von Serverschnittstellen oder zum Testen bestimmter Schwachstellen in Systemen ab und melden ggf. Erfolge bei Angriffen der zweiten Kategorie an ihren Führungsserver. Jede Einzelmaschine macht dabei recht wenig, so dass es dem arglosen Eigentümer auch jetzt nicht auffällt, was sein Rechner da im Hintergrund noch macht. In der Masse sind die langsamen Privatmaschinen trotzdem in der Lage, ganze Serverfarmen still zu legen.

Solche Botnetze sind inzwischen ein regelrechter Wirtschaftszweig. Bei einem inzwischen aufgeflogenen ukrainischen Botnetzbetreiber konnte man einen Bot für 10 US-cent/Tag mieten – oder das ganze Netz für 190.000 US-$/Tag. Zu den Kunden dürften

- Geheimdienste, die ihre eigenen Kapazitäten dadurch aufstocken,

- Spam-Versender, die trotz des geringen Rücklaufes in der Masse mit einem Gewinn rechnen können,

- kriminelle Organisationen, die sich Zugriff auf Konten oder andere versilberbare Informationen verschaffen wollen, sowie

- Unternehmen, die preiswert und unerkannt dem Wettbewerber seine patentwürdigen Ideen abluchsen,

gehören. Als privater Internetnutzer dürfte es ziemlich schwierig sein, Kontakt zu einer solchen Organisation aufzunehmen, zumal die allen Grund hat, im Verborgenen zu operieren, aber internationale Waffenschieber findet man schließlich auch nicht über google trotz der Milliardenumsätze, die dort stattfinden. Für ein größeres Unternehmen dürfte es kaum ein Problem darstellen, mit solchen Kreisen Kontakt herzustellen, und Geheimdienste werden den Botnetzbetreibern, die sie sicher auch kennen, höchstens dann in die Suppe spucken, wenn die sich unkooperativ verhalten.

4.3   Sprachanalyse

Bei Telefonaten oder bei Abhöraktionen fallen Sprachdaten an, die in zweifacher Hinsicht analysiert werden können.

1. Es kann ein Stimmprofil zur Identifikation der Person erzeugt werden (→ Biometrie).

2. Die Gesprächsdaten können aufgezeichnet werden.

4.3.1   Stimmprofil

Ein Stimmprofil ist ein biometrisches Merkmal zur Identifizierung von Personen. Das akustisches Signal eines gesprochenen Textes besteht aus zwei Komponenten:

*   dem aperiodischen Lautmuster (Abbildung 4.7 oben, Abbildung 4.9) und

*   dem jedem Laut aufgeprägten Frequenzmuster (Abbildung 4.7 unten), dass bei erneutem Aussprechen des Lautes erneut auftritt.

Das Frequenzmuster wird als biometrisches Merkmal „Stimmprofil" einer Person aufgenommen.

Das akustische System des Menschen besteht aus Lunge und Luftröhren, Kehlkopf mit Stimmbändern, Rachen, Nase und Schädelhöhlen. Bei der Stimmerzeugung wird die Luft je nach Laut durch verschiedene Muskelgruppen durch das System bewegt (*hiervon kann man sich selbst überzeugen, wenn man bewusst darauf achtet, wie die Muskelspannung der verschiedenen Gruppen beim Aussprechen*

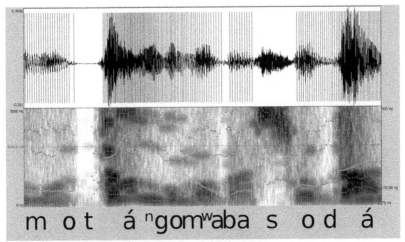

Abbildung 4.7: Stimmprofil (wikipedia, CC BY-SA 3.0)

verschiedenen Vokale variiert). Individuelle Variationen machen das Gesamtsystem ähnlich individuell wie einen Fingerabdruck.

Für ein Stimmprofil wird das Frequenzgemisch, die Phasenlage und das Verhältnis der Intensitäten bei verschiedenen Lauten ausgewertet. Dazu werden einzelne Laute durch Masken im Sprachmuster ausgewählt, so dass für verschiedene Personen die gleichen Verhältnisse entstehen. Wird das Spektrum für hinreichend viele Laute aufgezeichnet, ist es auch nicht unbedingt notwendig, dass die Person einen bestimmten Satz spricht, um identifiziert zu werden.

Das Stimmprofil erreicht natürlich nicht die Unverwechselbarkeit eines Fingerabdruck. Stimmimitatoren können für das normale menschliche Gehör Stimmen anderer Personen oder von Tieren so täuschend ähnlich nachahmen, dass eine Unterscheidung vom Original nur schwer möglich ist. Diese Fähigkeit beruht hauptsächlich auf einer sehr genauen Steuerung verschiedener Muskelgruppen im Sprechapparat. In einer Feinanalyse fallen Imitatoren trotzdem oft auf, weil herkunftsbedingt der Sprache bestimmte Lautmuster aufgeprägt sind, die sich auch bei der Imitation eines anderen Sprechers meist nicht vollständig verbergen lassen. Man denke hier etwa an das gezogene „i" in „ei" oder die weiche Aussprache harter Konsonanten im Schwäbischen als recht auffällige Eigenheiten.

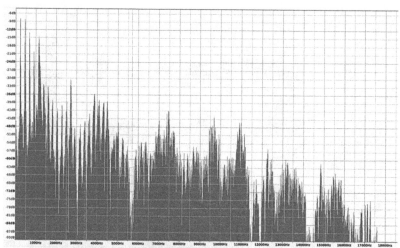

Abbildung 4.8: Frequenzmuster des Lautes "o" in "vor"

Erkrankungen des Rachenraums können Stimmen ebenfalls in einem Maß verändern, dass der Sprecher oft kaum wiedererkannt wird. Die maschinelle Analyse erreicht auch nicht viel mehr als gut ausgebildete menschliche Spezialisten, was der Methode Grenzen setzt.

Werden Telefonate oder direkte Gespräche mit bekannten Teilnehmern abgehört, können die Stimmprofile direkt bestimmten Personen zugeordnet werden. Bei wechselnden Nutzern von Telefonen, beispielsweise innerhalb einer Familie, kann auch eine recht sichere Zuordnung zu Männern, Frauen oder Kindern erfolgen. Die Stimmprofile eignen sich nicht, an anderer Stelle eine Person ohne weitere Informationen zu identifizieren. Ist die Auswahl beschränkt, etwa bei einer Zielfahndung, bei der nach bestimmten Personen gesucht wird und die Anzahl der Gesprächskandidaten, die in Frage kommen, weiter begrenzt werden kann, so können Stimmprofile mit einiger Aussicht auf Erfolg eingesetzt werden.

Die Mathematik erlaubt zwei weitere Bearbeitungen:

a) Ist in einem Gespräch das Stimmprofil einer Person bekannt, so kann ihr Anteil heraus gerechnet werden. Hierdurch werden Gesprächsinhalte oder andere Geräusche hörbar.

b) Ein genügend umfangreiches Stimmprofil erlaubt auch eine Synthese von Sprache, d.h. es können Sätze formuliert werden, die die Person nicht selbst gesprochen hat, ihr aber aufgrund einer Analyse „zweifelsfrei" zugeordnet werden.

Beides dürfte dem Leser aus Kriminalfilmen bekannt sein. Die Fälschbarkeit und die Probleme bei Erkrankungen zeigen, dass eine Stimmauthentifizierung in Sicherheitssystemen (→ beispielsweise zum Öffnen von Türen usw.) höchstens als zusätzliche Maßnahme eingesetzt werden sollte.

4.3.2 Gesprächsaufzeichnung

Ein zweites Ziel des Abhörens ist die Erfassung der Gesprächsinhalte. Auch dies soll vollautomatisch übernommen werden. Akustische Daten lassen sich inzwischen hinsichtlich des gesprochenen Textes sehr gut analysieren, da hierbei die Frequenzmuster nicht sehr intensiv ausgewertet werden müssen und die Gesamtmuster die wesentliche Rolle spielen (Abbildung 4.9).

Viele Geräte lassen sich heute bereits per Sprache bedienen, müssen aber oft auf bestimmte Worte angelernt werden oder verstehen nur wenige ausgewählte Worte. Der Aufwand für die Nachrichtendienste beim Abhören des Telefonieverkehrs ist um einiges höher und besteht in

der Erfassung einer großen Menge an Daten nebst der sicheren Zuordnung zu einzelnen Gesprächen,

- der Erkennung der jeweils gesprochenen Sprache, wobei noch zwischen Hauptsprache und Dialekt zu unterscheiden ist,

- der Transkribierung des Gespräches in sinnvollen Text,

- ggf. der Übertragung in eine andere Sprache, die dem bearbeitenden Geheimdienstler vertraut ist,

- der Analyse des erfassten Textes auf interessierende Inhalte sowie

- der Übertragung interessanter Inhalte ggf. nebst aufgezeichnetem akustischen Original an den Zentralrechner zur weiteren Verarbeitung (siehe Kapitel 7.1.1 ab Seite 197).

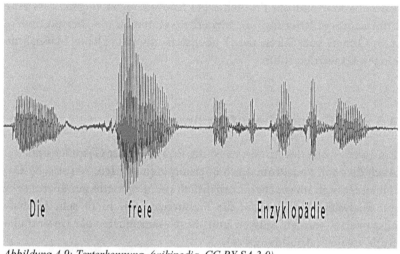

Abbildung 4.9: Texterkennung (wikipedia, CC BY-SA 3.0)

Zur Erkennung einer Sprache kann die Häufigkeit bestimmter Lautmuster herangezogen werden. Man denke etwa an das „th" im Englischen, die Nasallaute des Französischen oder das scharfe „s" im Deutschen, Eigenschaften, die jeweils in der anderen Sprache eine untergeordnete Rolle spielen. Auch Dialekte innerhalb einer Sprache lassen sich anhand solcher Muster erkennen, so dass nach einer hinreichend langen Sprechprobe die Datenbank, die zur Transkription verwendet werden muss, hinreichend sicher festlegt. Grenzen sind hier natürlich vorhanden, aber Nachrichtendienste werden auch nicht an allem interessiert sein und die Daten filtern:

- Die für Nachrichtendienste interessanten Gruppen werden sich mit einiger Wahrscheinlichkeit bestimmter Sprachgewohnheiten bedienen, auf die man sich einstellen kann, beispielsweise ein nicht zu kompliziertes Englisch im internationalen Geschäftsverkehr zwischen „non-native-speakers".

- Die Nachrichten werden ähnlich der Spam-Analyse von Emails auf bestimmte Schlüsselformulierungen untersucht.

Beispielsweise könnte mit arabischen Brocken durchsetztes Englisch ein Hinweis auf religiöse Moslems sein.

- Bei Kombination mit Stimmprofilen zur Überwachung ausgewählter Personenkreise kann auf spezielle Datenbanken zurückgegriffen werden, die für diese Personen aufgenommen wurden, beispielsweise durch Anlernen des Systems für einen Politiker durch die Analyse einer Rede mit bekanntem Text. Damit könne auch gezielte Überwachungen von Personen durchgeführt werden.

Nicht nur die Nachrichtendienste bedienen sich dieser Techniken: akustische Signaturen werden auch von der Privatwirtschaft eingesetzt, um beispielsweise Musikstücke zu erkennen. Hintergrund ist hier, dass Organisationen wie die GEMA Gebühren kassieren wollen. Dabei wird ein hoher Aufwand betrieben, um Webseiteninhalte auf vorhandene .mp3 oder andere Audiodateien zu untersuchen. Inländischen Serverbetreibern flattern dann horrende Abmahnungen ins Haus, bei ausländischen Anbietern, die nicht zu belangen sind, wird zumindest (und oft erfolgreich) versucht, die Seiten in den Suchmaschinen sperren zu lassen. Über verschiedene Tricks, die denen der Nachrichtendienste nicht unähnlich sind, wird auch versucht, IP-Adressen von Downloads zu ermitteln und die Downloader zu belangen. Wie effektiv die Signatursuche ist, kann man daran ablesen, dass selbst Karaoke auf youtube von der GEMA zensiert wird.

4.3.3 Emotionen

Die Sprache vermittelt dem Menschen aber deutlich mehr als nur gesprochene Informationen. Ein simples „Ach, tatsächlich?" kann je nach Stimmmelodie und Lautstärke Erstaunen, Interesse, Sarkasmus oder anderes ausdrücken, und in „ich liebe dich" kann man jedem der drei Worte die Hauptbetonung verleihen und damit drei verschiedene Sachverhalte ausdrücken. In geschriebenem Text sind oft mehr oder minder lange Umschreibungen notwendig, um dies zu erreichen.

Interessanterweise scheinen diese Emotionsmuster international zu sein, und auch einem Deutschem, der vielleicht nur das eine oder andere spanische Wort aus irgendwelchen Schlagertexten über Liebe kennt, wird nur aufgrund der Art, wie ein Wort ausgesprochen wird, ohne Probleme klar, dass man dem Spanier, der es gerade gesagt hat, im Moment besser aus dem Weg geht.

Für eine automatisierte Analyse kann es wichtig sein, die Emotionslage der Sprecher zu ermitteln. Wir befinden uns damit jenseits dessen, was industrielle Spracherkennung kann und will.

Spracherkennung hat mit einem weiteren Problem zu kämpfen: das Verfassen einer Email dauert alleine aufgrund des Tippvorgangs so lange, dass sich der Schreiber ausführlich die richtige Wortwahl, die korrekte Grammatik und einen verständlichen Satzbau überlegen kann. Gesprochener Text hält sich nicht unbedingt daran, ist manchmal verworren, Teilsätze werden nicht zu Ende geführt, usw., und er ist deshalb schwieriger automatisch zu verarbeiten, von der Verständlichkeit notorischer Nuschler einmal ganz abgesehen.

Nachrichtendienste können Emotionsanalysen daher auch ohne Sprachanalyse einsetzen. Geht es beispielsweise darum, außergewöhnliche Situationen zu erkennen, ist das sprachunabhängige Emotionsmuster sogar hinreichend.

> Bahnt sich in der Öffentlichkeit eine gefährliche Situation an? Lässt sich aus dem Emotionsmuster einer Person oder einer Gruppe erkennen, dass sich etwas aufschaukelt?

  Es ist durchaus möglich, dass plötzlich ausbrechende Gewalttätigkeiten beispielsweise von Jugendbanden sich hier rechtzeitig ankündigen und Gegenmaßnahmen ermöglichen.

> Ändert sich das Emotionsmuster einer Person erkennbar über einen längeren Zeitraum? Deutet es auf eine gefährliche Radikalisierung hin?

  Auch hier könnten sich Möglichkeiten ergeben, potentielle Amokläufer im Vorfeld zu erkennen oder ein Abgleiten einer Person in radikale Ansichten zu diagnostizieren.

Technisch läuft dies auf eine die Videoüberwachung flankierende Audioüberwachung hinaus. Für die Erkennung der Muster sind hinreichend lange und störungsfreie Audiomuster notwendig. Technisch denkbar ist folgende Vorgehensweise:

1. Über die Videoüberwachung werden geeignete Ziele ausgewählt. Dies können

   ➢ Personen sein, die kleidungs- oder bewegungsmäßig bestimmte Vorgaben erfüllen,

   ➢ Gruppen, die bestimmte Dichte, Homogenität oder sonstige Merkmale aufweisen.

   Außerdem sollten sich die Ziele voraussichtlich hinreichend lange im Überwachungsbereich aufhalten. Die Kamera liefert den genauen Standort der Ziele im Bildraster.

2. Die so ausgewählten Ziele können nun abgehört werden. Einsetzbar sind

   ➢ Richtmikrofone, die sich nach den Koordinaten der Kamera orientieren und anschließend selbst über Lautanalyse oder eigene optische Nachführsysteme folgen. Aufgenommen werden können hierbei nur Einzelziele.

   ➢ Differentialmikrofone, d.h. mehrere weniger gerichtete Mikrofone, die den Ton ähnlich wie beim Stereoverfahren mathematisch anhand der Laufzeit und der Videokoordinaten aufbereiten. Solche Systeme könnten mehrere Ziele überwachen.

Da nur die Emotionslage interessiert, muss der gesprochene Text selbst nicht unbedingt verständlich sein.

4.4   RFID-Scans

Ausweispapiere sowie eine Reihe anderer so genannter "Devices" basieren auf der RFID-Technologie, die berührungsloses Auslesen erlaubt. Man kann nun darüber sinnieren, ob diese Papiere auf bequeme Handhabung bei Standardkontrollen oder mehr oder weniger auf verdecktes Scannen hin konstruiert worden sind:

> ➤ Das ältere und gut eingeführte Kreditkartensystem arbeitet traditionell und weltweit mit Chips, die nur bei einem Kontakt mit dem Lesegerät arbeiten und eine Versorgungsspannung benötigen,

> ➤ Ausweise basieren auf der RFID Technologie, bei der eine Antenne ein Abfragesignal aussendet, das gleichzeitig den Chip berührungslos mit elektrischer Energie auflädt, die ausreicht, um auf die Anfrage zu antworten (→ die einfachsten Systeme dieser Art sind die Diebstahlsicherungen in Form silberner Streifen an der Ware, die einen Warnton auslösen, wenn sie nicht an der Kasse deaktiviert werden).

Vorteile der RFID-Technik: bestenfalls können gleich mehrere Devices mehr oder weniger gleichzeitig ausgelesen werden. Der Lesevorgang ist schneller zu realisieren, da ein Ausweis nur auf das Lesegerät gelegt zu werden braucht, während eine Kreditkarte in einen Leseschlitz geschoben werden muss. Probleme mit Verschmutzung sind bei RDID ebenfalls nicht zu erwarten.

Nachteilig wirkt sich aus, dass die Arbeitszeit des RFID-Chips technisch bedingt sehr kurz ist. Sicherheitstechnische Anwendungen unterliegen daher Beschränkungen. Die Technikergilde ist zwar geteilter Ansicht, aber die Gruppe, die geringere Sicherheit gegenüber den Kontaktchips unterstellt, überwiegt, und in ernst zu nehmenden Versuchen wurden eigentlich nicht zugängliche Informationen auch schon von den Karten ausgelesen.

Für den Inhaber ist die Inkompatibilität mit den vorhandenen Kreditkartensystemen von Bedeutung, die eine kombinierte Nutzung bei Internetgeschäften mehr oder weniger verhindern, weil zwei verschiedene Lesegeräte notwendig sind (Einzelpreis ca. 35-45 €, etwa das Doppelte für ein Kombigerät) – und die Internetnutzung war eines der verwendeten Werbeargumente für die neuen Ausweise bei den Bürgern.

Die offiziellen Begründungen für die Verwendung der RFID-Technologie sind

> a) mangelnde Erfahrung bezüglich der Arbeitsfähigkeit der Kontakte über 10 Jahre (*so lange gilt ein Ausweis, Kreditkarten max. bis zu 6 Jahren; meine Karte von der Krankenkasse*

ist allerdings erheblich älter und funktioniert immer noch einwandfrei), und

b) die geforderte Größe des biometrischen Bildes auf dem Ausweis, die mit dem Platz für die Kontakte konkurriert (*was aber auch nur eine Design-Frage ist, denn schließlich existiert auch eine Rückseite*).

Die Distanz zwischen Antenne und Chips beträgt bei normalen Anwendungen nur wenige Zentimeter. Mit einigen Mobilfunktelefonen können die Chips ebenfalls angesprochen werden, und auch hierzu existieren bereits experimentelle Beispiele, in denen Ausweisdaten im Gedränge ausgelesen wurden, indem der Datendieb das Mobiltelefon in die Näher der Tasche hielt, in der er den Ausweis vermutete.

So lange man den Träger des Ausweises nicht gleich buchstäblich in Mikrowellen brät, kann die Sendeenergie auch so weit erhöht werden, dass Abfragen im knappen Meterbereich möglich werden – genügend, um beispielsweise beim Durchgang durch Schranken an Bahnhöfen oder ähnlichen öffentlichen Orten erfasst zu werden.

Neben der Gefahr, dass Kriminelle durch (erweitertes) Auslesen der Ausweisdaten an Daten gelangen, die zum Schaden des Inhabers eingesetzt werden können, besteht für Geheimdienste die Möglichkeit, unauffällig Personen zu identifizieren und feinere Bewegungsprofile aufzustellen. Die Kosten für Scanner dürften sich um 250-500 €/Stück bewegen, also durchaus bezahlbar für Nachrichtendienste.

Solche Auslesevorgänge wären problemlos in Schleusensystemen durchführbar, wie beispielsweise Fahrkartenkontrollschleusen an U-Bahnhöfen (Abbildung 4.10) oder Rolltreppen (Abbildung 4.11). Die Personen müssen hier einzeln hintereinander durch das System und halten sich auch lange genug für einen Auslesevorgang auf.

Abbildung 4.10: Fahrkartenkontrollen (wikipedia, CC BY-SA 3.0)

Schützen kann man sich gegen ein Auslesen von RFID-Geräten
durch

- kurzfristiges Aufheizen in der Mikrowelle (zerstört den Chip,
  also weniger empfehlenswert, da man vermutlich bei der
  nächsten Kontrolle zur Beantragung eines neuen Gerätes auf-
  gefordert wird),

Abbildung 4.11: Rolltreppen an U-Bahnhöfen   (wikipedia, CC BY-SA 3.0)

- zu Hause lassen des Ausweises (kann zu kostenpflichtiger Verwarnung führen),

- eine Metallbox, die gegen Abfragen abschirmt (ca. 10 €, legal, siehe Kapitel 8.1).

4.5 Fingerabdrücke und Biometrie

Fingerabdrücke sind wohl das klassische biometrische Merkmal und werden sowohl in der Sicherheitstechnik (→ Fingerprintscanner am Notebook und an den neuen iPhones) zur Authentifizierung als auch in der Kriminalistik zur Identifizierung eingesetzt. In den Anforderungen an die Methoden unterscheiden sich beide Einsatzgebiete erheblich.

In die neuen Ausweispapiere können bzw. müssen auch Fingerabdrücke aufgenommen werden. Gerade dies ruft jedoch auch die Datenschützer massiv auf den Plan, die der Ansicht sind, mit der breiten Erfassung biometrischer Daten gehe der Staat deutlich zu weit. Erfolglos, wie inzwischen klar ist. Die leichte Fälschbarkeit von Fingerabdrücken und die Unsicherheit großer Datenbanken mit breitem Zugang machen Fingerabdrücke in vielen Bereichen tatsächlich problematisch. Aber bleiben wir zunächst bei der Technik.

4.5.1 Auswertung von Scans

Die Aufarbeitung eines Fingerabdrucks ist nicht sonderlich kompliziert. Mit Hilfe normaler Bildverarbeitungstechniken wird ein Schwarz/Weiß-Bild erzeugt und die Linien (Abbildung 4.12) auf die Breite von 1 Pixel reduziert. Hierzu werden Masken der Größe 3x3 Pixel über jeden Bildpunkt gelegt, wobei die Belegung der 8 Randpixel darüber Auskunft gibt, ob das zentrale Pixel gelöscht werden darf oder beibehalten werden muss. Hierdurch werden Randpixel entfernt, so dass man nach einigen Durchläufen und Entfernung von „Bärten" von 2-3 Pixel Länge an einer Linie das gewünschte Ergebnis erhält.

Abbildung 4.12: Fingerabdruck (wikipedia, CC BY-SA 3.0)

Wie man unschwer erkennt, bekommt man als einfache Merkmale

- Verzweigungen von Linien mit

    ○ kleinem Winkel (gabelförmig) oder

    ○ großem (fast rechtem Winkel),

- Enden von Linien zwischen anderen,

- Unterbrechungen von Linien,

- kurze Linien oder Inseln,

- Stege zwischen Linien

und einiges mehr. Außerdem lassen sich Wirbel und deren Drehrichtung, nur sacht geschwungene Linien usw. feststellen, indem man längs einer Linie so genannte Richtungsvektoren – Differenzen zwischen zwei Punkten – konstruiert und deren Skalarprodukt bildet (nur damit Sie was zum Nachschauen haben, wenn Sie auch der mathematische Hintergrund interessiert).

Alles zusammen ergibt ein Punktmuster, das bereits so charakteristisch ist, dass statistisch eine Vorauswahl der in Frage kommenden Personen möglich ist. Hierzu wird der Mittelpunkt des Punktmusters berechnet und Entfernungen zu den Punkten sowie Winkel zwischen den Entfernungsvektoren berechnet und mit Datenbankeinträgen verglichen, wobei ein wenig Korrekturarbeit zu leisten ist, wenn der

eine oder andere Punkt in einem Datensatz aufgrund von Verschie-
bungen oder Verletzungen fehlt. Durch Übereinanderlegen der unbe-
arbeiteten Bilder lässt sich eine Zuordnung mit einiger Sicherheit
treffen. Die dazu gehörende Bildverarbeitung und Mathematik ist
nicht sonderlich anspruchsvoll.

Aufwändig für Nachrichtendienst und Polizei ist die Erkennung allerdings schon, denn die Teilnehmer sind nicht kooperativ. Ein Fingerabdruck kann von einem der (normalerweise) 10 Finger sein, muss
nicht nur die Kuppe umfassen, die bei einfachen Anwendungen für
die Identifizierung herhalten muss, und kann obendrein ein Teilab-
druck sein. Für eine Auswertung von Massenerfassungen ist daher
eine entsprechende Rechnerkapazität notwendig.

Die gleichen Personenschleusensysteme, die für die RFID-Auslesung
verwendet werden können, erlauben im Prinzip auch eine Massener-
fassung von Fingerabdrücken. In Handläufe lassen sich unauffällige
Scanner integrieren, in Fahrkartenautomaten können die Fahrkarten
während der Entwertung auf Fingerabdrücke untersucht werden. Ist
die Identität einer Person aus anderen Quellen, beispielsweise aus
dem RFID-Scan bekannt, besteht auf diese Weise die Möglichkeit, an
die Fingerabdrücke zu gelangen, die nicht im Ausweis registriert sind.
Anders herum erlaubt der Fingerabdruck eine Identitätszuordnung
zu ansonsten nur schwer auswertbaren Videoaufnahmen.

4.5.2   Neue/andere Techniken

Inzwischen ist die Technik sogar noch einen Schritt weiter: während
herkömmliche Scanner mehr oder weniger normale und sehr preis-
werte Flachbettscanner sind, auf die man den Finger legen muss, arbeiten spezielle optische Scanner berührungslos. Damit werden Ver-
schmutzungsprobleme, mit denen man bei normalen Scannern rechnen muss, gegenstandslos. Für den Scanvorgang wird die Hand mit
zwei gegensätzlich polarisierten Lichtstrahlen bestrahlt (Abbildung
4.13). Zwei Kameras analysieren jeweils eine polarisierte Kompo-
nente des reflektierten Lichts, wobei sich die Linien aufgrund der unterschiedlichen Reflexion der polarisierten Strahlen in den Tälern
und Höhen deutlich abzeichnen.

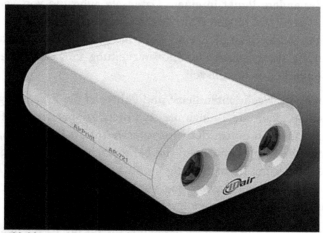

Abbildung 4.13: 3D-Fingerprint-Scanner (Idair Inc.)

Das US-Unternehmen Advanced Optical Systems hat einen Scanner entwickelt, der das inzwischen aus bis zu 2 m Entfernung schafft. Mit ca. 5.000 US-$ ist ein solches Gerät zwar um einen Faktor 100-500 teurer als die herkömmlichen Scanner, jedoch dürfte das in bestimmten Bereichen wie Flughafenkontrollen keinen Hinderungsgrund für den Einsatz darstellen. Ein solcher Scanner kann unauffällig den Fingerabdruck mit den Angaben im Pass vergleichen.

Eine weitere Möglichkeit, an Fingerabdrücke zu gelangen, besteht im Auslesen des Speichers von Computern oder Mobilfunktelefonen, deren Besitzer sich durch einen Fingerabdruck authentifizieren. Viele Geräte stehen im Verdacht, den Geheimdiensten durch Hintertüren zugänglich zu sein, und ein Auslesen der Daten wäre dann kein Problem. Umgekehrt besteht natürlich auch die Möglichkeit, die Authentifizierung durch Einspielen der bekannten Daten auszutricksen.

4.5.3   Fälschung von Fingerabdrücken

Fingerabdrücke sind obendrein leicht fälschbar. Dazu benötigt man nur ein wenig Sekundenkleber, einen Scanner, einen Laserdrucker und ein wenig Silikon:

a) Eine (nahezu beliebige, auch matte) Oberfläche mit einem Fingerabdruck wird Sekundenkleberdämpfen ausgesetzt. Der härtet auf den Feuchtigkeitsspuren aus und macht den Abdruck sichtbar (haben sicher die meisten Leser bereits bei CSI-Serien gesehen).

b) Der Abdruck wird mit einem Scanner eingelesen oder mit einer hochauflösenden Digitalkamera abfotografiert.

c) Mit einem Fotobearbeitungsprogramm wird ein Schwarz/Weiß-Bild des Abdrucks erstellt und auf glattem Papier ausgedruckt.

d) Die Farbe bildet Erhöhungen im Druckbild. Eine dünne Beschichtung mit Silikon oder Alleskleber enthält dann ebenfalls Wälle und Täler. Nach dem Abziehen kann man die Folie auf einen Finger kleben (ist bei einiger Übung nicht sichtbar) und sich an einem Scanner für die andere Person ausgeben.

Mit ein wenig Übung lässt sich die Fälschung problemlos perfektionieren. Die Technik ist seit mehr als 10 Jahren bekannt, und wenn die Firma Apple bei ihren neuen 2013er iPhones einen Fingerprintscanner als Sicherheitsmerkmal verlauft, bleiben Hintergedanken, die wenig mit Sicherheit zu tun haben, kaum aus.

Ob man Fingerabdrücke vor den Diensten verbergen kann, ist unter den gegebenen Umständen mehr als fraglich. Wenn Abdrücke auf Ausweisen gespeichert werden, besteht auch die Möglichkeit, dass sich Kriminelle Zugang zu den Daten verschaffen. Wegen der leichten Fälschbarkeit sollten Fingerabdrücke aber auf keinen Fall als Sicherheitsmaßnahmen verwendet werden.

Wolfgang Schäuble hat diese Technik in seiner Zeit als Innenminister für die Absicherung von Kreditkarten empfohlen. Der CCC hat daraufhin an seiner Karte die schnelle Fälschbarkeit nachgewiesen. Daraufhin ist er lieber Finanzminister geworden.

Eine bekannt süddeutsche Automarke hatte um 2000 auch ihre Nobelmodelle mit Fingerabdrucksicherung ausgestattet – mit dem Erfolg, dass in Südostasien Fahrzeuge samt dem pas-

*senden Finger des Besitzers entwendet wurden. So endete
auch dieser Versuch alsbald.*

Fälschungen können erschwert oder verhindert werden, wenn weitere Kontrollen (Feuchtigkeit, elektrische Leitfähigkeit, usw.) hinzukommen, die direkten Kontakt mit lebendem (!) Gewebe erfordern.
Solche Scanner sind jedoch kaum im Handel zu finden. Neuerdings
wird das Thema in einigen technischen Portalen trotz der Schäuble-
Schlappe für Kreditkarten wieder aufgewärmt. Bleibt abzuwarten, ob
man inzwischen etwas gelernt hat.

4.5.4   Motorische Daten

Wenn statische Schleusensysteme eine genügende Länge aufweisen,
sind weitere biometrische Daten einer Person ermittelbar. Mit in den
Boden integrierten Drucksensoren lassen sich Gewicht, Schrittlänge
und gangspezifische Merkmale feststellen.

Systeme dieser Art werden als einfache Kontrollsysteme zum Perso-
nenschutz in gefährlichen Arbeitsbereichen eingesetzt. Bei einem
Störfall ist dem Werkschutz jeweils bekannt, wer sich im gefährlichen
Bereich aufhält, ohne dass die Mitarbeiter aufwändige An- und Ab-
meldemaßnahmen durchführen müssen, und er kann entsprechende
Maßnahmen einleiten.

Die Feinmotorik der Hand ist durch Unterschriften jedem hinreichend bekannt, wobei vermutlich weniger bekannt ist, dass Grapho-
logen sich weniger auf den Schriftzug als vielmehr auf das Druckmuster bei einer Unterschrift verlassen. Schriftzüge können von geschick-
ten Fälschern täuschend ähnlich hergestellt werden, Schriftzüge auf
den allgegenwärtigen Tablets der Paketdienste haben andererseits
kaum etwas mit den Unterschriften der gleichen Person auf Papier
gemein. Druckmuster und Geschwindigkeiten sind jedoch in beiden
Fällen kaum fälschbar und können elektronisch leicht aufgezeichnet
werden.

Die Technik nutzt die Feinmotorik der Hand inzwischen für Zu-
gangskontrollen aus: experimentelle Türklinken mit Drucksensoren
analysieren durch das feinmotorische Muskeldruckprofil beim Griff,

um wen es sich handelt, und erlauben nur autorisierten Personen, die
Tür zu öffnen. Eine weitere Möglichkeit für Nachrichtendienste?

Ebenfalls bereits lange als biometrisches Merkmal bekannt: das feinmotorische Muster beim Bedienen einer Tastatur oder einer Compu-
termaus. Aus den Zeiten zwischen den Anschlägen unterschiedlicher
Buchstaben und Löschvorgängen ist die schreibenden Person recht
sicher identifizierbar, und wenn die Tastatur auch Druckstärken registrieren könnte/kann, sind sicher auch Aussagen über den aktuellen Gemütszustand möglich. Für Mausbewegungen gilt Ähnliches.

4.6   Videoüberwachung

Die automatische Videoüberwachung mit Identifizierung von Fahrzeugen oder Personen gehört sicher zu den Gebieten, in denen man
sich als Amateur am Schwersten mit dem technischen Verständnis
tut. Für uns ist alles sehr einfach, wenn wir hinschauen, aber wie soll
ein Computer das machen? Eigene Versuche, die auf der Kenntnis
von Bildverarbeitungssystemen basieren, enden dann meist Verarbei-
tungszeiten in der Größe der Kontinentalverschiebung, falls überhaupt etwas erreicht wird. Wie die Nachrichtendienste trotzdem ihre
riesigen Kamerapools bewältigen, schildern die folgenden Absätze.

Bitte berücksichtigen Sie, dass ich hier nur relativ allgemeine Modelle
beisteuern kann. Kein Bereich der Software ist so mit geheimen
Know-How gefüllt wie die Bildverarbeitung und die Computergrafik,
und weder die davon lebenden Unternehmen noch die Geheimdienste lassen sich hier die Butter vom Brot nehmen.

4.6.1   Kraftfahrzeug-Kennzeichen

Massendaten über den Straßenverkehr sind den Nachrichtendiensten
über automatische Mautsysteme und Videoüberwachungen an Ver-
kehrswegen zugänglich. Von den deutschen Autobahnmautbrücken
ist halboffiziell bekannt, dass sie hinsichtlich der Kennzeichenerken-
nung bereits lange vor der korrekten Mauterfassung in Betrieb waren,

und als Abnehmer solcher Daten kommen nur wenige Stellen in Frage. Die Erfassung wird zwar immer wieder geleugnet bzw. als weitere „Sicherheitsmaßnahme" gefordert, aber dabei dürfte es sich mehr um Alibigeschrei handeln.

Die Erkennung von Kennzeichen auf Videoaufnahmen ist kein großes Problem:

> Die Kennzeichen besitzen genormte Größen und Farben, was eine Maskenbildung für die Auswertung von Digitalaufnahmen erlaubt.

> Meist liegen mehrere Kamerabilder von der Vorbeifahrt eines Fahrzeugs vor. Da die Fahrmöglichkeiten begrenzt sind, kann ein Fahrzeug sehr einfach auf mehreren Bildern wiedererkannt werden, indem Maskenpositionen verglichen werden. Die Umwandlung eines Bildes in den Kennzeichentext muss daher nur einmal erfolgen.

> Wenn der Kamerastandort bekannt ist, ist auch für jeden Bereich des Bildes die Größe und Verzerrung der Kennzeichenmaske bekannt. Die Software wird darauf eingestellt, ab welchem Bildausschnitt gemessen wird und nach welchen Maskengrößen gesucht wird. Dies erleichtert eine Erfassung bei hohem Fahrzeugdurchsatz am Messort.

  Bei nicht stationären Kameras in fahrenden Fahrzeugen kann zumindest die Verzerrung einigermaßen sicher vorhergesagt werden, was die Auswertung ebenfalls erleichtert.

> Ist ein Kennzeichen erkannt, wird über den maskierten Bildausschnitt ein OCR-Scan durchgeführt. Bei nicht eindeutig erkannten OCR-Auswertungen kann ggf. wiederholt werden, sicher erkannte Kennzeichen müssen nicht erneut ausgewertet werden. Die Normierung der Zeichen erleichtert die Aufgabe.

Technisch stellt sich die Frage nach der notwendigen Auflösung der Kameras. Abbildung 4.14 erlaubt eine problemlose Auswertung, während Abbildung 4.15 sicher bereits einige Probleme bereitet. Die Auswertung durch OCR-Programme erfolgt normalerweise in einem mehrstufigen Verfahren:

Auflösung

Abbildung 4.14: 278 Pixel horizontal auf 6 cm

1. Wie bereits bei den Fingerabdrücken, wird das Bild auf S/W reduziert, die Zeichenbreite auf 1 Pixel.

2. Da Zeichen eine bestimmten Logik unterliegen, können unlogische Pixel korrigiert werden.

3. Durch Vergleich mit Vorgabemustern wird das Zeichen identifiziert.

4. Durch lexikalischen Vergleich wird eine Zeichenkette verifiziert bzw. korrigiert.

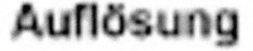

Abbildung 4.15: 50 Pixel horizontal

Bei Kfz-Kennzeichen ist die Aufbereitung allerdings Sicherheit einfacher, da die Zeichen genormt sind und die Reihenfolge ebenfalls bestimmten Regeln folgt, so dass (vermutlich) ein direkter Maskenvergleich anstelle einer Bildaufbereitung genügt; bei geringer Auflösung ist diese Methode vermutlich sogar aussagekräftiger.

Für eine problemlose Erkennung werden in technischen Artikeln zu dem Thema ca. 200 Pixel/m veranschlagt, was einer Buchstabenhöhe von ca. 15 Pixeln entspricht. Die Auflösung in Abbildung 4.15 entspricht etwa der Hälfte dieses Wertes, und spezialisierte Auswertungssoftware dürfte auch damit noch keine größeren Probleme haben als unsere Augen.

Nimmt man Abbildung 4.16 als reales Beispiel, so macht bei 800 Pixel Gesamtauflösung auch die Erkennung der Kennzeichen der hinte-

Abbildung 4.16: ca. 800 Pixel horizontal   (Quelle: Allianz, anonymisiert)

ren Fahrzeuge keine Probleme (Ausgeblendet aus Datenschutzgründen, Personen unkenntlich gemacht). Bei einem erhöhten Standort wie auf einer Mautbrücke mit einem entsprechend erweiterten Sichtfeld liefert bereits eine handelsübliche Amateurkamera mit Full-HD-Auflösung (1.920 x 1.080 Pixel) genügend Informationen.

Durch Rückgriff auf die Kfz-Datenbank der Zulassungsstelle mittels des Kennzeichens kann auch das Fahrzeug insgesamt abgeglichen werden. Hersteller, Typ und Lackierung sind in den Fahrzeugpapieren ebenfalls ausgewiesen, so dass

- ein Kennzeichentausch mit einem anderen Fahrzeug oder eine Umlackierung auffällt,

- ein durch Schmutz nur teilweise lesbares Kennzeichen über den Fahrzeugtyp doch für eine Identifikation genutzt werden kann.

Die Farbidentifikation ist trivial, der Fahrzeugtyp kann über charakteristische Marker (→ der Mercedes-Stern in Abbildung 4.16) oder über das so genannte Eigenface-Verfahren, das zur Personenerkennung in einfachen Zugangskontrollsystemen verwendet wird, dessen technischer Hintergrund zum Verständnis aber spezielle Mathematik-Kenntnisse erfordert und deshalb hier nicht diskutiert werden kann, festgestellt werden.

Abbildung 4.16 zeigt außerdem, dass bei geeignetem Kamerastandort auch nahezu biometrische Fotos von Fahrer und Beifahrer aufgenommen werden können. Ein Pappschild mit dem eigenen Kopf in ein Auto montieren und auf die Autobahn schicken, gleichzeitig irgendwo ein krummes Ding drehen und schließlich das BAG (→ Bundesamt für Güterverkehr) oder den BND um ein Alibi bei der Gerichtsverhandlung bitten könnte eine gängige Ganovenstrategie werden, wenn die deutschen Systeme in NSA-Manier ausgebaut werden.

In vielen Städten der USA nutzt die Polizei diese Techniken bereits in Echtzeit aus dem fahrenden Fahrzeug (siehe auch in anderen Kapiteln des Buches).

4.6.2   Identifizierung von Personen

Das biometrische Foto in den Ausweispapieren kann nicht nur für die direkte Personenkontrolle, sondern auch zur Identifizierung in der Öffentlichkeit eingesetzt werden. Die im Zusammenhang mit der verdeckten Ausweiserfassung genannten „Personenschleusen" sowie Bankautomaten liefern in der Regel Aufnahmen in biometrischer Qualität. Kameras im öffentlichen Bereich müssen wieder entsprechend konfiguriert werden, um Bilder mit der notwendigen Auflösung zu liefern. Hier kommen Techniken zum Einsatz, die im nächsten Teilkapitel kurz angerissen werden.

Biometrische Fotos sind Frontalaufnahmen des Gesichts in Ruhehaltung und nicht wie früher eher Portraitfotos eines lächelnden Gesichts in Schrägansicht. Frontalfotos enthalten die meisten messbaren Details, geben Auskunft über beide Gesichtshälften (die normalerweise nicht identisch sind), und das ernste Ruhegesicht ohne Muskelspannung ist der Gesichtsausdruck, der am häufigsten vorliegt (Mimik kommt erst in der Kommunikation zum Einsatz), und erlaubt auch die tiefer gehende Strukturanalyse (siehe weiter unten).

Die Identifizierung eines Gesichtes auf einer Aufnahme ist relativ leicht. Haut kann in Farbaufnahmen anhand einer Farbtabelle identifiziert werden, was nicht nur für den blassgesichtigen Mitteleuropäer gilt, sondern auch für alle anderen Ethnien. Im zweiten Schritt wird die Ausdehnung des Farbflecks gemessen, wobei charakteristische ovale Dimensionen für ein Gesicht erreicht werden müssen. Bekleidung oder Nacktheit machen dabei wenig Probleme, Fehlerkennungen eines nackten Bauches oder eines besonders eingefärbten Kleidungsstückes werden hierbei identifiziert. Genügt die Größe, kann eine biometrische Auswertung gestartet werden.

> *Farbtafeln und Geometrie werden auch eingesetzt, um Webseiten mit schlüpfrigen Inhalten zu filtern. Anhand einfacher Muster lässt sich erkennen, ob eine Person vollständig bekleidet ist, nur einen Badeanzug trägt oder aber nackt auf dem Bild zu sehen ist. Kommerzielle Anbieter liefern die Ergebnisse ihrer Prüfungen in Form von Blacklists entsprechender Server aus.*

Da bei ortsfesten Überwachungskameras das leere Bild bekannt ist, können Personen oder andere Objekte leicht als Abweichung identifiziert werden. Das primäre Auswertungssystem erzeugt zu jeder Person, die ein Bild betritt, ein Objekt, das die Maskeninformationen (→ Farben der Kleidung, Größe, usw.) enthält und so technisch recht unspektakulär durch die gesamte Szene verfolgt werden kann. Drehungen von Personen oder Überschneidungen können anhand der Farbinformationen halbwegs sicher berücksichtigt werden. Für die aufwändige biometrische Erkennung werden nur dann Aufnahmen generiert und ausgewertet, wenn die Bildqualität genügend gut ist. Mehrfachauswertungen werden so ebenso vermieden wie bei den Kennzeichenerfassungen von Fahrzeugen.

Bei überlappenden Kamerasichten können die Personen aufgrund der Maskeninformation weiter verfolgt werden, ohne dass größerer Rechenaufwand entsteht. Selbst bei nicht überlappenden Kamerasichten kann innerhalb eines Zeitfensters kontrolliert werden, ob ein Objekt bereits in einer anderen Szene erfasst und identifiziert worden ist.

Bei den Aufnahmen ist natürlich zu berücksichtigen, dass sich die aufgenommenen Personen nicht kooperativ verhalten. Die Auswer-

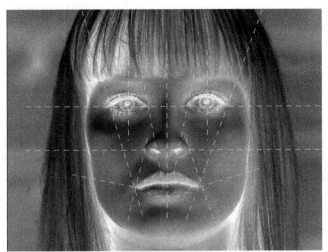

Abbildung 4.17: Biometrisches Foto (CC BY-SA 3.0, nachbearbeitet)

tungssoftware hat daher recht wenig mit der von Zugangskontrollsystemen zu tun, die bei einem beschränkten Nutzerkreis häufig vom Eigenface-Verfahren Gebrauch machen. Bei diesem Verfahren erfolgt keine Auswertung von Gesichtsmerkmalen, sondern Bilder werden rein nach statistisch-mathematischen Methoden analysiert.

Für die biometrische Analyse werden Gesichtscharakteristika des Ruhegesichts in Frontalansicht vermessen. Einige Möglichkeiten sind in Abbildung 4.17 dargestellt. Dabei wird nur das Gesichts selbst verwendet, nicht aber Haare, da diese zu variabel sind und durch Kopfbedeckungen auch verdeckt sein können.

Außer den rein geometrischen Daten, wie sie in der Abbildung angedeutet sind, werden auch die Augenfarbe, Schattierungen der Wangen, des Oberlippenbereiches und des Kinnbereiches ausgewertet, was allerdings ein wenig beleuchtungsabhängig ist. Diese erlauben in gewissen Grenzen die Rekonstruktion der Schädelknochen (*aus Filmen ist dem einen oder anderen Leser vermutlich der umgekehrte Weg, aus einem Schädel das Gesicht zu rekonstruieren, bekannt*), die im Gegensatz zum Gesicht außer durch kosmetische Operationen nicht veränderbar sind. Die Ausformung der äußeren Schädelknochen sind ähnlich individuell wie die Bestandteile des Lauterzeugungssystems, und wer sich nicht davor gruselt, kann sich in verschiedenen Museen oder Kirchen selbst davon überzeugen.

Die Vorgehensweise bei Gesichtsrekonstruktionen ist vermutlich aus Filmen bekannt: durch Serienmessungen ist die Weichteildicke über bestimmten Punkten des Schädelknochens bekannt, wobei natürlich Variationen in Abhängigkeit vom Ernährungszustand auftreten. Dies erlaubt es, ein Gesicht aus den Knochen zu rekonstruieren, wobei man ggf. unterschiedliche Rekonstruktionen machen kann, um verschiedene Ernährungszustände zu simulieren. Nicht simuliert werden können die Haar- und die Augenfarbe, weshalb solche Rekonstruktionen grundsätzlich nicht in Farbe angefertigt werden. Im Zweifelsfall weigert sich unser Gehirn nämlich, eine Person zu erkennen, wenn zwar so ziemlich alles am Gesicht, aber nicht die Augen- oder Haarfarbe stimmt (von den nächsten Verwandten einmal abgesehen). Fehler bei der Identifizierung von Mordopfern möchte man durch Fortlassen der Farbe verhindern.

Das geht natürlich auch umgekehrt, d.h. man versucht, die Schädelknochen zu rekonstruieren, wobei verschiedene Aufnahmen der Person hilfreich sind. Ob dies nun wirklich in dieser Tiefe erfolgt, muss ich einmal dahin gestellt sein lassen, aber erreicht werden soll damit eine Identifizierung

- bei Änderung des Aussehens bei Gewichtsab- oder Zunahme und

- in verschiedenen Lebensaltern.

Entsprechende Simulationen aufgrund von Serienmessungen sind als Dienstleistungen im Internet erhältlich (ebenso ein „Altersanzug", der geringere Kraft und Beweglichkeit im Alter durch Behinderung der normalen Bewegung simuliert). Die Simulationen haben zwar eine gewisse Unsicherheitsbandbreite (Abbildung 4.18), aber für Nachrichtendienste kommt helfend hinzu, dass über die Ausweisdaten biometrischen Daten über einen längeren Lebensabschnitt vorliegen, so dass die Simulationen schon sehr nahe an die Realität kommen dürften.

Bei Drehungen des Kopfes verschieben sich die Proportionen aufgrund der Dreidimensionalität des Gesichts. Dreht die Person in Abbildung 4.17 das Gesicht beispielsweise nach Links, verkürzt sich der

Time Axis

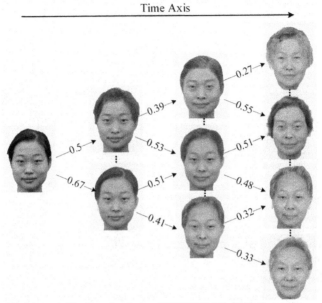

Abbildung 4.18: Altersimulation (CC BY-SA 3.0, UCLA)

linke Mundwinkel im Verhältnis zur Mittellinie zwischen Augen und Nasenlöchern überproportional, während der rechte sich vergrößert. Aus mehreren Aufnahmen aus unterschiedlichen Blickwinkeln lässt sich sowohl ein dreidimensionales Modell entwickeln (→ komplizierte Mathematik) als auch auf das biometrische Frontalfoto zurück rechnen (→ vermutlich relativ simple Interpolation der geometrischen Merkmale).

Eine weitere Möglichkeit zur 3D-Erfassung von Objekten ist eine streifenförmige Beleuchtung. Das Objekt wird mit parallelen hellen Lichtstreifen beleuchtet, und aus der Deformation der Streifen auf die 3D-Struktur des Objekts zurück gerechnet (Abbildung 4.19). Der Schwerpunkt derartiger Verfahren liegt in der technischen Rekonstruktion komplizierter dreidimensionaler Objekte. Bei der Personenerfassung kann dies unbemerkt mit Hilfe von Infrarotlasern erfolgen.

Ein Problem vieler Erkennungssysteme ist die leichte Täuschbarkeit durch vorgehaltene Fotografien. Streifensysteme und auch Aufnahmen aus unterschiedlichen Bildwinkeln können das Problem beseiti-

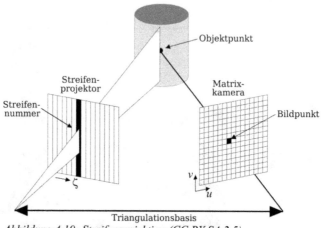

Abbildung 4.19: Streifenprojektion (CC BY-SA 2.5)

gen oder zumindest abmindern, da die 3D-Information aus dem Bild und den Streifen nicht zusammen passen, allerdings ist diese Methode rechenaufwändig.

Eine andere Möglichkeit besteht in der Beobachtung von Bewegungen: Blinzeln und Bewegen der Pupillen oder der Gesichtsmuskeln sind in Bildern nicht vorhanden, in der Realität aber selbst bei ausgesprochenen Botox-Junkies nicht vermeidbar. Für Nachrichtendienste dürfte diese Problematik bei Überwachungen im öffentlichen Bereich nicht bestehen.

Die Erkennungssysteme haben natürlich ihre Grenzen. Änderungen des Aussehens können erreicht werden durch

> ➤ Änderung von Frisur und Haarfarbe. Im Computer kann man dies mit gewissen Unsicherheiten modifizieren.

> ➤ Brillen. Auch diese lassen sich in einem gewissen Rahmen „wegrechnen".

> ➤ Bärte. Falls nur kurzer Bartwuchs vorliegt, ist eine rechnerische Berücksichtigung ebenfalls möglich.

> ➤ Wangenpolster tragen in Verbindung mit anderen Maskierungen zur Unsicherheit bei.

> komplette Masken, deren Möglichkeiten der Leser aus dem Kino kennt, die aber erhebliche Kenntnisse und Fertigkeiten erfordern.

4.6.3 Technische Aspekte

Videoüberwachungen sind inzwischen auch im industriellen und privaten Bereich so verbreitet, dass man nichts dem Zufall überlassen muss. Spezialisierte Unternehmen bieten Überwachungsdesignersoftware an, mit der anhand der Örtlichkeit die geeigneten Aufstellungsorte für eine Überwachung ermittelt werden können (Abbildung 4.20).

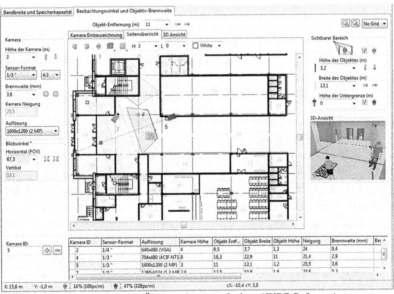

Abbildung 4.20: Designer für Überwachungsaufgaben (JVSG Software)

Anschließend können die passenden Kameradaten ebenfalls automatisch ermittelt werden (Abbildung 4.21).

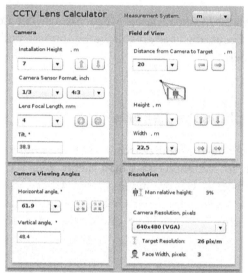

Abbildung 4.21: Berechnung der Kameradaten (JVSG Software)

Die Übertragung der Daten erfolgt je nach Möglichkeiten per Kabel oder per Funk an die Auswertung. Die dazu notwendige Bandbreitenberechnung ist ebenfalls in solchen Softwarepaketen enthalten.

Überwachungen im öffentlichen Bereich scheinen (?) häufig nicht den Anforderungen zu genügen. Zumindest bei Täterfahndungen nach Schlägereien im Nahverkehrsbereich sind die veröffentlichten Fotos der Polizei i.d.R. nicht geeignet, tatsächlich jemand darauf schnell zu identifizieren. Künstliche Verschlechterung, um das Publikum nicht zu beunruhigen oder aus politischen Gründen? So mancher Schnellfahrer hat sich schon gewundert, wenn er sich gegen das unscharfe Foto der Verkehrsüberwachung in der Annahme gewehrt hat, man könne ihn unmöglich auf dem Foto identifizieren, vor Gericht aber dann mit einer Aufnahme konfrontiert wurde, auf der Warzen und Barthaare auszählbar sind. Es gibt also Gründe für das Fragezeichen. Aber wie dem auch sei, mit solchen Planungswerkzeugen dürften Pannen bei Neuanlagen der Vergangenheit angehören.

Neben Aufnahmen aus eigenen Überwachungskameras sind Nachrichtendienste natürlich auch an privatem Bildmaterial interessiert. Videokameras an Bankautomaten dürften zu den normalen Quellen gehören. Sonstige Quellen aller Art stehen in deutschen Kriminalfilmen auf Anfrage zur Verfügung, in den USA dürfte die NSA Tankstelle, Supermärkte usw. bereits online vernetzt haben.

Der Sicherheit dienende private Überwachungssysteme sollten einige Anforderungen erfüllen:

1. Die von der Kamera übertragenen Daten sollten zumindest in einem Funknetz mit einem sicheren Verfahren verschlüsselt werden. Kriminelle könnten ansonsten das der Sicherheit dienende System zur Ausforschung von Sicherheitslücken verwenden.

2. Das Verschlüsselungsverfahren muss replay-sicher sein (*man erinnere die typische Filmszene, in der in der Überwachung alles normal aussieht, weil ein Bandmitschnitt mitläuft, während vor Ort die Safeknacker in Ruhe alles aufschweißen*).

3. Das Sicherungssystem muss seinerseits gegen unbefugten Netzwerkzugriff gesichert sein.

Auch Nachrichtendienste müssen dann zumindest fragen, wenn sie die Daten mitverwenden wollen.

Im Verdacht der Unsicherheit stehen insbesondere Kameras an PCs und Mobiltelefonen. Einerseits können durch Fehlbedienungen Signale freigeschaltet sein, andererseits ist aber auch ein Fremdaktivieren durch Hintertüren im Betriebssystem nie ganz ausgeschlossen.

4.6.4   Videoanalyse

Über die Identifikation hinaus ist auch das Verhalten einer Person in einer Videosequenz analysierbar. Man kann sicher auch einem Computer beibringen, gesprochene Texte von den Lippen abzulesen, ähnlich wie dies menschliche Lippenleser machen.

Bei der Sprachanalyse haben wir bereits auf die Emotionsanalyse hingewiesen (Kapitel 4.3.3, Seite 109). Das ist natürlich auch videotechnisch möglich. Die universelle menschliche Mimik und Gestik sagt einiges über den Gemütszustand einer Person aus, und die Gesichtsmimik lässt sich ausgehend vom biometrischen Bild vermutlich recht leicht in bestimmte Stimmungslagen übersetzen. Wie bei der akustischen Emotionsanalyse kann dies für die Erkennung kurzfristiger außergewöhnlicher Situationen und langfristiger Tendenzen ausgenutzt werden.

Wie aus Fernsehserien ebenfalls inzwischen allgemein bekannt sein dürfte, geht die Mikromotorik des Gesichts noch wesentlich weiter und gibt nicht nur Auskunft über die allgemeine Stimmung, sondern auch über Wahrheitsdetails von Gesprächen. Insofern dürfte HD-TV ein Weihnachtsgeschenk für die Nachrichtendienste gewesen sein, erlaubt es die Technik doch, Gesichter von Politikern daraufhin zu analysieren, ob sie lügen, die Wahrheit sagen, auf dem linken Fuß erwischt werden, das Interview als Heimspiel ansehen oder überhaupt wissen, worüber sie reden (vermutlich trifft bei einigen zu 90% der letzte Punkt zu). Auch das Analyseergebnis *„übermäßiger Einsatz von Botox und Valium"*, was Gemütsregungen in Stimme und Mimik unterdrückt, ist sicher aufschlussreich.

Der Einsatz solcher Techniken verlangt hochauflösende Videotechnik. Gestik ist möglicherweise noch im Auflösungsbereich der normalen Überwachungssysteme und wird möglicherweise, da es keiner Identifizierung der Ziele erfordert, bereits in den USA in Städten zur Erkennung außergewöhnlicher Situationen eingesetzt. Weiter gehende Analysen bedürfen aber Kameras mit Teleoptiken und Nachführungssystemen ähnlich den Richtmikrofonen, so dass nur mit bedingten Einsatzfeldern zu rechnen ist.

4.7   Satelliten

Die Überwachung mit Satelliten kennt jeder aus Spielfilmen. Angeblich lassen sich sogar Personen oder Fahrzeuge auf den Videoaufnahmen identifizieren. Stimmt das?

Google-Maps liefert Satellitenbilder auf jeden Browser, allerdings von kommerziellen Satelliten und mit verminderter Qualität. Aber bereits die mindere Qualität liefert von manchen Punkten der Erde Bilder, die fast schon das Firmenlogo von Unternehmensfahrzeugen erkennen lassen (Abbildung 4.22). Hochgezüchtete militärische Satelliten erreichen Auflösungen von ca. 3 cm, wobei optische und elektronische Methoden Anwendung finden. Ein Kfz-Kennzeichen wird bei dieser Auflösung in ca. 18*4 Pixel zerlegt. Das reicht nicht für eine eindeutige Identifizierung; das Gleiche gilt natürlich auch für die Erkennung von Personen. Für diese Auflösung ist eine Spiegeloptik von ca. 4 m Durchmesser notwendig, was vermutlich hart an der Grenze des Machbaren liegt, soll der Spiegel noch aktiv auf ein Ziel ausrichtbar sein und dieses auch während des Vorbeiflugs verfolgen können. Filmszenen, in denen sich ein Kennzeichen nach einigen Durchläufen irgendeines Algorithmus aus einem grauen Schleier als gestochen scharfe Zeichenkombination erhebt, dürfte eher nicht der Realität entsprechen.

Abbildung 4.22: Baustelle (nach google-earth-Vorlage, bearbeitet)

Die Bildqualität hängt natürlich stark von den Witterungsbedingungen ab. Wolken machen Beobachtungen aus dem All oder durch hoch fliegende Drohnen unmöglich, Dunst wirkt ebenfalls störend. Flachere Winkel ermöglichen bei entsprechender Auflösung das Erkennen weiterer, direkt von oben nicht sichtbarer Details, andererseits nehmen Störungen durch die Atmosphäre zu.

Satellitentechnik gehört zwar zum Handwerkszeug, ist aber eher zur Objektüberwachung oder Zielüberwachung geeignet, weniger zum Ausspähen größerer Personenmengen.

5 Codebreaker

Es gibt kryptische Systeme, an denen auch die NSA scheitert, beispielsweise die Beziehung zwischen meiner Frau und Schuhen oder
Handtaschen – oder zwischen mir und Baumärkten oder Fußball, um
auch die Gegenseite zu Wort kommen zu lassen.

Um bereits genannte Themen aufzugreifen: der NSA wird nachge-
sagt, sie habe auch auf die verschlüsselten Daten auf dem Blackberry
der deutschen Bundeskanzlerin Zugriff gehabt, könne verschlüsselte
Bankdaten mitlesen, und überhaupt sei für sie Verschlüsselung kein
großes Hindernis. Gehen wir dem einmal nach.

5.1 Die Geschichte mit dem Password

Die einfachsten Kennworte sind gerade einmal 4 Zeichen lang: die
PINs auf unseren Bankkarten. Vier Ziffern sind nur 10.000 verschiedene Möglichkeiten, wie soll das sicher sein?

Die Sicherheit liegt schlicht darin, dass man maximal drei Versuche
hat, bis eine Karte gesperrt wird. Daran kommt selbst die NSA nicht
vorbei, wenn sie nicht eine andere Hintertür nutzen kann (und für
Diebe lohnt es sich nicht, weil die im statistischen Mittel 3.333 Karten klauen müssten, um einmal Erfolg zu haben – und dann war das
meine Karte, und der Bankautomat weigert sich, mehr als 2,50 €
auszuzahlen).

Ähnlich sieht es bei Anmeldungen auf Rechnersystemen aus:

> ➢ Einige Betriebssysteme wie Linux sehen eine Zeitverzöge-
> rung bei Versuchen vor, die mit der Zahl der erfolglosen Ver-
> suche größer wird.

> Webseitenlogins von Servern sind zwar in den meisten Fällen in der Zahl der Versuche nicht begrenzt, die Geschwindigkeit wird allerdings durch den Serverprozess, der die Kontrolle durchführt, beschränkt.

Viele Zugriffe in kurzer Zeit führen zudem zu einer ungewöhnlichen Serverlast und rufen den Administrator auf den Plan, der etwas gegen den erkannten Angriff unternimmt.

> HTTP-Logins sind lassen sich in größerer Geschwindigkeit abwickeln und stoßen später an die Grenze einer empfindlichen Serverüberlastung, jedoch nützt auch hier der NSA die gewaltige Rechenkraft herzlich wenig.

Bei gezielten Angriffen auf einzelne Konten durch Ermitteln der passenden Name/Kennwort-Kombination über das Netzwerk hat die NSA somit nur den Vorteil gegenüber anderen Hackern, dass sie ggf. auch auf andere Quellen zurückgreifen und die verwendeten Namen und Kennworte etwas eingrenzen kann. Aber muss sie beim breiten Spähen überhaupt gezielte Angriffe durchführen?

Nehmen wir einmal an, es ist ihr egal, in welche Konten sie eindringt. Das allgemeine Spähen hat ja nur das Ziel, möglichst viele Daten über jede Person zu ermitteln; gezieltes Ausspähen wird ja erst notwendig, wenn sich Auffälligkeiten ergeben, und dann hat man meist auch noch andere Möglichkeiten.

1. SCHRITT: SERVERZIELE ERMITTELN

Das fällt nicht weiter schwer: der DNS liefert sämtliche Domainen und im weiteren alle damit verknüpften IP-Adressen, unter denen Server erreichbar sind, frei Haus. Meist findet man dort HTTP-Server, aber in einem weiteren Schritt wird überprüft, ob sich weitere aktive Server wie FTP, SMTP, POP3, SSH usw. auf den Maschinen befinden.

Nehmen wir einmal an, die NSA könne 1.000 Anfragen auf offene Serverports pro Sekunde durchführen – für derartige Hardwareansammlungen, wie wir sie oben beschrieben haben, sicher kein Problem – und würde jede Maschine auf 10 offene Serverports überprüfen. Pro Tag kann sie auf diese Weise $86*10^6$ Anschlüsse überprüfen. Die Zahl der belegten IP-Adressen wird sich irgendwo bei $2*10^9$ bewegen, d.h. in dieser Geschwindigkeit braucht sie ca. 230 Tage, um das komplette WWW auf erreichbare Serverports zu kontrollieren. Nehmen wir an, offizielle Server machen ca. 1/10 der erreichbaren Maschinen aus – das wären dann immerhin noch 200 Millionen weltweit – sind diese mit der passenden Strategie in 20 Tagen kontrollierbar.

Da das gesamte WWW in dieser Weise überprüft wird, kommt jeder Server nur relativ selten in den Genuss einer Anfrage. Jedenfalls zu wenig, um als Portscan erkannt zu werden und irgendeinen Alarm auszulösen. Damit ist die erste Tabelle schon einmal fertig. Da ihr Inhalt durch die Einbruchsversuche ohnehin laufend kontrolliert wird, reduziert sich der Kontrollaufwand, ob alles noch stimmt oder weitere Server hinzukommen, entsprechend.

2. SCHRITT: USERNAMEN ERMITTELN

Wenn man in ein Konto eindringen will, benötigt man zwei Angaben: den Namen, den der Anwender zum Anmelden verwendet, und sein Kennwort. Zur Aufstellung einer Liste mit möglichen Namen wird sich die NSA die Server genauer ansehen:

✔ Blogs und andere HTTP-Anwendungen enthalten oft die verwendeten Anwendernamen auf den frei zugänglichen Seiten. Zwar bieten die Kontodaten oft die Verwendung eines zusätzlichen Alias an, aber das dürfte längst nicht von allen Anwendern genutzt werden.

Hilfreich für die NSA ist dabei, dass einige Standardanwendungen wie wordpress, simple machines forum, joomla oder weitere den größten Teil solcher Anwendungen ausmachen. Trotz völlig unterschiedlicher Darstellungen tauchen die Schlüsselbegriffe immer an den gleichen Stellen auf. Aber auch für andere Anwendungen existieren Kriterien, die mit einiger Wahrscheinlichkeit die gesuchten Daten liefern.

Die Namenskandidaten können dem Server nun in einer mehr oder weniger großen Tabelle zugeordnet werden.

✔ Verwendete Namen werden meist nach einfachen Kriterien ausgewählt. Viele Administratorkonten verwenden vermutlich die Standardeinstellung „admin", Anwender versuchen es mit dem Vornamen oder einem Fantasienamen, der oft nicht gerade besonders viel Fantasie ausdrückt.

Vermutlich werden die meisten Leser schon einmal die Erfahrung gemacht haben, dass die Anmeldung auf Seiten, die nur wenige Tausend Nutzer aufweisen, 2-4 Versuche erfordert, weil die Namen bereits vergeben sind. Die NSA wird sich in dieser Beziehung nicht auf solch grobe Abschätzungen verlassen, sondern die Namensauswahl sorgfältig statistisch untersucht haben, was zu einer Kandidatenliste mit vielleicht 10.000 Einträgen führen könnte.

✔ Viele Konten verwenden die Emailadresse des Nutzers. Ohne weitere Informationen kämen damit etliche Millionen Kandidaten pro Server in Frage, aber die NSA verfügt ja auch über die Verbindungsdaten:

→ Die IP-Adressen verraten, wer sich mit einem Server verbindet,

→ über den Provider lassen sich die dazu gehörenden Emailadressen ermitteln, und was noch fehlt,

→ geht aus dem überwachten Emailverkehr insgesamt hervor.

Insgesamt dürfte sich die Liste der Kandidaten in etwa auf die Anzahl der Seitennutzer reduzieren.

Gehen wir der Einfachheit halber einmal von 1.000 Namenskandidaten aus, die auf dem einen oder anderen Weg für einen Server ermittelt wurden.

3. Schritt: das Kennwort

Kennworte müssen irgendwie memorierbar sein. Auch hier ist eine gewisse Trägheit der Anwender unterstellbar, und die NSA wird über verschiedene Wege Statistiken erstellt haben, welche Kennwortauswahl mit welchem Anteil in der Netzwelt vorhanden ist. Im Groben handelt es sich um folgende Kategorien:

a) Triviale persönliche Kennworte wie Geburtstage, Namen, bevorzugte Sportvereine, religiöse Besonderheiten, usw.

Kann die NSA die Nutzernamen bereits anderen Personendaten zuordnen (beispielsweise Emailadressen mit Daten aus
dem Melderegister korrelieren), ist das schnell überprüft.
Aber auch wenn die Daten nicht bekannt sind: es gibt nur
365 mögliche Geburtstage pro Jahr, und die Jahreszahlen
sind auf 20-30 begrenzbar, was etwa 10.000 Möglichkeiten
ergibt.

b) Normale lexikalische Worte. Ein Lexikon enthält davon etwa
    200.000, der normale Wortschatz gebildeter Leute liegt aber
    nur im Bereich 8.000 – 20.000 (in Großstädten sicher oft
    deutlich weniger). Ist wieder eine Verknüpfung mit anderen
    Dossierdaten einer Person möglich, lässt sich die Anzahl ver-
    mutlich deutlich eingrenzen.

c) Einfache kryptische Kennworte, d.h. Zahlen/Buchstaben-
    kombinationen von 6-8 Zeichen Länge. Zur Verfügung ste-
    hen 62 Zeichen, was $5,7*10^{10}$ – $2,18*10^{14}$ Möglichkeiten aus-
    macht (entspricht max. ca. 47 Bit Schlüsselsicherheit).

    Solche Kennworte werden meist von den Personen selbst
    generiert, und auch hier verfügt die NSA sicher über Statis-
    tiken, welche Zeichenkombinationen häufiger auftreten als
    andere.

d) Komplizierte kryptische Kennworte, d.h. auch mit Sonder-
    zeichen und Längen zwischen 12 und 16 Zeichen, was bei ca.
    90 Zeichen $2,8*10^{23}$ bis $1,8*10^{31}$ Möglichkeiten ausmacht
    (etwa 103 Bit rechnerisch).

Der weitere Erfolg hängt nun davon ab, wie gut diese Kategorien be-
setzt sind.

4. SCHRITT: BLINDES BIS HALBBLINDES TASTEN

Nehmen wir einmal an, die NSA kann aufgrund ihrer Analysen die
Namenskandidaten für einen Server auf 1.000 beschränken und die
Anzahl der zu überprüfenden Kennworte auf 100.000. In Summe
muss sie so $100*10^6$ Kombinationen ausprobieren, wobei kein Erfolg
garantiert ist, denn

   ✗   die Namensliste kann falsch sein, oder

✗   die Nutzer verwenden kryptische Kennworte, die außerhalb
des Rahmens liegen.

Nehmen wir einmal an, der Erfolg liegt bei 5%, d.h. sie muss im Mittel 10^9 Versuche starten, um in ein Konto einzudringen. Gehen wir
von dem gleichen Aufwand wie in Schritt 1 aus, bekommt die NSA
so im Durchschnitt alle 10 Tage Zugriff auf ein Serverkonto.

Technisch ließe sich das so durchführen, dass Server und Namenskandidaten durch eine Tabelle miteinander verbunden werden. Bei
$200*10^6$ potentiellen Servern ist das durch Datenbanksysteme noch
problemlos realisierbar. Server, Name und Kennwort werden zufällig
ausgewählt, was Doppelabfragen nicht ausschließt, aber die Daten-
bankgrößen in Grenzen hält.

5. SCHRITT: SEHENDES TASTEN

Die Ergebnisse aus Schritt 4 rechtfertigen natürlich kaum den getrie-
benen Aufwand, selbst wenn die Vorauswahl schon besser getroffen
werden kann und sich der Erfolg dadurch auf 10 Konten/Tag verbessern lässt. Ist jedoch einmal ein Einbruch gelungen, kann erfolgreich
darauf aufgebaut werden.

Einbrüche in Konten, selbst so harmlose wie in Blogkonten, können
interessante Informationen liefern:

- Treten die Nutzer unter einem Pseudonym (Alias) auf, so liefern die Kontendaten (meist) die Identität des Nutzers, falls
  diese noch nicht bekannt ist, ggf. über die Kette Email-
  Adresse → Provider → Meldedaten. Das erleichtert das Identifizieren weiterer Konten des Nutzers und ergänzt die Analyse
  von Verbindungsdaten.

- Konten enthalten nicht selten vertrauliche Detaildaten, wie
  Teile von Bankkonten oder Kreditkarten, die ebenfalls für
  weitere Wühlarbeit verwendet werden können, oder auch andere Daten, die zur Vervollständigung eines Dossiers dienen
  können.

Trotz aller Ratschläge werden viele Nutzer ihre Anmeldedaten bei
anderen Servern ebenfalls verwenden. Auf diese Konten kann unmittelbar zugegriffen werden. Gelingt das nicht sofort, ist zumindest
bekannt, welche Namen der Nutzer bevorzugt und wie er sein Kenn-

wort auswählt. Die Anzahl der notwendigen Versuche kann dadurch drastisch reduziert werden. Ein Einbruch in ein Konto führt daher mit einer gewissen Wahrscheinlichkeit zu einem Einbruch in alle Konten des Nutzers.

Machen komplett bekannte Kontennetzwerke einiger Anwender den Aufwand sinnvoll? Die Wahrscheinlichkeit, auf diesem Weg in Konten zu gelangen, deren Nutzer sich strenger an Richtlinien sinnvoller Kennwortvergaben halten, ist sehr gering. Die Frage kann ich nicht beantworten, da müsste man wirklich die NSA fragen, zu welchen Schlüssen sie bei der Untersuchung dieser Problematik, die man dort sicherlich durchgeführt hat, gekommen ist.

BANKGEHEIMNISSE

Die Ergebnisse des letzten Kapitels lassen sich unmittelbar auf Bankkonten anwenden. Für die USA oder Europa sind die folgenden Überlegungen relativ uninteressant, da die Nachrichtendienste sich einfacher direkt bedienen können. Aber vielleicht ist es für andere Länder interessant, in denen der direkte Zugriff nicht besteht.

Bankkontonummern lassen sich relativ leicht eingrenzen, möglicherweise hat man aus anderen Quellen sogar Zuordnungen zwischen Kunden und Kontonummern vornehmen können. Nicht alle Banken verlangen ein sicheres Kennwort für das Login; in manchen Fällen sind die Kennworte auf 6 Ziffern oder 5-6 Buchstaben/Ziffern beschränkt. Die NSA wird wissen, um welche Banken es sich hierbei handelt. Bei einer Vorgehensweise wie oben beschrieben kann ein Nachrichtendienst in 10-100 Konten/Tag durch zufälliges Ausprobieren einbrechen, wobei derartige Angriffe natürlich subtil eingestellt werden müssen, um die Administratoren nicht aufmerksam werden zu lassen.

Ob das interessant ist, hängt nun wieder davon ab, mit welcher Wahrscheinlichkeit ein solches Konto tatsächlich interessante Daten enthält. Ist pro Woche mit einem Kontozugriff zu rechnen, der die dahinter stehende Person erpressbar macht, wird so etwas vermutlich stattfinden.

So weit zu Angriffen auf den Schwachpunkt „Kennwort". Ehrlich gesagt wundert es mich immer wieder, wie weit man offenbar mit solchen Angriffen kommt. Die einfachen Regeln

- ein Serverkonto = ein Kennwort und

- ein Kennwort besteht aus Buchstaben, Ziffern und Sonder-
  zeichen, ergibt keinen Sinn und ist mindestens 10 Zeichen
  lang

werden von vielen Anwendern anscheinend nicht beachtet, und allen
gegenteiligen Erkenntnissen zum Trotz scheint wieder eine Diskussion aufzuflammen, ob anstelle des 4-stelligen PIN-Codes bei Kreditkarten nicht besser der Fingerabdruck verwendet werden sollte, weil
manche Anwender sich ihre PIN nicht merken können. Dabei stellen
für den Internetbereich Browser Werkzeuge für die Erzeugung und
komfortable Verwaltung von Kontodaten zur Verfügung, für die man
sich ein einziges Masterkennwort merken muss (oder das auch bleiben lassen kann, wenn man die Festplatte ohnehin verschlüsselt).
Und für unterwegs gibt es diese Kennwortsafes auch in mobilen Versionen für den USB-Stick oder von einem Server im Internet.

FAZIT

Dies ist natürlich alles nur etwa in der Zeit dahergesponnen, die man
braucht, um dieses Kapitel zu schreiben. Die Zahlen sind blinde
Schätzungen, und die Realität kann günstiger oder schlechter aussehen. Machen Nachrichtendienste so etwas? Im globalen Sinn vermutlich nicht, weil sie auf anderem Weg an die sie interessierenden Daten
kommen. In speziellen Fällen könnten solche Methoden aber vielleicht unterstützend ebenfalls eingesetzt werden, aber mehr vermutlich auch nicht. Trotzdem sollte man als Anwender tunlichst sichere
lange Kennworte verwenden, auch für Konten, die man nicht so ernst
nimmt.

5.2   Angriffe auf Verschlüsselungen

Wie steht es mit Angriffen auf Verschlüsselungssysteme selbst? Edward Snowden berichtet, dass die NSA auch verschlüsselten (Bank-)

Datenverkehr abhören kann, was auf einen Einbruch in die Verschlüsselungssysteme hinweist. Wie ist das zu interpretieren?

Definieren wir zunächst den Begriff "Einbruch": die simpelste Angriffsmethode besteht im Ausprobieren aller möglichen Schlüssel. Statistisch gesehen muss man im Mittel die Hälfte aller Schlüssel ausprobieren, um Erfolg zu haben. Jedes Verfahren, dass mit weniger Versuchen auskommt, wird als Bruch des Verfahrens bezeichnet.

Wenn beispielsweise DES 2^{56} verschiedene Schlüssel zulässt, sind im Mittel 2^{55} Versuche notwendig, und 2^{48} wären bereits ein Bruch, obwohl es sich immer noch um $2,8*10^{14}$ verschiedene Schlüssel handelt, die auszuprobieren sind (im Vergleich: 1 TB sind "nur" etwa 10^{12} Bytes, also weniger als $1/100$ dieser Schlüsselmenge).

Aber auch ein erfolgreicher Bruch bedeutet noch nicht, dass er auch in der Praxis ausgenutzt werden kann. Für einen brute-force-Angriff, also das Ausprobieren aller Schlüssel, benötigt man nur ein Chiffrat und eine Vorstellung, welcher Inhalt darin vorhanden ist. Ob der korrekte Schlüssel verwendet wurde, kann anhand der entschlüsselten Daten leicht überprüft werden. Ein Bruch bedeutet andererseits in den meisten Fällen, dass man eine große Menge an Chiffraten sammeln muss - oft mehr, als mit dem Schlüssel überhaupt verschlüsselt wird. Der Bruch ist dann in der Praxis nicht nutzbar.

Was kann die NSA also machen?

UNSICHERE SYSTEME

Einige Verschlüsselungssysteme sind unsicher, weil in ihrer Konstruktion absichtlich oder unabsichtlich Schwachstellen eingebaut sind. Das bekannteste ist vermutlich die WLAN-Verschlüsselung WEP, die trotz Schlüsselgrößen von 128 Bit in kurzer Zeit gebrochen werden kann. Hierbei handelt es sich um einen konstruktiven Fehler bei der Schlüsselvereinbarung, der es erlaubt, den kompletten Geheimschlüssel aus einigen 10.000 Datenpaketen zu rekonstruieren.

WEP ist durch WPA, WPA2 oder WPA/TKIP ersetzt worden. Diese Algorithmen weisen die Schwachstelle nicht mehr auf. WEP ist nur noch bei älteren Geräten oder Systemkonfigurationen durch technisch überforderte Anwender zu erwarten. Allerdings wurde durch die Möglichkeit einer automatischen Anmeldung neuer Geräte mit

Hilfe einer relativ kurzen PIN ein neues Loch geschaffen. Diese kann zwar nur für die Dauer einer Anmeldung verwendet werden, bietet aber trotzdem eine Schwachstelle, die ein Hacker nutzen kann.

Für Nachrichtendienste ist ein Angriff auf WLANs über diese beiden Schwachstellen allenfalls punktuell interessant, zumal WLAN-Systeme nur eine geringe Reichweite aufweisen.

Aus den 90er Jahren stammt noch eine Begrenzung der Verschlüsselungssicherheit bei Servern, die von den USA aufgrund ihrer damaligen Monopolstellung durchgesetzt wurde: obwohl formal deutlich besser möglich, arbeiten verschiedene Standardalgorithmen mit Schlüsselbreiten unter 40 Bit, teilweise bis 28 Bit hinunter. Diese künstliche Begrenzung der Sicherheit wurde damals geschaffen, um Nachrichtendiensten bei Bedarf eine Entschlüsselung der Daten zu ermöglichen (so sind jedenfalls die Begründung der US-Parlamente).

Die Algorithmen sind auf den Servern in der Regel deaktiviert, d.h. ein Versuch, sie zur Verschlüsselung zu verwenden, scheitert. Nicht korrekt konfigurierte Server können sie allerdings immer noch zulassen. Es ist aber auch nicht ganz einfach, eine Client-Server-Verbindung zur Verwendung dieser unsicheren Protokolle zu veranlassen. Auch diese Angriffsmethode dürfte in der Praxis kaum eine Rolle spielen.

Unsicher und sicher ein Ziel für Nachrichtendienste sind Mobilfunkverschlüsselungen nach dem GSM-Standard. Hier bieten sich gleich mehrere Möglichkeiten an:

- Die Verschlüsselung ist nur eine Option. Grundsätzlich entscheidet die Basisstation, ob der Nachrichtenverkehr zum Mobiltelefon verschlüsselt wird. Durch Beeinflussung der Basisstation kann die Verschlüsselung unterdrückt werden, d.h. alle Gespräche, die über diese Basisstation abgewickelt werden, sind im Klartext mitlesbar.

    Mobiltelefone sollten gemäß GSM-Standard anzeigen, wenn nicht verschlüsselt wird. Sie tun es de fakto nicht, dafür haben "Bedarfsträger" - im Klartext Nachrichten- und Polizeidienste - gesorgt. Der Nutzer bekommt es somit gar nicht mit, dass seine Telefonate abgehört werden (können).

- Die Verschlüsselung erfolgt mit dem Algorithmus A5, ein proprietärer Algorithmus, der aus einem relativ sicheren Algorithmus so verschlimmbessert wurde, dass er leicht brechbar ist. Am A5 wurden nach Bekanntwerden der Lücken Verbesserungen vorgenommen, und inzwischen sind die Varianten A5/1 (unsicher), A5/2 (mäßig sicher) und A5/3 (bislang relativ sicher) im Einsatz.

  Mit den Nachrichtendiensten zur Verfügung stehenden Mitteln dürfte es kein Problem darstellen, A5/1 und möglicherweise auch A5/2-Verschlüsselungen mitzulesen. Notfalls überredet man wieder die Basisstation, einen der einfachen Algorithmen zu verwenden, was sicher einfacher ist, als die Verschlüsselung komplett zu deaktivieren.

- Die Nachrichten werden unverschlüsselt über einen IMSY-Catcher des Nachrichtendienstes als Relais-Station zwischen Mobilfunktelefon und Basisstation ausgetauscht. Die Technik wird in Kapitel Fehler: Referenz nicht gefunden ab Seite Fehler: Referenz nicht gefunden ausführlicher beschrieben.

Wie die Abhöraffaire der NSA und der Briten in Berlin gezeigt haben, werden diese Techniken in größerem Umfang zumindest dort eingesetzt, wo interessante Informationen zu erwarten sind.

PUBLIC KEY SYSTEME

Public Key Systeme wie RSA werden allgemein als sicher angesehen. Bei diesen Verschlüsselungssystemen werden zwei Schlüssel verwendet: ein Geheimschlüssel, mit dem der Inhaber Nachrichten entschlüsseln kann, und ein öffentlich bekannter Schlüssel, mit dem jeder Nachrichten an den Inhaber des Geheimschlüssels verschlüsseln kann. Die Verbindung zwischen beiden Schlüsseln kann nur während der Verfahrenskonstruktion oder vom Inhaber des Geheimschlüssels hergestellt werden. Die Sicherheit der Verschlüsselungssysteme hängt davon ab, dass keine wesentlich besseren Algorithmen existieren als die, mit denen man die Verbindung zwischen den Schlüsseln ohne Kenntnis der Konstruktionsgeheimnisse oder des geheimen Schlüssels selbst herstellen kann.

Nach Edward Snowden können auch Verschlüsselungen, die Public Key Algorithmen enthalten, von der NSA mitgelesen werden. Das muss nun nicht heißen, dass sie diesen Verschlüsselungsteil gebrochen haben, aber gehen wir einmal davon aus, dass dem so ist. Denkbare Gründe für einen Einbruchserfolg sind in diesem Fall:

✗ Die NSA ist dem Rest der Welt mathematisch-technologisch um Jahrzehnte voraus und hat schnelle Einbruchsverfahren entwickelt. Dies entspräche etwa dem Bild des 2. Weltkrieges, in dem die Briten und später auch die Amerikaner in der Lage waren, die deutsche Verschlüsselung zu knacken.

Genauer hingeschaut passt das Bild nicht ganz: heute existiert nicht mehr die Kriegssituation wie seinerzeit, in der Informationen unterdrückt werden konnten, und auch bei den Deutschen wussten einige um die unzureichende Sicherheit der Verschlüsselungsverfahren, sind aber an der Überheblichkeit maßgeblicher Stellen im Heereswaffenamt gescheitert, wie mehrere Historiker berichten (sonst wäre ab 1941 kein Einbruch mehr möglich gewesen). Rein gefühlsmäßig würde ich mich der Verschwörungstheorie, dass die Amerikaner die Wissenschaft so weit unter Kontrolle haben, dass nicht die Spur eines Hinweises nach Außen dringt, daher nicht anschließen.

✗ Die NSA hat den Quantencomputer entwickelt und kann serienmäßig die Public Key Systeme knacken. Auch da habe ich allerdings Zweifel, dass die NSA mit hunderttausenden von Quantenbits operieren kann, während die zivile Wissenschaft es gerade einmal auf 3-5 bringt. Außerdem kann man auch Zweifel daran äußern, ob ein Quantencomputer in diesen Größenordnungen noch skalierbar wäre (→ Buchhinweise im Anhang).

✗ Die schiere Rechenpower in den NSA-Rechenzentren genügt, um Systeme zu knacken. Möglicherweise trifft das auf einfachere Schlüssel sogar zu, aber für eine Massenentschlüsselung oder für extrem große Schlüssel genügt das sicher nicht.

Wenn die NSA Standardverschlüsselungen gebrochen hat, dann vermutlich nicht im Bereich der Public Key Algorithmen.

ZERTIFIKATE

Die Absicherung der Identität der Kommunikationspartner bei verschlüsselten Verbindungen wird in der Regel durch so genannte Zertifikate (→ elektronische Ausweise) sicher gestellt. Damit dies auch zwischen einander unbekannten Partnern funktioniert, werden die Ausweise von Zertifizierungsagenturen ausgestellt, ähnlich einem Personalausweis. Man vertraut dem bekannten Siegel und darauf, dass sich die Meldebehörde von der Identität des Ausweisinhabers überzeugt hat.

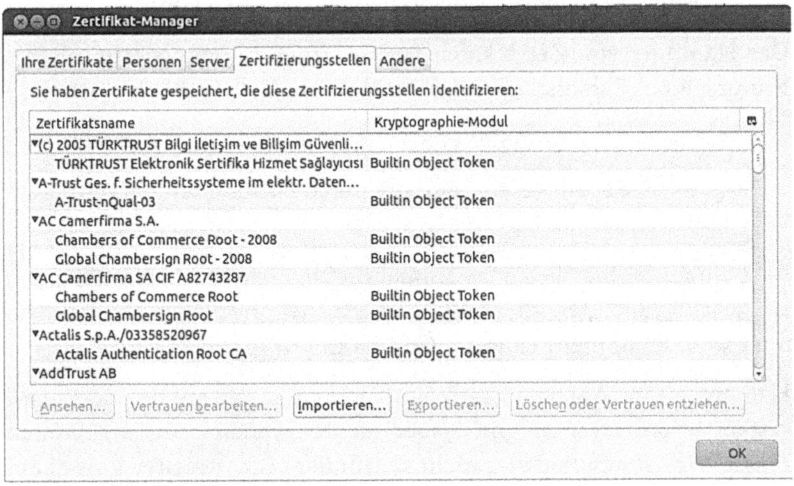

Abbildung 5.1: Zertifikate im Browser

Im Gegensatz zur Meldebehörde sind Zertifizierungsagenturen im Internet private Unternehmen, und eine längere Liste ist in den Browsern vorinstalliert (Abbildung 5.1). Wenn eine Verbindung zu einem Server aufgebaut wird, überprüft der Browser, ob das Zertifikat auf die Server-URL ausgestellt und durch eine der bekannten Agenturen unterschrieben ist. Wenn nicht, erhalten Sie eine Warnung, dass dem Server nicht vertraut werden sollte (Abbildung 6.1 auf Seite 180).

Bei konsequenter Verschlüsselung sollten Nachrichtendienste das Nachsehen haben, es sei denn, es gelingt ihnen, sich die Position des Man-in-the-Middle zu verschaffen (→ der Browser baut eine ver-

schlüsselte Verbindung zum NSA-Server auf, der eine anders verschlüsselte Verbindung zum Zielserver. Durch die Position zwischen
beiden Rechnern kann und die Umverschlüsselung kann die NSA
mitlesen). Durch Paket-Injektion oder DNS-Spoofing können sie sich
in die Verbindung einklinken, um gegenüber dem Clientsystem nicht
sofort aufzufallen, müssten sie aber auch über ein gefälschtes echtes
Zertifikat verfügen, d.h. das Zertifikat ist ordnungsgemäß auf die
URL des Zielservers ausgestellt und unterschrieben, gehört ihm jedoch nicht. Hierzu müssten sie

a) eine Agentur überreden, ein falsches Zertifikat auszustellen
   oder

b) eine eigene Agentur in die Liste aus Abbildung 5.1 ein-
   schleusen, mit der sie nun beliebig fälschen könnten.

Das Handling von Zertifikaten ist um Einiges komplizierter als die
Prüfung eines Personalausweises, so dass ein Betrug möglich ist,

- wenn der Anwender einen Server noch nicht kennt oder

- wenn der Anwender bei ihm bereits bekannten Servern nicht
  genau aufpasst.

Fällt eine Agentur allerdings einmal durch einen solchen Betrug auf,
ist sie aufgrund der internationalen Aufstellung des gesamten Systems wohl nicht mehr lange im Geschäft.

Halten wir fest: Angriffe durch Nachrichtendienste auf das Zertifikat-
system wären zwar möglich, aber nicht nachhaltig. In der breiten
Masse wird so etwas daher nicht stattfinden. Ein gezielter Einsatz im
Rahmen von Fahndungsmaßnahmen ist jedoch denkbar, falls sich
nicht bequemere Wege ergeben.

SYMMETRISCHE VERFAHREN

Symmetrische Verfahren verwenden für die Ver- und die Entschlüsselung den gleichen Schlüssel. Sie sind wesentlich schneller als Public
Key Systeme und daher besser für die Verschlüsselung von Massendaten geeignet. In vielen Verschlüsselungsverfahren wie der bekannten Webseitenverschlüsselung SSL/TLS werden daher Public Key
Systeme und symmetrische Verfahren, in der Regel noch ergänzt
durch Hashverfahren oder Einwegverschlüsselung, eingesetzt.

Public Key Systeme sind wenig wahrscheinlich als Einbruchsstellen für Nachrichtendienste, wie wir gesehen haben. Wie sieht es mit symmetrischen Verfahren aus?

Eines der ältestes Verfahren ist der immer noch verwendete DES-Algorithmus, der aufgrund der Geschwindigkeit heutiger Maschinen mit seinen 64 Bit-Schlüsseln aber etwas schwachbrüstig ist. Er wurde in den 1970er Jahren von IBM im Auftrag der NSA entwickelt, was ihn dem Verdacht aussetzte, die NSA habe gleich ein paar Schwachstellen mit in Auftrag gegeben. Tatsächlich fand eine Arbeitsgruppe von Informatikern im Jahr 2004 heraus, dass der Algorithmus leicht brechbar wird (Rückgang der rechnerischen Sicherheit von 2^{48} Versuchen auf 2^{28} Versuche), wenn man bestimmte Veränderungen an den Parametern vornimmt. Dem in der Fachliteratur gezeigten Stolz der Gruppe über das dabei entwickelte Angriffsverfahren und der Häme, dass man bei der Entwicklung wohl ziemliches Glück gehabt hätte, begegnete IBM in einem Kommentar mit der lakonischen Bemerkung *„Ja, ja, das haben wir vor 30 Jahren auch schon berücksichtigt"*.

Die aktuellen Algorithmen wie AES oder Blowfish (auch den DES-3 darf man nach wie vor dazu zählen) haben ihre Qualität in mehr oder weniger genormten Testverfahren beweisen müssen, in denen bis auf ein oder zwei physikalische Verfahren alles aufgeboten wurde, was man an Angriffsmethoden kennt. Ergebnis: keine Chance. Man kann mit Fug und Recht davon ausgehen, dass das auch für die NSA gilt und keine eingebauten Hintertüren vorhanden sind.

FAZIT

Wenn die NSA tatsächlich Verschlüsselungen öffnen kann, dann zumindest nicht durch mathematischen Betrug. Wahrscheinlicher sind Hintertüren in der Software, die die NSA bei den Herstellern gegen entsprechende Bezahlung hat einbauen lassen. Doch davon später.

5.3 „Geheime" Algorithmen

Eine eherne Maxime der Verschlüsselungstechnik lautet

Algorithmen sind öffentlich bekannt.

Insbesondere im Telefoniebereich gibt es aber eine ganze Reihe von proprietären Algorithmen (→ im Firmeneigentum befindliche Algorithmen, deren Details nicht veröffentlich werden), deren Sicherheit nach Auskunft der Betreiber (auch) auf der Geheimhaltung beruht. Wir haben das oben bereits angesprochen. Auch in anderen Bereichen tauchen immer wieder Sicherheitssysteme auf, über deren Details sich der Hersteller ausschweigt.

In einem Massenmarkt wie der Telefonie mit verschiedenen Chipproduzenten ist auf die Dauer aber selbst vor der Öffentlichkeit nichts geheim zu halten. Ob nun Eingeweihte plaudern oder Bastler durch Reverse-Engineering die Algorithmen knacken, spätestens nach einigen Jahren weiß die Öffentlichkeit, was die Nachrichtendienste vermutlich schon nach 20 Minuten wussten. Dann ist es bei mehreren Millionen verkauften Geräten aber deutlich zu spät, noch irgendeine Weiche zu stellen.

Das Problem bei proprietären Algorithmen ist die geringe Anzahl der Leute, die sich mit der Entwicklung beschäftigen. Hier geht es wie bei jeder Entwicklung: Zeitdruck, hauptsächliche Konzentration auf die Erstellung, weniger Zeit für eine Sicherheitsprüfung, keine externen Ideen über Angriffsverfahren, usw. Teilweise bedient man sich sogar einer durchaus vernünftigen Technik, die aufgrund irgendwelcher Vorgaben, die nichts mit Sicherheit zu tun haben, „verbessert" wird.

Im Telefoniebereich wurde beispielsweise ein zwar ebenfalls geheimer, aber nach Bekanntwerden von Details dennoch als sicher eingestufter Algorithmus als Ausgangsbasis verwendet und für die Mobiltelefonnutzung optimiert (Kasumi → A5/1), wobei Optimierung vorzugsweise bedeutet, dass man versuchte, den Algorithmus etwas weniger aufwändig zu machen, um die Akku-Standzeit der Geräte durch eine kleinere Belastung der CPU zu vergrößern. Leider ging das etwas daneben. Nach dem Bekanntwerden der A5/1-Algorithmendetails dauerte es nicht lange bis zum ersten Einbruch, und inzwischen ist man bei Version 3 des Algorithmus, der nun endlich eine gewisse Sicherheit bietet.

Da die Nachrichtendienste einen gehörigen zeitlichen und personellen Vorsprung in der Codebrechertechnik haben, kann man durchaus davon ausgehen, dass sie zumindest ausgewählte Telefonate weitgehend entschlüsseln können, falls ihnen beim Provider keine einfache-re Tür offen steht.

Nicht unbedingt kritisch muss das Schweigen im rein proprietären Markt sein, in dem der Hersteller die Verwendung irgendwelcher Verfahren auf seine eigenen Produkte beschränkt. Beispielsweise könnte er normale sichere Verfahren verwenden, diese jedoch so zu-sammensetzen, dass der Kunde an ihn gebunden bleibt und den An-bieter nur mit größerem Aufwand wechseln kann. Gleichwohl wer-den proprietäre Verfahren bei einer Sicherheitsbewertung grundsätz-lich mehrere Stufen niedriger bewertet.

5.4 Hintertüren

Ein gängiger Witz lautet

> *Jedes Mal, wenn ein User an seinem Windows-PC auf "eigene Dateien" klickt, fällt bei der NSA ein Mitarbeiter lachend vom Stuhl.*

Wenn man verschiedenen WhistleBlowern glauben darf, ist das alles andere als ein Witz. Da wir gerade festgestellt haben, dass die Ver-schlüsselungssysteme selbst auch für die Nachrichtendienste mathe-matisch vermutlich nicht angreifbar sind, bleibt nur eine Manipulati-on der Software, die es den Nachrichtendiensten erlaubt, im Bedarfs-fall durch die Hintertür einzudringen. Eine Möglichkeit ist die Mani-pulation gleich bei der Entwicklung, die andere die nachträgliche In-stallation. Bleiben wir zunächst bei der ersten Variante: gibt es Hin-tertüren in Maschinen, Betriebssystemen und Programmen? Und wie sind sie beschaffen?

Wenn man Snowden, dem Chaos Computer Club und verschiedenen Tageszeitungen glauben darf (wer schreibt da von wem ab?), sind die Nachrichtendienste in der Lage, Geheimdaten auch aus neuesten iPhone- und Blackberry-Geräten auszulesen. Um dahin zu gelangen, wird vermutlich/höchst wahrscheinlich bei der NSA bei Neuent-wicklungen von Geräten und Software marktführender Anbieter je-weils eine spezielle Arbeitsgruppe ins Leben gerufen, die sich mit Zu-gangsmöglichkeiten befasst, und zwar nach Möglichkeit vor (!) dem

Marktauftritt. In dieser Phase besteht prinzipiell die Möglichkeit, direkt im neuen Produkt eine (möglichst unsichtbare) Hintertür in der Software anzulegen, die später einen Zugriff erlaubt.

Das funktioniert natürlich nur wenn der Gerätehersteller in einem gewissen Umfang mitspielt, was zu der Frage führt:

Machen große Unternehmen das mit?

Natürlich macht der das nicht umsonst, falls er es macht. Der Haushalt der NSA gibt bei solchen Kooperationen sicher ein namhaftes Sümmchen her, zumal ein Aufwand an anderer Stelle dadurch fort fällt oder sich verkleinert. Geht ein Systemhersteller das Risiko ein, hier ein paar Milliönchen einzunehmen, obwohl der normale Umsatz bereits im 2-3-stelligen Milliardenbereich liegt und ein Auffliegen unter Umständen einen nicht unbeträchtlichen Teil der Kundschaft kostet? Ist der Patriotismus in den oberen Etagen so groß, dass man es trotzdem macht, oder ist der Druck aus der Politik so groß, dass man sich dem nicht widersetzen kann? Setzt sich selbst ein solches Großunternehmen staatlichen Repressionen aus, die weh tun, wenn man nicht mitspielt?

Die Frage ist leider nicht zu beantworten, und wir bleiben im Verschwörungssumpf erst einmal stecken. Tatsache ist allerdings auch, dass die Befürchtung, Kunden zu verlieren, offenbar nicht allzu hoch ist. Offiziell aufgefallen ist zwar noch nichts, so weit ich das verfolgen konnte, aber Produkte der Firma Kleinweich stehen nun nicht gerade im Ruf besonderer Sicherheit – immer noch nicht, obwohl sie nun seit mehr als 20 Jahren hinter anderen Betriebssystemen in Punkto Sicherheit hinterher hinken. Trotzdem hat dem Unternehmen das bislang kundenmäßig nur bedingt geschadet. Der Serverbereich hat zwar zugunsten von Linuxsystemen abgeben müssen, aber der Office- und der Privatkundenbereich sind immer noch sehr stark. Noch? Das bleibt abzuwarten.

Zurück zur Technik. Der Unterwanderung verdächtig sind Produkte mit so genannten „undokumentierten Funktionen". Darunter versteht man beispielsweise aktive Serverports auf den Maschinen, die nicht vom Anwender eingerichtet wurden und deren Funktion auch nirgendwo beschrieben wird, oder von der Maschine ausgehender

Nachrichtenverkehr ins Internet, ohne dass der Nutzer eine Anwendung gestartet hat, die einen Internetverkehr benötigt.

Das muss noch nichts bedeuten. Ausgehender Internetverkehr wird beispielsweise im Rahmen von Update-Kontrollen benötigt, und liegen Updates vor, können auch größere Datenmengen zustande kommen. Allerdings gibt es keinen Grund für den Hersteller, hieraus ein Geheimnis sprich eine undokumentierte Funktion zu machen. Ein Grund für einen aktiven Serverport wären Testfunktionen, die der Hersteller für Produkttests benötigt. Allerdings spricht es gegen das Produktmanagement, wenn solche Testschnittstellen auch noch im ausgelieferten Produkt aktiv sind, und wenn die Portnummer sogar in den offiziellen RFC-Internetdokumenten auftaucht, aber nur als Reservierung ohne Erklärung, sollte man als Nutzer misstrauisch werden.

Aktive TCP-Serverports sind mit Hilfe einer Portscannersoftware leicht zu erkennen, aber natürlich existieren auch Möglichkeiten der Tarnung. UDP-Ports sind nur dann zu erkennen, wenn das System auf Datenpakete an nicht vorhandene Ports mit Fehlermeldungen reagiert. Auch das lässt sich noch unterlaufen, wenn gar kein Port geöffnet ist, sondern die Rohdaten interpretiert werden. Ist hier eine Software am Werk, die bei Empfang eines bestimmten Codes für einige Sekunden einen TCP-Serverport öffnet oder ihrerseits Verbindung zu einem Server aufbaut, ist das an einem Portscan nicht mehr festzustellen. Wird zum Zielserver eine HTTPS-Verbindung aufgebaut, und das zu Zeitpunkten, wenn ohnehin Internetverkehr herrscht, wird es schon recht schwer, die Backdoor zu erkennen.

So weit zum technischen Aspekt. An einem großen Softwareprojekt arbeiten unter Umständen hunderte bis tausende von Mitarbeitern. Die Kenntnis einer Hintertürkonstruktion darf aber nur wenigen bekannt sein. Die Gefahr, dass einer mit seinem Insiderwissen hausieren geht, steigt mit der Anzahl der Mitwisser, d.h. im Prinzip dürfen die meisten Projektmitarbeiter nicht viel mehr wissen als die späteren Nutzer, damit jede Indiskretion glaubhaft als Verschwörungstheorie ausgegeben werden kann. Funktioniert das?

Die Antwort lautet „ja". Auch innerhalb eines Großunternehmens sollte es kein Problem sein, eine kleine abgeschottete Abteilung mit der Konstruktion einer Backdoor zu betrauen. Die Abteilung würde fertig übersetzte Bibliotheken abliefern, die im Laufe des Produktionsprozesses in das Gesamtprodukt eingebunden werden. Solche Zulieferungen dürften an der Tagesordnung sein, so dass so etwas nicht auffällt. Die Abteilung selbst könnte an einem anderen Standort angesiedelt werden, so dass kein Verdacht über Geheimnistuerei aufkommt, die Mitarbeiter auf der offiziellen Gehaltsliste des Unternehmens stehen, obwohl sie tatsächlich Mitarbeiter des Nachrichtendienstes sind. In einem Großunternehmen ließe sich so etwas tatsächlich effektiv verstecken und die Mitwisser auf die Mitarbeiter der Abteilung und wenige Positionen im höheren Management des Unternehmens beschränken.

Auch Router ließen sich in dieser Weise vom Hersteller manipulieren. Router sind in dieser Hinsicht recht wichtig, da sie den Zugang zu den dahinter befindlichen Maschinen regeln: der geheime Zugang zu einer Maschine nützt wenig, wenn der Router dies nicht zulässt. Hierzu eine Beobachtung aus der Tätigkeit des Verfassers: die europäischen Mitarbeiter eines großen Routerproduzenten haben/hatten beispielsweise keinerlei Zugriff auf die Software bestimmter Systeme. Selbst nachdem im Bankbereich (!!) verwendete Routertypen im Rahmen von Entwicklungsarbeiten aufgrund eines Softwarefehlers die Arbeit komplett eingestellt hatten und nichts mehr funktionierte, mussten die europäischen Mitarbeiter warten, bis neue Maschinen mit fertigem Code aus den USA kamen. Diese Vorgehensweise, Kunden lieber zu erzürnen statt der eigenen Technik mit Details unter die Arme zu greifen, muss im Sinne einer Verschwörungstheorie wohl nicht weiter kommentiert werden.

Wie weit die Möglichkeiten in der Realität gehen, zeigt der Stuxnet-Angriff auf die iranische Urananreicherung. Nach allem, was darüber bekannt geworden ist, war es der NSA möglich, durch alle Router hindurch auf die Steuerungen zuzugreifen und selektiv das Steuerungsprogramm für die Anreicherungszentrifugen zu sabotieren, alle anderen Anwendungen mit dieser Steuerungshardware aber nicht (*man muss sich aber auch über die Naivität der Iraner wundern, die trotz der Kriegsdrohungen aus den USA und Israel sowie mehrerer israelischer Terrormorde an iranischen Wissenschaftlern nicht auf*

*die Idee kamen, die Steuerung physikalisch vom Internet zu trennen.
In der Beziehung passen sie wohl gut zu den Deutschen).*

Aber auch, wenn das alles in Reich der Verschwörungstheorien gehören sollte, werden zumindest zeitweise Hintertüren für die NSA geöffnet: von besagter Firma Kleinweich ist in den Medien bekannt geworden, dass sie die NSA vorab über Sicherheitslücken in ihren Betriebssystemen informiert, die bei den nächsten Updates geschlossen werden. Natürlich nur, weil die NSA ein besonders wichtiger Kunde ist. Und falls die NSA die Lücken tatsächlich noch nicht kennen sollte, hat sie zumindest bis zum Sicherheitspatch Zeit, sich noch etwas auszudenken.

5.5   Viren und Troianer

Außer der direkten Manipulation der Systemsoftware besteht auch die Möglichkeit, nachträglich Software zu installieren, die Hintertüren enthält. Die nachträgliche Installation hat allerdings mehrere Nachteile:

a) Nicht jeder installiert die zusätzliche Software, d.h. ein Teil der Systeme bleibt den Diensten verschlossen.

b) Nicht jedes Betriebssystem lässt die Zugriffe der zusätzlichen Software auf bestimmte Informationen oder Betriebsmittel zu, d.h. ein Teil der betroffenen Systeme reagiert nicht in der gewünschten Weise.

c) Virenscanner erkennen eine Hintertür und sperren das Programm, d.h. ein weiterer Teil fällt aus.

Der Vorteil nachträglich installierter Software ist andererseits, dass eine Kooperation der Systemhersteller nicht notwendig ist und die Gefahr aufzufallen kleiner wird.

Kurzer Stopp! An dieser Stelle müssen wir uns darüber klar werden, dass wir mit diesen Techniken ein anderes Bedrohungsszenarium eröffnen. Viren und Troianer erfordern im Gegensatz zu den zuvor diskutierten Methode keine speziellen Kooperationen mit irgendwelchen Unternehmen und keine speziellen technischen Möglichkeiten, die praktisch nur Organisationen mit einer dicken Brieftasche im eigenen Haus zur Verfügung stehen. Viren und Troianer kann jeder bauen, und zusätzlich zu den Geheimdiensten NSA oder BND haben wir jetzt auch weitere Akteure zu berücksichtigen:

> Geheimdienste von Ländern, mit denen keine enge Kooperation besteht (China, Russland, usw.).

> Organisierte Kriminelle wie die weiter oben schon angesprochenen Botnetzbetreiber, aber auch andere, die Betrügereien mit abgefischten Daten durchführen wollen.

> Cyberterroristen, die aus ideologischen Gründen Angriffe gegen ganze Gesellschaftssysteme führen.

> Leute, die aus Spaß oder aus Rache irgendwelchen Unfug veranstalten.

Die so genannte Malware kann in folgende Schadklassen eingeteilt werden:

a) Phishing-Tools zum Erlangen geheimer Daten für Betrugszwecke durch Täuschung des Anwenders, jedoch ohne spezielle Softwarte.

b) Böswillige Hackertools. Die Programme sind reine Schadprogramme, ohne dass der Initiator selbst einen Vorteil davon hätte. Die Spannbreite reicht von der Belegung der Systemressourcen (Speicher, Rechenzeit) über Abstürze bis hin zum Löschen von Daten.

c) Erpressungssoftware. Die Systemfunktionen werden ausgeschaltet und wichtige Daten verschlüsselt, wodurch auch ein Säubern des Systems nicht den gewünschten Erfolg bringt. Um wieder in den Besitz der eigenen Daten zu gelangen, muss „Lösegeld" bezahlt werden.

d) Botsoftware. Bots wurden bereits oben besprochen. Die meisten Anwender wissen nicht, dass sie Teil eines Botnetzes sind.

e) Spionagesoftware zum Auslesen privater Daten.

f) Logische Bomben. Auf ein Signal des Angreifers wird das System schlagartig lahm gelegt.

Als Malware kommen Viren oder deren Varianten (→ Würmer) oder Troianer in Frage. Die Funktion der Malware kann vom unauffälligen Hintergrundprogramm bis hin zur kompletten Systemkontrolle reichen. Ein Beispiel für ein solches Kontrollwerkzeug ist der Troianer Sub7 (Abbildung 5.2 zeigt die Kontrolloberfläche auf dem Hackersystem). Sub7 erlaubt die komplette Kontrolle von Windows-Systemen bis hin zum Ausschluss des Anwenders selbst, der nur noch durch eine Neuinstallation des Systems wieder Zugriff auf seinen Rechner erhalten kann. Verschlüsselt ein Troianer den Inhalt der Festplatte, was möglich ist, ohne dass der Anwender dies überhaupt bemerkt, sind auch seine kompletten Daten nicht mehr zugänglich.

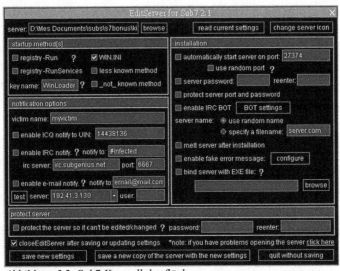

Abbildung 5.2: Sub7 Kontrolloberfläche

Der Unterschied zwischen Viren und Troianern besteht in folgenden Eigenschaften:

> Ein Virus ist ein reiner Schadcode ohne Nutzcode. Er ist daher nicht ganz einfach in ein System einzuschleusen und besteht aus

- ◆ dem Infektorcode, der für die Installation auf einem System sorgt,

- ◆ dem Funktionscode, der die vom Hacker gewünschten Funktionen auf dem Wirtsrechner ausführt, und

- ◆ dem Reproduktionscode, der für die weitere Verbreitung des Virus sorgen soll.

Virenscanner reagieren vorzugsweise auf den Infektorcode und verhindern die Installation der Malware. Ist das aber erst einmal erfolgt, helfen auch Virenscanner oft nicht weiter und das System muss neu installiert werden.

Da Viren keine spezielle Trägersoftware benötigen, lassen sie sich leicht massenhaft verbreiten und befallen dadurch auch Systeme, deren Nutzer keine Troianersoftware laden. Gängige Tore sind Emails (→ Programme, ZIP-Dateien mit Programmfunktionen), Dokumente (→ PostScript, Office-Dateien mit Visual-Basic-Code) oder Internetportale, auf denen die Nutzer unwissentlich zum Laden von Schadsoftware veranlasst werden (→ ausführbare Java-Programme außerhalb der Sand Box, bestimmte Flash-Dateien).

➢ Ein Troianer ist ein für den Anwender nützliches Programm, beispielsweise ein tolles Spiel, das aber im Hintergrund weitere versteckte Operationen ausführt. Er wird vom Nutzer selbst installiert, weil dieser den Nutzteil verwenden möchte, und fällt im Betrieb kaum auf. Beispielsweise kann er Informationen sammeln, wenn er vom Nutzer ohnehin benutzt wird, und gesammelte Informationen in das Internet übertragen, wenn der Nutzer ebenfalls im Internet arbeitet.

Der Erfolg eines Troianers steht und fällt damit mit dem Interesse, das sein Nutzteil bei den Anwendern erzeugt. Während bei Viren der Infektorteil bestimmte Anforderungen erfüllen muss und Virenscanner daher auch bis zu einem gewissen Grad auf unbekannte Viren reagieren können, gilt die für Troianer nicht, und nur als Troianer bekannte Troianer werden von den Scannern erkannt.

Viren werden von allen Gruppen, also auch von allen Kategorien von Nachrichtendiensten mit hoher Wahrscheinlichkeit produziert und in Umlauf gebracht. Ein Großteil der in den 1990er Jahren grassierenden Computerviren wird beispielsweise ehemaligen russischen Geheimdienstleuten zugeschrieben, die nach dem Zerfall der UdSSR plötzlich ohne Job dastanden und so für ihre Fähigkeiten warben. Viren sind nicht nur Spionagemittel, sondern auch wichtiger Bestandteil des so genannten Cyberwars, dessen Aufgabe darin besteht, die gegnerische Kommunikation im Konfliktfall auszuschalten.

Für die Erzeugung von Troianern bestehen folgende Möglichkeiten:

a) Man produziert selbst einen Troianer, der von einem großen Hersteller verbreitet wird. Die NSA hätte sicher die Möglichkeiten, interessante Nutzsoftware um die Troianer zu bauen, die eine weite Verbreitung zur Folge haben.

b) Man lässt produzieren. Für die NSA vermutlich ein erträglicher Haushaltsposten, außerdem ist die Software unverfänglicher (→ vergleiche Bemerkung über arbeitslose Ostblockhacker).

Um auch einmal ein heimisches Beispiel zu nennen, sei auf den berühmten Bundestroianer verwiesen, der sich ganz bequem in der Elster-Software des Finanzministeriums für die elektronische Steuererklärung unterbringen ließe. Ob das tatsächliche der Fall ist, steht auf einem anderen Blatt. Die Software mit dem Diebesvogel im Logo passt namentlich allerdings gut zum Eigentümer, weshalb sich auch niemand über einen weiteren Diebstahl erregen sollte.

Über den Troianer selbst ist so ausgiebig in den Medien diskutiert worden, dass man wohl von seiner Existenz ausgehen sollte (→ das BKA rühmt sich in den Medien, jeden Computer damit infizieren zu können). Auch die NSA gibt bei Nachfragen von Medien offen zu, Viren und Troianer in größerem Umfang einzusetzen. Ein Beispiel ist der anderswo schon genannte Stuxnet-Virus zur Sabotage iranischer Atomanreicherungsanlagen.

Die Spionagetechniken unterschiedlicher Systeme lassen sich miteinander verbinden, wie Medien ebenfalls der NSA entlocken konnten. Ist beispielsweise ein Notebook mit einer Spionagesoftware infiziert, so genügen auf einem Mobiltelefon unter Umständen deutlich weniger auffällige Komponenten wie Apps, die sich zwar Zugriff auf interessante Daten verschaffen (meist mit Zustimmung des Nutzers), aber nicht versuchen, diese direkt selbst zu exportieren. Werden die Geräte im Heimnetz über eine Bluetooth-Verbindung miteinander verbunden, um irgendwelche Daten zu synchronisieren, können bei dieser Gelegenheit die ausspionierten Daten an die Spionagesoftware auf dem Notebook übertragen werden. Im nächsten Schritt werden die Daten vom Notebook an den Nachrichtendienst übertragen.

Es sei abschließend angemerkt, dass Malware (Phishing ausgenommen) fast ausschließlich das Betriebssystem Windows betrifft. Vom Alternativsystem Linux sind bisher nur wenige erfolgreiche Angriffe bekannt, und es ist auch kein Virenscanner für dieses Betriebssystem zu bekommen. Das hat mehrere Gründe

- Konstruktiv ist das Betriebssystem gegen wichtige Infektionstypen immun (→ der Nutzer müsste einer Installation ausdrücklich zustimmen und obendrein noch das root-Kennwort eingeben),

- die meiste Software ist OpenSource, d.h. der Quellcode ist öffentlich bekannt und dadurch besser von der Nutzergemeinschaft überwacht (→ irgendwer stöbert immer in den Quellen, so dass eingebaute Sonderteile auffallen),

- der Verbreitungsgrad ist deutlich geringer als der von Windows (→ in Deutschland liegt der Anteil bei ca. 2%, MAC-OS kommt immerhin auf ca. 8%, den Rest belegen verschiedene Windows-Versionen), so dass es sich für die Angreifer mengenmäßig nicht wirklich lohnt,

- die Nutzer von Linuxsystemen sind im statistischen Mittel technisch besser vorgebildet als Windows-Nutzer und gehen umsichtiger mit der Sicherheit um.

Wir kommen in Kapitel 8 noch einmal darauf zurück.

5.6   Skype und die Firewall

Die eine oder andere Invasionstechnik in private Systeme beruht einmal mehr darauf, dass man dem Anwender grenzenlose Bequemlichkeit bieten will, ihn aber gleichzeitig (wohl meist zu Recht) für zu dumm hält, die notwendigen Einstellungen an seinem System vorzunehmen und deshalb fleißig Schwachstellen in die Systeme einbaut. Natürlich wird darüber in den seltensten Fällen geredet, sondern man verkauft dem Anwender weiterhin, alles sei furchtbar sicher.

Um das zu verstehen, ist ein wenig Gerede über den technischen Hintergrund notwendig.

5.6.1   LAN und NAT

Um ein lokales Netzwerk frei von Daten aus dem Internet zu halten und gleichzeitig die knappen IPv4-Adressen des Internets zu schonen (*es gibt nur ca. 4 Mrd*), werden an der Netzwerkgrenze NAT-Router (*Network Address Translation*) mit Firewallfunktion eingesetzt. Das Prinzip ist einfach: im lokalen Netz werden die Rechner mit IP-Adressen aus dem Bereich 192.168.x.y (und einigen anderen Nummernbereichen) versorgt, die für lokale Netze reserviert sind und im Internet nicht existieren. Jedes lokale Netz kann diese Adressbereiche nutzen und entlastet damit das globale Netz.

NAT-Router stellen eine Verbindung zwischen beiden Netzbereichen her. Ein Router besitzt (mindestens) zwei Netzwerkkarten, von denen eine eine internE LAN-Adresse (*Local Area Network*) hat und Mitglied des LAN-Verbundes ist, die andere eine weltweit einmalige WAN-IP-Adresse (*Wide Area Network = WWW*), unter der er von jedem Rechner auf der Welt erreicht werden kann. Wird aus dem lokalen Netz eine Verbindung zu einem externen Server (*Server sind die Maschinen, zu denen Verbindungen aufgebaut werden*) aufgebaut, übersetzt der NAT-Router am Netzwerkübergang die lokale IP-Adresse des Clientrechners (*Clients sind die Maschinen, die aktiv Verbindungen zu Servern aufbauen*) durch seine eigene WAN-Adresse, desgleichen die Portnummer durch eine freie WAN-Port-

nummer. Das ist notwendig, da eine Antwort sonst aufgrund der fehlenden IP-Adresse im Internet nicht möglich ist. Der externe Server
sieht somit nur die IP/Port-Kombination des NAT-Routers und ant-
wortet diesem. Der, auch nicht völlig verblödet, hat sich natürlich die
Kombination in einer Tabelle gemerkt und kann die Serverantwort
an den richtigen Client weiterleiten.

lokales Netz (LAN)   öffentliches Netz (WAN)

Quelle	Ziel	Router	Quelle	Ziel
192.168.0.2:4701	170.0.0.1:80	===== =	205.0.0.2:6787	170.0.0.1:80
192.168.0.3:5387	170.0.0.1:80	======>	205.0.0.2:8709	170.0.0.1:80
192.168.0.4:1001	170.0.0.1:23	NAT	205.0.0.2:4806	170.0.0.1:23

Abbildung 5.3: NAT-Router

Das funktioniert natürlich nur, wenn die Verbindung aus dem inneren Netz nach außen aufgebaut wird. Kommt von außen eine uninti-
ierte Anfrage an eine Maschine im lokalen Netz, versucht also ein externer Client, eine Verbindung zu einem internen Server aufzubauen,
wird diese vom NAT-Router nur dann durchgelassen, wenn ihm
durch den Administrator in der Konfiguration mitgeteilt wurde, an
wen die Nachricht weitergeleitet werden soll. Findet er keinen Eintrag in seiner Übersetzungstabelle, verwirft er das Datenpaket. Neben
der Schonung der IP-Adressen bringt dieser Mechanismus auch etwas Sicherheit ins System, da unerbetene Nachrichten an der Netzwerkgrenze abgewiesen werden.

5.6.2   TCP und UDP

Um zu verstehen, wie Skype, TOR und VoIP funktioniert (siehe SIP-
Server), müssen wir noch etwas tiefer in die Materie einsteigen. Das
die IP-Adressen enthaltende IP-Protokoll ist zunächst nur für das Erreichen der richtigen Maschinen zuständig. Die Daten müssen zusätzlich aber auch auf die zuständige Anwendung rangiert werden und
können dazu mit dem TCP-Protokoll oder dem UDP-Protokoll ver-

sandt werden. Diese sind in das IP-Protokoll eingepackt, gehören also zu dessen Datenteil. Gewissermaßen ist das IP-Protokoll der mit der Anschrift versehene Briefumschlag, und wenn man in öffnet, kommt das Schreiben mit der Betreff-Zeile zum Vorschein. Vor und hinter diese beiden Protokollebenen liegen weitere, die nach dem gleichen Mechanismus geschachtelt sind (Abbildung 5.4).

OSI-Schicht	Einordnung	DoD-Schicht	Einordnung	Protokollbeispiel	Einheiten	Kopplungselemente
7 Anwendungen (Application)	Anwendungs-orientiert	Anwendung	Ende zu Ende (Multihop)	HTTP FTP	Daten	Gateway, Content-Switch, Layer-4-7-Switch
6 Darstellung (Presentation)				HTTPS SMTP		
5 Sitzung (Session)				LDAP NCP		
4 Transport (Transport)	Transport-orientiert	Transport		TCP UDP SCTP SPX	TCP = Segmente UDP = Datagramme	
3 Vermittlung (Network)		Vermittlung	Punkt zu Punkt	ICMP IGMP IP IPsec IPX	Pakete	Router, Layer-3-Switch
2 Sicherung (Data Link)		Netzzugriff		Ethernet Token Ring	Rahmen (Frames)	Bridge, Switch
1 Bitübertragung (Physical)				FDDI ARCNET	Bits	Repeater, Hub

Abbildung 5.4: OSI-Modell, Protokollkapselung (CC BY-SA 3.0)

TCP entspricht logisch einem Telefonat: ob man etwas sagt oder nicht, die Leitung zwischen den Telefonen wird aufrecht erhalten, bis man auflegt, und einer ist der Anrufer (=Client), der andere der Angerufene (=Server). TCP erledigt dies, indem regelmäßig Datenpakete zwischen den Anwendungen ausgetauscht werden, selbst wenn diese keine Daten zu übertragen haben. Der NAT-Router erkennt an bestimmten Bits im Protokoll, wenn eine Verbindung von Innen nach Außen aufgebaut bzw. eine Verbindung abgebaut wird, und baut seine Tabelleneinträge entsprechend auf oder ab.

UDP entspricht logisch eher einem Brief: der wird ja bekanntlich der Post übergeben, und man kümmert sich nicht weiter darum und hofft, dass er ankommt. Hat man als Absender (→ Clientrolle) eine Nachricht an einen Empfänger (→ Serverrolle) gesendet und dieser will antworten, wird er zum Absender (→ übernimmt die Clientrolle) seiner Nachricht und man selbst zum Empfänger (→ übernimmt die Serverrolle). Die Rollen werden also getauscht.

Normalerweise werden Internetverbindungen mit dem TCP-Protokoll aufgebaut, weil dieses eine Reihe von Kontrollmechanismen be-
reitstellt. Für Multimediaanwendungen wie Skype oder VoIP ist das
aber nachteilig: wenn etwas schief geht, setzt die Sprache am Telefon
aus. Aus diesem Grunde wird hier UDP als Trägerprotokoll eingesetzt, weil das hier nicht passieren kann bzw. vom Gehirn fehlenden
Teile überbrückt werden. Das bedeutet aber auch, dass ein IP-Telefon
als Client fungiert, um die Worte an den Empfänger zu übertragen,
und als Server, um die Antwort zu erhalten, und damit haben wir ein
Problem.

5.6.3   Lochbohrer

Aus dem Sichtwinkel dieser Rollenlogik betrachtet sollte IP-Telefonie mit NAT-Routern eigentlich nicht funktionieren, denn die Antwort erfordert einen Server im lokalen Netz, dessen Tabelleneintrag
normalerweise nicht existiert. Eigentlich müsste der Anwender nun
einen Eintrag in der NAT-Tabelle erzeugen und bei privaten Netzwerken obendrein dafür sorgen, dass bei einem Wechsel der IP-
Adresse die neue Adresse mit seiner Nummer verknüpft wird
(DynDNS). Telefonieprovider, die ihre Kunden mit VoIP anbinden,
sorgen dafür, dass das alles funktioniert – zu dem Preis, dass sie den
Router von Außen beeinflussen können. Aber auch Skype funktioniert, und das ohne Einstellungen des Anwenders. Wieso?

Leider funktionieren nicht alle NAT-Router in der oben beschriebenen Weise (oder besser: fast keiner macht das). Interne Arbeitsstatio-
nen können Server-Löcher in die Firewall stanzen, ohne den dafür eigentlich zuständigen Administrator um Erlaubnis zu fragen. Wie
funktioniert das?

Die meisten NAT-Router folgen ganz einfach nicht der Brieflogik,
sondern gehen davon aus, dass auf jeden Fall wie bei TCP eine Antwort kommt und der lokale Client einen Serverport mit der gleichen
Nummer, die er für die Sendung verwendete, dafür reserviert hat. Eigentlich ist für diese Mechanismen TCP zuständig, aber es wird still-
schweigend davon ausgegangen, dass UDP in der gleichen Weise benutzt wird. Wird eine UDP-Nachricht aus dem lokalen Netz ver-

sandt, legt der Router daher einen Tabelleneintrag für eine gewisse Zeit an, und erreicht ihn innerhalb dieser Zeit eine Antwort, leitet er diese an den Client weiter. Das macht er auch, wenn der Client gar keinen Port zum Lesen geöffnet hat, sondern nur sendet. In diesem Fall wird die Nachricht erst vom Client und nicht schon von der Fire-wall verworfen.

Kommen wir zum Titelgeber Skype: wenn zwei einander unbekannte Client-Rechner – jeder in einem eigenen lokalen Netzwerk – direkt miteinander über UDP kommunizieren wollen, benötigen sie erst einmal einen gemeinsamen Server im Internet, den so genannten STUN-Server (STUN ist ein spezielles Protokoll für das Bohren von Löchern). Diesem werden UPD-Datagramme gesendet, aus denen der Server die externe IP-Adresse des Routers und dessen Portnummer entnehmen kann. Er sendet eine UDP-Rückmeldung zurück, dass er den Client registriert hat. Funktioniert der Router in der gewünschten Weise und legt einen Tabelleneintrag für die erste UDP-Nachricht an, erreicht diese Antwortnachricht auch den Client, der nun dem Server wiederum signalisieren kann, dass ihn UDP-Datagramme erreichen (Abbildung 5.5).

Als zweite Voraussetzung zum Erreichen des Ziels muss nun festgestellt werden, ob die Portnummervergabe des Routers vorhersagbar ist. Dazu werden weitere Datagramme an eine andere Server-IP versandt. Mit einigen Versuchen kann der Server die günstigen Fälle

- der Router verwendet immer den gleichen Port für den Client oder

- auf Port x folgt Port x+1

ermitteln und notieren. Meist folgen die Router aus Performanzgründen einem bestimmten Schema.

Will ein Client nun einen anderen konsultieren, teilt er dies dem Server mit, der beiden Clients die IP/Portkombinationen des jeweils anderen mitteilt, unter der die Verbindung zustande kommen sollte. Diese senden nun direkt UDP-Nachrichten an diese Adressen, die bei den beiden NAT-Routern landen. Hier können nun zwei Fälle auftreten:

Abbildung 5.5: NAT-Router, Herstellen eines UDP-Lochs mit dem STUN-Protokoll (CC BY-SA 3.0)

a) Die „Antwort" des anderen Partners trifft ein, bevor man selbst eine Nachricht versandt hat. Da der NAT-Router in diesem Fall keinen Tabelleneintrag besitzt, wird die Nachricht verworfen.

b) Die Antwort trifft ein, nachdem man eine Nachricht versandt hat, und wird durchgeleitet.

Höchstens eine Nachricht geht so auf jeder Seite verloren, danach sind die beiden Stationen direkt miteinander über UDP verbunden. Voraussetzung für dieses so genannte „Lochbohren" ist, dass der Router trotz der geänderten Ziel-IP-Adresse weiterhin die gleiche Portnummer verwendet wie für die an den Server gesandte Nachricht. Macht er dies nicht, enden die Versuche der beiden Clientrechner, einander etwas zuzusenden, wegen des nicht besetzten Serverports an den Routereingängen.

Mit TCP-Verbindungen ist so etwas ebenfalls möglich, allerdings mit einem höheren Aufwand. Sind die Portnummern vorhersagbar, können beide Rechner Verbindungsdatagramme an den Partner senden, die natürlich auf der Gegenseite im AUS enden, im eigenen Router aber Tabelleneinträge erzeugen. Durch die können nun ganz normale TCP-Datagramme ausgetauscht werden. Das funktioniert selbst dann, wenn UDP und alles andere komplett geblockt ist, kann aber nicht mit den normalen Betriebssystemfunktionen erfolgen, da mit diesen der Handshake auf diese Weise nicht funktioniert. Man muss so genannte RAW-Sockets programmieren, was bei einigen Systemen (Linux) Root-Rechte erfordert und auf diesen in der Regel nicht funktioniert.

Wie der Erfolg von Skype und auch TOR (→ eine Methode für anonymes Surfen, die wir uns später ansehen) nahelegt, scheinen die meisten Router in diesem Sinne zu „funktionieren". Außer dem zuletzt erwähnten TCP-Tunnel wäre alles nicht möglich, wenn die Router nicht automatisch UDP-Serverports eröffnen und keine vorhersagbare Strategie bei der Vergabe der Portnummern befolgen.

5.6.4   Andere Lochbohrer

Andere Mechanismen, die auch zum Erfolg eines Lochs durch den NAT-Router führen können, sind:

- UPnP (universal plug 'n play), ein Protokoll, mit dem Geräte wie Drucker Dienste zentral anbieten können. Geht ein Gerät in einem Netzwerk in Betrieb, sendet es Datagramme aus, die seine Dienste beschreiben und bei einem Service-Punkt (meist der Router) notiert werden, und andere Computer, die diese Dienste wünschen, können sie am Service-Punkt abfragen und buchen.

  Das Protokoll wird auch von Computerspielen verwendet, um Mitspieler zu finden, und operiert hierzu nicht nur, wie vorgesehen, im lokalen Netzwerk, sondern auch im Internet. Wird der Service aus dem Internet gebucht, schaltet der Router eine eingehende Verbindung durch. Ein Internetrechner

kann sich so einen Zugriff auf ein in einem lokalen Netz be-
findliches Gerät verschaffen, obwohl sich der Besitzer hinter
dem Router sicher fühlt.

Das Problem hierbei ist, dass UPnP standardmäßig bei vielen
Routern aktiviert ist oder von Nutzern aus Spielzwecken aktiviert wird.

- PPP (point-to-point protocol). Das Protokoll wird verwendet, um IP-Datagramme durch einen IP-Tunnel zu transportieren. Ein externer Rechner kann beispielsweise ein IP-
  Datagramm mit den internen Adressdaten des Rechners im
  lokalen Netz generieren und dieses in ein PPP-IP-Data-
  gramm mit der offiziellen IP-Adresse des Routers verpacken.
  Bei entsprechender Konfiguration packt der Router das inne-
  re Datagramm aus und sendet es im LAN weiter. Der Rück-
  weg funktioniert normal oder genauso, je nach Standort des
  externen Rechners.

5.6.5   Hackerspiele

„Na und?" wird der eine oder andere Leser jetzt vielleicht fragen,
„was hat die NSA davon? Schließlich haben wir an anderer Stelle ja
schon gelesen, dass sie über Troianer Zugriff auf einen Rechner erhalten kann. Warum also so viel Technik?"

Gehen wir von aktiviertem UPnP am Router aus, um mit anderen Internetnutzern interaktive Spiele spielen zu können. Spiele sind auf
Performance getrimmt, aber auch auf Sicherheit? Ich bin kein Spiele-
nutzer und kenne relativ wenige technische Details, aber es ist anzunehmen, dass Nachrichtendienste weniger naiv sind und, wenn vorhanden, auch Lücken finden, um über diese Schiene in LANs einzudringen.

Das gleiche gilt für UDP-Verbindungen, die in der Regel einen über-
geordneten Server benötigen, der zwischen verschiedenen Geräten in
unterschiedlichen LANs vermittelt. Auch hier werden die Nachrichtendienste mit Sicherheit ausloten, ob die lokale Software Schwachstellen besitzt, und durch Beobachten der Vermittlungsserver Zeit-

punkte feststellen, wann sie ihre Angriffsdatenpakete durch den Router durchschleusen können.

Wird Skype verwendet, hat der Nutzer proprietäre Software der Firma Kleinweich auf dem Rechner. Eigentlich nur etwas für Katholiken, denn man muss wieder glauben, dass wirklich nur das und genau in der Form passiert, die der Provider angibt.

Das Router-Tunneln versetzt einen Angreifer aber auch in die Lage, andere Systeme im LAN anzugreifen, sofern er einen Rechner unter Kontrolle hat. Einige Beispiel, wie solche Löcher in einem NAT-Router ausgenutzt werden könnten:

Ein Rechner in einem lokalen Netzwerk sei in der Hand eines Hackers, und dieser stellt durch unauffällige Methoden fest, dass andere Rechner offene UDP-Ports besitzen. Um den kompromittierten Rechner nicht zu verraten, greift er die anderen Rechner nicht direkt an, sondern sendet eine gefälschte UDP-Nachricht an einen externen Server. Allerdings enthält diese Nachricht nicht seine interne IP-Adresse (und ggf. auch nicht seine MAC-Adresse), sondern die Daten des Angriffsziels, und für dieses richtet der Router nun einen Tabelleneintrag ein und sendet nun alle vom Server zurück kommenden UDP-Nachrichten nicht an den gehackten Rechner, sondern an das Angriffsziel. Der Hacker kann den Angriff bequem vom eigenen Server aus durchführen. Auffallen würde dies nur, wenn im lokalen Netz Kontrollen auf ARP-Spoofing durchgeführt werden, so dass die Verwendung falscher Adressdaten entdeckt wird. Hierzu sind aber nur speziell konfigurierte professionelle Router in der Lage.

Auch TCP ist auf diese Weise tunnelbar. Dazu sendet der gehackte Rechner eine TCP-Verbindungsmeldung mit der Adresse des externen Servers als Absender direkt im internen Netz an die MAC-Adresse des anzugreifenden Servers. Dessen Antwort geht an den externen Server. Falls es hierbei Probleme bei der Erzeugung des NAT-Eintrags auf dem Router gibt – das ausgehende Datagramm des Servers ist ja keine Verbindungsinitiierung – erzeugt der betrügende Rechner ein gefälschtes TCP-Datagramm an den externen Server mit korrekten TCP-Parametern, die einen Tabelleneintrag im NAT-Router erzwingen. Das zweite Datagramm des Servers wird nun ebenfalls den Router passieren, und mit ein wenig Geschick in der Behandlung der

TCP-Parameter kann der externe Server über eine korrekt ausse-
hende, aber eigentlich unmögliche TCP-Verbindung den internen angreifen.

Alternativ kann bei aktiviertem PPP ein interner Server auch direkt
angesprochen werden, so dass ein interner kompromittierter Rechner
nicht notwendig ist. Voraussetzung ist dann allerdings, dass der Router einen NAT-Eintrag bei der Serverantwort erzeugt, obwohl die
TCP-Parameter nicht korrekt sind.

Besitzt ein Nachrichtendienst direkten Zugriff auf die Internetverbindung des Nutzers, kann er weitere Angriffe durchführen. UDP-Datagramme kann er beispielsweise jeweils mit gefälschten Antworten beantworten. Bei DNS-Anfragen ist es hierdurch möglich, die Datenverbindungen komplett auf eigene Systeme umzuleiten und die Daten
zu manipulieren – von SSL-gesicherten Daten verbunden mit ein wenig Aufmerksamkeit beim Nutzer einmal abgesehen.

Solche und weitere Angriffsszenarien hören sich nach mühseliger
Handarbeit an und waren das sicher auch einmal. Viele Rechner verwenden aber heute die gleiche Software, und auch Individualisierun-
gen im Bereich der Web-Programmierung weisen oft die gleichen
Schwachstellen auf. Für Nachrichtendienste mit ihren fast unbeschränkten Möglichkeiten dürfte es kaum ein Problem sein, solche
Angriffe automatisch an kleinen Netzwerken zu erproben, auf die sie
noch keinen anderweitigen Zugriff besitzen.

5.6.6   Selbstverteidigung ?

So, dass war nun verdammt viel Technik, mit der ich Sie gelangweilt
habe, für die ich mich aber nicht entschuldige. Warum eigentlich?
Nun, zum Ersten, um Ihnen die Lücken zu zeigen, durch die die Bö-
sewichte eindringen können. Das hätte natürlich auch etwas kürzer
gehen können. Eine solche Liste erzeugt in vielen Lesern aber auch
den Wunsch, den Bösewichten eins auf die Nase zu hauen, und damit
man das kann, ist ein wenig technisches Hintergrundverständnis notwendig. Zumindest den Anfang davon haben Sie hier gesehen.

Ohne noch weiter in die Details zu gehen, ist fest zu stellen, dass viele Router insbesondere im privaten Nutzungsumfeld sicherheitskritische Einstellungen oder Eigenschaften besitzen, die irgendwelche Internetanwendungen problemlos nutzbar machen, aber auch Sicherheitslücken hinterlassen, die Nachrichtendienste (und andere) auch nutzen können, um sich Zugang zu einem Rechner zu verschaffen. Alles frei nach dem Motto

> *Der User ist zwar nicht zu blöd, dieses hochkomplizierte Spiel zu bedienen, aber deutlich zu blöd, seinen Router dafür einzustellen.*

Kann man sich als Privatier ein wenig schützen? Die Antwort wird den Nutzer wenig befriedigen:

- ✔ Verwenden von Betriebssystemen mit entsprechenden Sicherheitsprinzipien wie Linux, die nicht einfach alles durchlassen und bestimmte Funktionen nur mit Root-Rechten erlauben.

- ✔ Verwenden von (zusätzlichen) Routern auf Linux-Basis, beispielsweise als zweiten Router hinter Kabelroutern, die von den Providern bedient werden und auf die der Nutzer kaum Zugriff hat. Ggf. ist ein IPCop-Firewall-System vor die eigenen Geräte zu schalten.

- ✔ Sorgfältiges Konfigurieren der Geräte. Das verlangt ein wenig Einarbeitung und ist natürlich besonders bei „Click'n go"-Anwendungen aufwändig.

- ✔ Konfigurieren der internen Server auf ausschließliche Bedienung interner IP-Adressen.

- ✔ Prüfen auf übersehene Löcher beispielsweise mit nmap.

Vermutlich gilt allerdings:

> *Der User ist zwar zu bequem, sich in die Materie einzuarbeiten, aber nicht zu bequem, über Sicherheitslücken zu maulen.*

Womit das Thema „Selbstschutz" erst einmal erledigt wäre und „freie Fahrt für geheime Dienste" angesagt ist. Weiteres in letzten Kapitel des Buches.

5.7   Zufallzahlen

In der Verschlüsselungstechnik werden an allen Ecken und Ende Zufallzahlen benötigt. Wenn eine SSL-Verbindung aufgebaut wird, zum Beispiel zu Ihrem Bankserver, denkt sich Ihr Browser eine Zufallzahl aus, die als Schlüssel für die AES-Verschlüsselung der Leitung verwendet wird. Feste Kennworte oder andere unveränderliche Größen werden immer mit Zufallzahlen verknüpft, um möglichst jegliche Art, auf den verschlüsselten Inhalt schließen zu können, zu verhindern.

Gut verständlich, dass man sich um die Qualität der Zufallzahlen Sorgen machen muss. Zufallzahlengeneratoren gibt es in jeder Programmiersprache, aber meist sind die nur für mathematische Anwendungen geeignet, weil sie vom System schnell zu generieren sind, sich aber in einer Analyse fast genauso schnell als wenig zufällig erweisen: nach einer Reihe von Zahlen kann die nächste vorhergesagt werden, und das war es dann mit dem Zufall.

Deshalb wurden kryptologische Generatoren entwickelt. Die sind langsam und erfordern manchmal Hilfen wie hektische Mausbewegungen, liefern aber nicht vorhersagbare Zahlenfolgen.

Eine Möglichkeit, in verschlüsselte System einzubrechen, ist die Manipulation von Zufallzahlengeneratoren. Das ist eine lösbare und gar nicht allzu komplizierte Aufgabe:

- ✗   Irgend jemand wird kontrollieren, ob der Generator korrekte Zufallzahlen liefert → verwende einen kryptologisch sicheren Generator.

- ✗   Zwei Computer dürfen nicht die gleichen Zahlenreihen liefern → verwende eine computerspezifische Größe für die Initialisierung des Generators, die leicht auszulesen bzw. mit einer akzeptablen Anzahl von Versuchen zu ermitteln ist.

- ✗   Nach einem Neustart eines Systems darf nicht die gleiche Zahlenfolge entstehen → nehme Datum und Uhrzeit des Systemstarts hinzu.

- ✗   Optionen zur Verschleierung und Rekonstruktion der Folge → bei einer Installation mit Netzwerkzugriff können wesentliche Daten des Generators auch konfiguriert und der Zustand in einer Datenbank gespeichert werden.

Der Startzustand jedes Zufallzahlengenerators erhält so ein Muster, das durch eine geringe Anzahl von Versuchen (ca. 10^9) ermittelt werden kann oder im Extremfall sogar bekannt ist. Der aktuelle Status kann dann in der Regel durch eine noch geringere Anzahl von Versuchen ermittelt werden. Da die ausgetauschten Daten an einigen Stellen vorhersagbare Inhalte haben, kann der Geheimdienst sicher überprüfen, ob er die richtigen Daten ermittelt hat. Mit einigem Geschick konstruiert dürfte es nicht schwierig sein, die Mustervorgabe zu verschleiern, falls jemand auch diese Daten überprüfen sollte. Ist ein System in dieser Weise erst einmal gebrochen, kann nahtlos alles mitgelesen werden, da die aktuellen Zustände vermutlich höchstens ein paar hundert Versuche benötigen, um rekonstruiert werden zu können.

Der Einbruch in die Zufallzahlengeneratoren ist für eine Geheimdienst auch deshalb interessant, weil ihm dann Einbrüche unabhängig vom verwendeten Verschlüsselungsalgorithmus möglich sind. Zur Aufdeckung einer solchen Manipulation wäre Reverse-Engineering des implementierten Codes notwendig, und auch da könnte man der Analyse Probleme in den Weg legen.

Eine weitere Option besteht in der Manipulation der Kennworte, oder genauer formuliert, der Verwendung der Kennworte. Die bereits erwähnten Kennwortgeneratoren erlauben eine bequeme Erzeugung langer Kennworte (Abbildung 5.6).

Mit solchen Kennworten wäre auch die NSA überfordert, falls diese nicht ebenfalls auf einem manipulierten Zufallzahlengenerator beruhen. Der Anwender seinerseits trägt diese Kennworte bei den Zugangsabfragen in Masken ein, hat jedoch in den seltensten Fällen Kontrolle darüber, ob sie auch in der Originalgröße verwendet werden. Nehmen wir an, die NSA habe die Kennwortverwendung so manipuliert, dass von den 16 Zeichen tatsächlich nur 6-8 in einer Prüfung zum Einsatz kommen. Die ließen sich ziemlich schnell ausprobieren, und das Konto wäre geknackt. Die Manipulation muss natürlich so aussehen, dass sie nicht weiterhin eine Anmeldung erlaubt, wenn einzelne Zeichen fortgelassen werden, und auch nicht zu schnell Prüfduplikate in der Datenbank liefert, aber das ist ein lösbares mathematisches Problem.

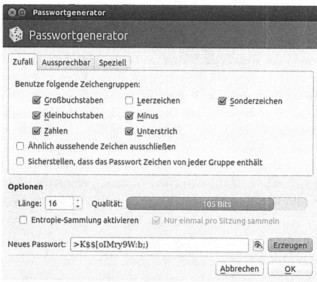

Abbildung 5.6: Kennwortgenerator

Verfügen Geheimdienste über solche Hintertüren? Ehrlich gesagt: keine Ahnung. Mich hat es allerdings nur wenig Zeit gekostet, sich solche Hintertüren auszudenken, und ich bin kein professioneller Schlapphut. Die Wahrscheinlichkeit, dass man auch bei der NSA über diese Option nachgedacht und Schritte zu einer Umsetzung unternommen hat, dürfte daher bei 1,0 liegen.

6 Spionieren leicht gemacht

Die NSA kann nicht nur deshalb so vieles machen, weil sie besonders gut ist oder über ungeheure Rechenkapazität verfügt, sondern weil die Masse der Nutzer erstaunlich wenig über IT-Sicherheit weiß und leider in Bezug auf diese Unwissenheit obendrein auch noch ziemlich ignorant ist. Das trifft nicht nur auf die sprichwörtliche Blondine, sondern auch auf viele Leute zu, die „Informatiker" in ihrem Berufstitel führen und zwar die eine oder andere Anekdote aus irgendwelchen Computerzeitschriften beitragen können, bei einer Frage nach Zusammenhängen aber schnell in Ratlosigkeit verfallen. Man macht es damit nicht nur der NSA, sondern noch viel fieseren Leuten aus diversen Mafiaclans nicht nur unglaublich leicht, Unfug anzustellen, man lädt sie geradezu ein. Hand aufs Herz: wer würde nicht an einer Glasscheibe stehen bleiben, auf deren anderer Seite es ein griechischer Skulpturenkunst entsprechendes Paar unter für den Betrachter optimaler Ausleuchtung treiben, und sei es nur, um sich moralisch zu entrüsten? Eben!

Viele Leute sind der Ansicht, sie würden doch intensiv Verschlüsselung und andere Sicherheitsmaßnamen nutzen:

- ✔ Sie nutzen SSL-verschlüsselte Webseiten,

- ✔ rufen ihre Mails über eine SSL-gesicherte Leitung von ihrem POP3-Server ab,

- ✔ senden ihre Mail über eine SSL-verschlüsselte Leitung an den SMTP-Mailserver,

- ✔ die Mobiltelefonverbindung zum Provider ist doch ohnehin verschlüsselt,

- ✔ ihr WLAN weist eine WEP-Verschlüsselung auf.

Außerdem würden sie sich intensiv schützen, denn

✔   SSL-Webseiten, bei denen der Browser mit einer Warnmeldung aufwartet, werden nicht geöffnet,

✔   auf dem Rechner läuft ein Virenscanner sowie die betriebssystemeigene Firewall.

Sind sie damit wirklich sicher?

6.1   Wer sieht was?

Beginnen wir mit der normalen Internetnutzung, d.h. dem Aufruf von Webseiten und dem Empfang und dem Versenden von Emails und sehen uns die Verständnisfehler, denen viele Nutzer unterliegen, etwas genauer an.

6.1.1   Webseiten

Abhörsicher ist nach allem, was die Fachleute wissen, eine SSL-gesicherte Verbindung zu einer Webseite. Nur der Anwender und der Serverbetreiber können die Daten, die quer durchs Internet laufen, im Klartext sehen. Und selbst wenn die NSA manipulierte Sicherheitssoftware in den Systemen untergebracht hat (siehe Kapitel 5.4 ab Seite 153), könnte sie aufgrund der Masse der verschlüsselten Verbindungen nur einen Teil für sich lesbar machen.

Voraussetzung für eine wirkliche Datenvertraulichkeit ist allerdings, dass der Serverprogrammierer sauber gearbeitet hat und die Seiten nicht gehackt wurden. Beim Einrichten der Server und bei der Programmierung können sehr viele Fehler gemacht werden, und erstaunlicherweise findet man bei der Untersuchung gehackter Seiten auch immer wieder die gleichen seit vielen Jahren bekannten Ursachen (siehe Buch „Sichere Webserver" im Anhang).

Andere Möglichkeiten der Kompromittierung der Daten sind der Weiterverkauf bestimmter Teildaten an kommerzielle Datenhändler oder die direkte Zusammenarbeit des Dienstleisters mit Nachrichtendiensten. Zustimmung zu Datenschutzklauseln per Checkbox in einem Formular sind mehr oder weniger nur in Deutschland notwendig, und selbst dann hat der Nutzer kaum einen Einfluss darauf, was der Dienstleister in seine Datenbank einträgt bzw. wie er mit den Daten verfährt. In anderen Ländern bestehen noch nicht einmal diese Pseudohürden, und im Fall einer Beschwerde lässt sich ohnehin nicht nachweisen, woher ein anderer Anbieter tatsächlich die privaten Daten herbekommen hat. Ein Datenzwischenhändler, und nichts ist mehr nachweisbar. Aber das sind keine technischen Probleme. Bleiben wir erst einmal bei diesen.

Der Anwender kann in seinem Browserfenster kontrollieren, ob in der URL-Zeile HTTPS mit einem grünen Symbol vermerkt ist, allerdings ist das nur eine begrenzte Sicherheit:

✗ Die Anzeige der URL-Zeile im Browser kann durch die aufgerufene Webseite ausgeschaltet werden. Der Anwender muss sich dann darauf verlassen, dass tatsächlich weiter verschlüsselt wird.

✗ Durch einen Fehler kann die Verschlüsselung umgangen werden, was in der URL-Zeile auffallen sollte, aber in der Praxis nicht muss, da kaum ein Nutzer bei jedem Seitenaufruf kontrolliert, ob in der URL-Zeile die HTTPS-Symbole noch aktiv sind.

✗ Im Hintergrund zwischen Server und Client ausgetauschte Informationen sind für den Anwender komplett unsichtbar, da sich die aufgerufene Seite nicht ändert, sondern nur Teile des Inhalts. Ob hier noch die korrekte Verschlüsselung eingehalten wird, ist für den Anwender nicht sichtbar.

Als Beispiel hierfür diene die Seite des Suchdienstes google. Wenn der Anwender seinen Suchbegriff eingibt, erscheinen bereits Vorschläge, wie er zu komplettieren sein könnte. Das läuft im Hintergrund ab, ohne dass der Anwender von diesen Vorgängen etwas merkt.

Ein Verfolgen, was verschlüsselt wird und was nicht, wird auch dadurch erschwert, dass einige große Anbieter die Arbeit auf mehrere Server verteilen und nur manche Serververbindungen verschlüsseln, weil dies bei solchen Anwendungsfällen einfacher ist als alle Verbindungen zu verschlüsseln.

Wenn man sicher gehen will, dass zumindest die kritischen Teile verschlüsselt übertragen werden, kann man die für jeden Browser existierenden und oft schon standardmäßig eingebauten Entwicklerwerkzeuge nutzen, die sichtbar machen, was über die Datenleitung läuft, aber weder die Beurteilung, welche Teile der Informationen kritisch sind, noch das Lesen der Browserinformationen ist etwas für schwache Nerven. Ohne gründliche Einarbeitung in Internetprotokolle und Datenlogik läuft gar nichts, und auch dann muss man sich in den meisten Fällen darauf verlassen, dass der Serverprogrammierer weiß, was essentiell ist und was nicht.

Aber selbst dann, wenn verschlüsselt wird, ist die Sache für den Normalnutzer nicht leicht zu bewerten. Der Zugriff auf SSL-gesicherte Webseiten kann beispielsweise auch so beginnen (oder enden):

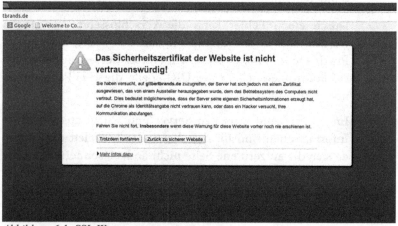

Abbildung 6.1: SSL-Warnung

Ist man sicher, wenn man solche Seiten nicht öffnet? Oder anders herum, ist man sicher, wenn dieses Bild nicht erscheint?

Wieder ist die Antwort alles andere als einfach. Zunächst muss man lesen können.

> *Das Sicherheitszertifikat dieser Webseite ist nicht vertrauenswürdig!*

Blah ... blah ...

Viele Leute lesen dies als

Das Zertifikat ist ungültig – oder

die Verschlüsselung funktioniert nicht – oder

Der Betreiber der Seite ist ein Schuft!

Macht man trotzdem weiter, ist die Seite (aller Voraussicht nach) korrekt verschlüsselt und der Seitenbetreiber ein (höchstwahrscheinlich) ehrlicher Kerl, der aus verschiedenen Gründen kein offizielles Serverzertifikat für etliche 100 €/Jahr kaufen möchte.

Zertifikate sind, je nach Sichtweise, eine einfache oder eine sehr komplexe Angelegenheit. Im Prinzip handelt es sich um elektronische Ausweise, und wie Personalausweise werden diese von einer Ausweisbehörde unterschrieben. Die Browser kennen die gängigen Ausweisbehörden und können die Unterschriften prüfen, und das rote Fenster erscheint nur dann, wenn der Browser die Ausweisbehörde nicht kennt. Die Ausweisbehörden lassen sich ihre Tätigkeit gut bezahlen, und nicht jeder Anbieter einer kleinen Webseite möchte sich den Posten in seiner Bilanz leisten, seinen Kunden aber trotzdem eine Verschlüsselung anbieten.

Wenn Sie mehr über die technischen Aspekte von Zertifikaten wissen wollen, greifen Sie zum Buch „Der sichere Webserver und seine Umgebung", auf das im Anhang hingewiesen wird.

Umgekehrt ist es ebenso möglich, dass ein Schurke ein offizielles Zertifikat verwendet und deshalb den grünen Balken im Browser erhält. Was hinter eineM Zertifikat steht, müsste nämlich auch noch geprüft werden. VeriSign, eines der Unternehmen, die Zertifikate mit grünem Balken ausstellen, benötigt über 100 Seiten Text, um die verschiedenen Zertifikatklassen zu beschreiben, die von "glauben wir mal alles, was der Inhaber behauptet" bis "selbst die Klospülung ist von uns nach DIN/ISO 900x verifiziert worden" reicht.

Die einfachsten Zertifikate erhält man direkt im Internet, wobei die Ausweisbehörde nicht prüft, ob die Namensdaten korrekt sind. Der nächste Schritt erfordert schon Post-Ident oder ähnliche Kontrollverfahren, und bei Unternehmen sehen sich

die Ausweisbehörden gegen Bezahlung auch noch ganz ande-
re Sachen an. Sehen kann der Normalnutzer das nicht, denn
alle Zertifikate enden mit dem grünen Zeichen im Browser-
kopf. Man muss schon das Zertifikat selbst öffnen und wei-
terforschen, wenn man wissen will, was wirklich dahinter
steckt.

Auch mit Zertifikaten muss man sich daher beschäftigen, um die Zusammenhänge zu verstehen und die Sicherheit richtig einschätzen zu
können. Die Zusammenhänge sind zwar nicht kompliziert und auf
wenigen Seiten verständlich zu beschreiben, aber leider sind alle mir
bekannten Beschreibungen nicht mit bebilderten Sprechblasen erstellt und fallen daher als Lektüre für einen großen Teil des nutzen-
den Volk leider aus.

FAZIT

Man kann als Nutzer darauf achten, dass Seiten, auf denen Informationen übertragen werden, tatsächlich verschlüsselt werden, aber
selbst das ist in manchen Fällen nicht einfach. Darüber hinaus muss
man entscheiden, ob man dem Dienstleister vertraut oder nicht, unabhängig von dem Zertifikat, das angeboten wird.

Nachrichtendienste werden vertrauliche, unverschlüsselt übertragene
Daten natürlich gerne mitnehmen, wenn sie den allgemeinen Datenverkehr abgreifen. Man darf wohl davon ausgehen, dass sie sämtliche
Kennworte für private und andere Webseiten, die aus Kostengründen
in der Regel unverschlüsselt betrieben werden, kennen. Die Regeln
für das Ausfiltern solcher Daten aus dem Datenstrom sind nicht sonderlich kompliziert.

Serverinhalte stehen via google & Co. ohnehin zur Verfügung, und
bei den meisten Internetshops werden die Nachrichtendienste bequemere Wege kennen, Ihre Käufe zu verfolgen, als eine tiefere Da-
tenanalyse. Die wird Servern vorbehalten bleiben, die aus irgendwelchen anderen Gründen im Visier der Nachrichtendienste stehen.

6.1.2 Verschlüsselte Emails

Der Riesenirrtum: die verschlüsselten Verbindungen zum SMTP-
und POP3-Server genügen.

Bezogen auf Briefpost entspricht das der Vorgehensweise:

a) Der Absender verpackt den Brief in einen Umschlag und
   wirft diesen in den Briefkasten.

b) Der Postbote leert den Briefkasten und trägt den Umschlag
   samt Brief in die Zentrale.

c) Die Zentrale öffnet den Brief und wirft den Umschlag fort.
   Der Brief wird zur weiteren Bearbeitung beiseite gelegt.

d) Die Zentrale sendet den Brief an die Zentrale des Emfpän-
   gers. Das kann in einem neuen Umschlag erfolgen, der Brief
   kann jedoch auch ohne Umschlag dem Transporteur in die
   Hand gedrückt werden.

e) Egal wie, die Empfangszentrale packt den Brief wieder aus.

f) Der Empfänger holt den Brief bei seiner Zentrale ab. Je nach
   Vereinbarung händigt der Zusteller das Blatt sofort aus oder
   verpackt es vorher noch mal in einen Umschlag.

Merken Sie was? Die NSA und andere auch. In der Kette sind jede
Menge Leute, die im Klartext lesen können, was Sie da geschrieben
haben, und die NSA sitzt an den passenden Schnittstellen im Netz
oder bei den Providern, um die Emails auszulesen und auszuwerten.
Verschlüsselt ist nichts!

Benötigt wird eine end-2-end-Verschlüsselung, um den Inhalt vertraulich zu machen, d.h. der Absender verschlüsselt eine Email und
erst der Empfänger ist in der Lage, sie zu entschlüsseln, ähnlich dem
normalen Briefumschlag, der erst beim Empfänger geöffnet wird.
Technisch landen wir bei einer end-2-end-Verschlüsselung wieder bei
den Zertifikaten, nun aber direkt in mehreren Varianten: PGP/GPG
oder X.509. Die können aber noch mehr.

*Fall aus dem Leben: ein deutsches Unternehmen hat Han-
delskontakte mit einem Unternehmen aus Hong Kong, und*

da die schon länger bestehen, wird der Schriftkram per Email abgewickelt - natürlich unverschlüsselt.

Eines Tages: Geld kommt in Hong Kong nicht an und ist weg, die Ware kommt in Hamburg nicht an und ist auch weg.

Ein findiger Hacker in Singapur hatte die Konteninformationen und den Bestimmungsort in jeweils abgefangenen Mails ausgetauscht und war anschließend genauso weg wie Geld und Ware.

Um so etwas zu verhindern, benötigt man zwei Zertifikate, :

1. Der Absender kann mit seinem Zertifikat die Nachrichten fälschungssicher machen. Der Empfänger kann mit dem Zertifikat des Absenders jederzeit überprüfen, dass er das Original erhalten hat.

2. Der Absender kann mit dem Zertifikat des Empfängers die Nachricht so verschlüsseln, dass nur der Empfänger sie entschlüsseln kann.

Was sich einfach anhört, verlangt in der Praxis allerdings wieder etwas Beschäftigung mit der Materie.

I. Beide müssen sich auf eines der beiden Schemata (PGP oder X.509) einigen.Dazu muss man erst einmal die Unterschiede kennen lernen.

Problem: Literaturstudium

II. Beide müssen sich ein Zertifikat erstellen und installieren.

Problem: Software oder Webseite bedienen

III. Die Zertifikate müssen so ausgetauscht werden, dass man sicher ist, dasjenige des Partners zu besitzen.

Problem: Mails senden und ggf. telefonisch verifizieren.

IV. Die Nachricht muss signiert und verschlüsselt werden. Signaturen funktionieren immer, erfordern aber die Angabe von Kennworten zur Freischaltung, Verschlüsselung funktioniert nur, wenn alle Empfänger über ein dem Sender bekanntes Zertifikat verfügen.

Problem: zusätzliche Mausklicks und Tastatureingaben.

V. Die Nachricht muss akzeptiert werden.

*Problem: es kann (einmalig) zu Meckereien des Systems wie
in Abbildung 6.1 kommen, die behandelt werden müssen.*

VI. Die Mail muss entschlüsselt werden.

*Problem: des Kennwort zur Schlüsselfreigabe muss eingege-
ben werden.*

VII. Die Signatur muss überprüft werden.

Problem: ggf. zusätzlicher Mausklick und Vergleich.

Das hört sich in dieser Liste wesentlich komplizierter an, als es tatsächlich ist. Die Unterschiede zwischen den Zertifikattypen lassen
sich auf einer halben Seite Text erklären, die Erzeugung der Zertifikate dauert ca. 2 Minuten, die Austauschmails für die Zertifikate stellen
den irrsinnigen Aufwand einer einmaligen zusätzlichen Email dar
und für den Rest benötigt man insgesamt 3-5 Mausklicks, d.h. man
gelangt zu dem

FAZIT:

Es ist nicht schwer, aber es ist einfach <u>unzumutbar</u> für einen Anwender, der "nichts zu verbergen hat", so viele zusätzliche Mausklicks
durchzuführen. Und da selbst ganze Fachbereiche von Informatikern
und Elektrotechnikern an deutschen Hochschulen dieser Ansicht
sind, muss wohl was dran sein. Zumal die eigene Schludrigkeit ja
auch kein Grund dafür ist, sich nicht darüber aufzuregen, wenn andere das ausnutzen.

SCHLUSSFOLGERUNG

Alle Emails werden von der NSA abgehört.

*Gar nicht in die Betrachtung eingeschlossen haben wir neue
Entwicklungen wie den e-Brief der Deutsche Post AG. Damit
der Leser aber auch einmal lauthals lachen darf, sei das Produkt hier noch ergänzt.*

*Die Bedienung des e-Brief-Kontos ähnelt der von Web-Mail-
Konten. Die Verbindung mit dem Postserver erfolgt SSL-
verschlüsselt, und zwar für Versand und Empfang. Wenn der
Empfänger kein e-Briefkonto hat, druckt die Post den Brief*

aus und stellt ihn normal zu. Zwischen Versand und Empfang werden die Daten „hochsicher und für andere nicht einsehbar" behandelt, wobei die Post sich allerdings darüber ausschweigt, wie sie das bewerkstelligt. Dafür gibt es dann noch Spam- und Virenfilter gratis (!).

In Summe: ein etwas erweitertes Web-Mail-Konto ohne end-2-end-Verschlüsselung, bei dem eine Mail 60 ct kostet.

6.1.3   Phisherman's Friend

Das Phishing-Problem ist eher mit organisierter Kriminalität verbunden als mit Geheimdiensten, trotzdem sei es hier kurz erwähnt. Nicht umsonst weisen viele Internetdienstleister ihre Kunden immer wieder darauf hin, dass sie keine Emails versenden, in denen Links auf Seiten stehen, die die Eingabe von Kennworten oder anderen vertraulichen Daten erfordern. Was nämlich aussieht wie eine Email von Ihrem Dienstleister

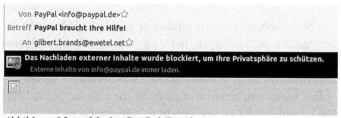

Abbildung 6.2: gefälschte PayPal-Email

erweist sich im Quelltext als (alles andere als) plumpe Fälschung. Der Absender ist zwar angeblich PayPal, der Inhalt wird aber von einem anderen Server geladen und kann auch ein Troianer sein.

```
To: gilbert.brands@ewetel.net
Subject: PayPal braucht Ihre Hilfe!
From: PayPal <info@paypal.de>
Reply-To:
MIME-Version: 1.0
Content-Type: multipart/mixed;
boundary=E8648EF6880D05044F0AF66C675E48D2
X-CheckCompat: OK

--E8648EF6880D05044F0AF66C675E48D2
```

```
Content-Type: text/html
Content-Transfer-Encoding: 8bit

<html>
<body>
<img
src="http://s14.directupload.net/images/131202/f1
56fbar.png"/>
</body>
</html>
```

Leider fallen wohl immer noch genügend Leute auf solche Emails herein, wie die Anzahl der Mails zeigt, die monatlich in meinem Postfach landen, und da der Absender gefälscht ist, werden sie nicht als Spam ausgesondert.

Im günstigen Fall erhält man mit solchen Emails nur Links, die anscheinend die URL des Dienstleisters enthalten, aber in Wirklichkeit auf eine völlig andere Seite verweisen, was in der Quelle so aussieht:

```
<a href="http://mafia.com">
  http://DeutscheBank.de
</a>
```

Wer das anklickt, wird den Betrug zwar noch in seinem Browser an der URL-Zeile erkennen können, aber selbst das bemerken offenbar genügend Leute auch nicht. Im ungünstigen Fall hat man sich mit Öffnen des Anhangs einer Email einen Troianer eingefangen.

Auch wenn die Masse solcher Mails von Kriminellen in Umlauf gebracht wird, bedeutet das nicht, dass nicht auch Nachrichtendienste solche Methoden benutzen, wenn auch vermutlich nicht als Massenemail, sondern eher gezielt. Sie können das mit ihrer offiziellen Macht vermutlich auch unauffälliger als Kriminelle, denn der Quelltext könnte dann auch so aussehen:

```
<a href="http://Deutsche_Bank.de">
  http://DeutscheBank.de
</a>
```

Der Unterschied in den URLs, der in einem zusätzlichen Unterstrich besteht, dürfte es selbst aufmerksamen Nutzern schwer machen, Verdacht zu schöpfen, und der zuständige Name-Service-Betreiber, der solche Namensähnlichkeiten normalerweise nicht zulässt, dürfte von

offizieller Regierungsseite auch überzeugbar sein, ein Auge zuzu-
drücken.

6.2   Mobile Rauchzeichen

Was auf Emails zutrifft, trifft auch auf Mobiltelefone zu und weitgehend auch auf kabelgestützte Telefonie. Betrachten wir zunächst den
Teil, der mit Telefonieprotokollen abgewickelt wird, was auf Mobiltelefone zumindest auf den ersten Meter meist zutrifft.

6.2.1   Sprechen Sie bitte ...

Die Verbindungen der Mobiltelefone zu den nächsten Sendemasten
sind zwar normalerweise individuell verschlüsselt, so dass das Abfangen der Datenpakete nichts nützt, aber es handelt sich wiederum
<u>nicht</u> um eine end-2-end-Verschlüsselung zwischen zwei Telefonen,
sondern betrifft nur die Kommunikation zwischen Mobiltelefon und
Sendemast. An denen endet die Verschlüsselung, so dass hier der erste Koppelpunkt für die NSA ist, die Gespräche abzuhören. Auf dem
weiteren Weg werden die Daten möglicherweise auch wieder verschlüsselt, aber es gibt immer wieder Angriffspunkte, an denen die
Nachrichtendienste abhören können.

Selbst die Verschlüsselung auf den ersten Metern ist nicht garantiert.
Wie an anderer Stelle bereits angemerkt, kann die Verschlüsselung
durch Manipulation der Sendemasten auch unterdrückt werden, was
die Mobiltelefone gemäß Betriebsnorm eigentlich anzeigen müssten,
was sie aber in der Regel nicht machen. Dazu kommen noch weitere
Abhörtechniken, über die wir später berichten.

Außerdem teilen sich die Mobilfunkanbieter die Netze: im Rahmen
des so genannten Roaming können sich Mobiltelefone über Masten
anderer Anbieter verbinden, sofern ihr zuständiger Provider am
Standort keinen Mast mit genügend guter Verbindungsqualität anbieten kann. Das gilt insbesondere für Auslandsaufenthalte, denn viele
Kunden reisen gerne und viel.

Die angebotenen Leistungen der Anbieter sehen vor, dass jeder Kunde jederzeit zu erreichen ist oder ein Gespräch selbst einleiten kann, und zwar weltweit. Damit das funktioniert, muss der Standort jedes Gerätes jederzeit weltweit bekannt sein. Technisch wird das so gewährleistet:

a) Das Mobiltelefon meldet sich bei jedem erreichbaren Sendemast in seiner Umgebung an.

b) Die Sendemasten senden die Informationen an ihren zentralen Server nebst einigen Kontrolldaten.

c) Der Server kontrolliert, ob Roaming-Vereinbarungen mit dem zuständigen Provider bestehen, und meldet die Kontaktaufnahme an den Server des Providers.

d) Zwischen Mobiltelefon, Netzserver und Providerserver werden über den Sendemast die Verbindungsdaten ausgehandelt, so dass nun Gespräche geführt werden könnten.

   Die Masten werden nach Verbindungsqualität gelistet. Über den höchstbewerteten Mast werden die Gespräche jeweils abgewickelt (mit der Möglichkeit, während des Gesprächs zu wechseln).

e) Im Gesprächsfall wird über die Kette bester Mast 1 – Netzserver 1 – Providerserver des anderen Teilnehmers – Netzserver 2 – bester Mast 2 das Gespräch vermittelt.

Die Liste umfasst nur einen Teil der Arbeit, die hier geleistet wird. Der Leser mache sich selbst einmal ein Schema für den Arbeitsablauf für den Wechsel von einer Netzzelle in eine von einem anderen Anbieter betriebene während eines Gespräches, das dabei nicht unterbrochen werden darf. Im internationalen Roaming wird es oft noch komplizierter, wenn es um die Abrechnung geht.

Als dies bewirkt einen ständigen Austausch von Informationen über die Standorte der Mobiltelefone zwischen einer Vielzahl von Servern, die von der NSA (und anderen Nachrichtendiensten) an den zentralen Datenknoten abgegriffen werden können (zusätzlich zu den Rückgriffmöglichkeiten auf die bei den Providern gespeicherten Daten, die mögliche Erfassungslöcher auffüllen). Die NSA verfügt über umfassende Bewegungsprofile eines Großteils der Mobiltelefone weltweit, und die Bewertung der Bewegungsprofile spielt sicher ebenfalls eine Rolle bei der Auswahl der Telefonate, die komplett abgehört werden.

Nachrichten werden heute aber nicht nur über Telefonnetze übertragen, sondern auch über das Internet, und zwar in Gestalt der IP-Telefonie. Im Internet ist eine end-2-end-Verschlüsselung möglich, die man sich jedoch auch genauer anschauen muss, um die Sicherheit bewerten zu können.

Ähnlich wie bei den Mobiltelefonen werden IP-Telefone von so genannten SIP-Servern verwaltet. IP-Telefone werden in der Regel in einem Intranet betrieben (→ Kapitel 5.6.1 ab Seite 163), und Gespräche werden von den SIP-Servern der beteiligten Telefone organisiert, die dafür sorgen, dass Übertragungskanäle in die LANs geschaltet werden (siehe Kapitel 5.6 ab Seite 163). Die SIP-Server können bei dieser Gelegenheit auch Schlüssel für eine verschlüsselte Verbindung zwischen den Telefonen aushandeln, so dass eine end-2-end-Verschlüsselung während der Gesprächsphase gegeben ist.

Allerdings: nicht die Telefone vereinbaren die Schlüssel, sondern die SIP-Server. Dies setzt voraus, dass die SIP-Server vertrauenswürdig sind und die Verbindung weder über einen man-in-the-middle rangieren, der nun mithören kann, noch jemandem den Masterkey verraten, der eine Entschlüsselung belauschter Daten erlaubt.

> Bei einem man-in-the-midde-Angriff gibt sich dieser gegenüber IMG1 als IMG2 aus und gegenüber IMG2 als IMG1 (Abbildung 4.4, Seite 96). Die Daten werden jeweils entschlüsselt und für den anderen Teilnehmer wieder verschlüsselt.

> Bezüglich der Vertrauenswürdigkeit betrachte man folgenden Fall: das Gespräch werde bei Verhandlungen von einem der externen Teilnehmer mit dessen eigener Geschäftsleitung geführt. Der SIP-Server des Verhandlungspartners ist über ein Roaming involviert und an der Vereinbarung des Schlüssels beteiligt. Ein gewisses Interesse an dem Inhalt des Gesprächs ist beim Betreiber des Roaming-Servers sicher vorhanden.

Will man wirklich vertraulich bleiben, kommt man um eine direkte Vereinbarung der Verschlüsselung zwischen den Endgeräten nicht

herum. Die gibt es zwar, aber nur als Spezial- und nicht als breit ver-
fügbare Standard-Lösung.

FAZIT

Bereits seit Echelonzeiten (→ altes NSA-Horchsystem) ist bekannt,
dass die Nachrichtendienste Mobiltelefone mehr oder weniger umfassen abhören. Der Ausbau der Rechnerkapazitäten der Dienste
dürfte mit dem Ausbau der Mobilfunknetze mithalten. Das Mithören
von Gesprächen, die über Telefonnetzprovider vermittelt werden,
dürfte mehr oder weniger umfassend sein, da eine echte end-2-end-
Verschlüsselung nicht existiert.

VoIP-Telefonie zwischen Unternehmen, die eigene SIP-Server betreiben, die Verbindungen selbst herstellen und SRPT-Verschlüsse-
lung verwenden, setzt beim Nachrichtendienst eine Backdoor in einem der SIP-Server oder man-in-the-middle-Techniken voraus, um
an die Masterkeys zu gelangen (abgesehen von direkten Spionageakti-
vitäten der Unternehmen selbst). Vermutlich kann die NSA auch hier
auf einiges zurück greifen.

6.2.2   ... und App

Mobiltelefone dienen ja seit langem nicht mehr nur zum Telefonieren. Bereits die frühen Versionen kannten die Kurznachrichten SMS,
die heute auch Bilder usw. übertragen können. Bis heute wird hier
nichts verschlüsselt, d.h. sämtliche Informationen, die über SMS versandt werden, stehen den Diensten uneingeschränkt zur Verfügung.

Inzwischen sind die Mobiltelefone mehr oder weniger zu kleinen
Mini-PCs mutiert, für die jeder kleine Programme, so genannte Apps,
schreiben und verbreiten darf, gegen eine Nutzungsgebühr oder kostenlos. Bei den iPhones ist dies zentral durch Apple organisiert. Wer
eine App entwickeln will, muss sich der Apple-Werkzeuge bedienen
und kann die App nur über den Apple-App-Store anbieten. Beim
konkurrierenden Android-System ist das etwas freier organisiert,
aber grundsätzlich ähnlich.

Durch die Geschäftsmodelle und den Einsatzbereich von Mobiltelefonen tummeln sich auf dem App-Markt mehr Anbieter als bei Com-
putersoftware. Auch für private Entwickler ist es kein Problem, Apps
über einen der Webstores anzubieten. Auf der anderen Seite gehören
versierte Nutzer von Mobiltelefonen, deren Finger mit traumhafter
Sicherheit über die App-Icons wischen, nicht selten zu denen, die
sich auf einem PC nur sehr mühsam bewegen können. Beides zusammen ist nicht gerade eine gute Voraussetzung für Sicherheit.

Was die Apps innerhalb des Gerätes anstellen dürfen, ist innerhalb
gewisser Grenzen Angelegenheit des App-Anbieters. Die Entwickler
versuchen dem durch das Sandbox-Prinzip in den Betriebssystemen
zu begegnen: die Apps dürfen nur Funktionen auf dem Gerät aus-
führen, die andere Apps oder Daten nicht gefährden. Sicherheitslücken in den Sandboxen oder Freigabe gefährlicher Funktionen
durch den Nutzer machen die Geräte in den meisten Fällen allerdings
zu offenen Systemen. Der Trick ist recht einfach:

Neu geladene Apps müssen wie alle Softwarekomponenten den Anwender auf Besonderheiten hinweisen und die Nutzungsbedingungen
offen legen, der Nutzer muss diese Nutzungsbedingungen akzeptieren und geht damit mehr oder weniger einen Vertrag mit dem App-
Produzenten ein, der vielfach auf die einfache Formel

> *„ich darf auf deinem Gerät machen, was ich will, aber für ir-*
> *gendwelche Folgen oder Schäden bist ausschließlich du ver-*
> *antwortlich und kannst mir nichts anhaben"*

reduziert werden kann. Würde der das mit den drei Zeilen klar ausdrücken, läge die Anzahl der eingesetzten Apps bei -15. Diese Bedingungen werden jedoch in ein ausgiebiges Paragraphenwerk verpackt,
das ausgedruckt mindestens 6-7 DIN-A4-Seiten beansprucht, d.h. es
liest sich schon auf PCs mit dem großen Bildschirm niemand das
Zeug durch, geschweige denn auf den kleinen Mobilfunkgeräten.

Dabei sind die App-Anbieter sogar ehrlich: wenn man genau liest,
stellt man fest, dass viele sich den Zugriff auf alle Daten (→ Emailkontakte, Telefonkontakte, usw.) vorbehalten – natürlich nur, um die
App eleganter zu gestalten – und neben den für die Nutzung der App
notwendigen Daten auch alles mögliche andere vorzugsweise an den
Server des App-Produzenten übertragen, ohne den Geräteinhaber da-

von zu unterrichten. Geschätzt 95% der Gerätenutzer quittieren dieses Verhalten am Ende der nicht gelesenen Nutzungsbedingungen und geben damit das Absaugen der Daten frei.

Damit fallen dann aber vielfach auch die vielleicht noch gehüteten Daten des Heimnetzwerkes unter die Räuber. Zumindest Emails werden auch auf den Mobilfunkgeräten bearbeitet, und die verfügen im Gegensatz zu den PC-Versionen über keine fest vorgesehenen Verschlüsselungsmöglichkeiten. Aber natürlich kann man auch dafür eine App bekommen ...

Fazit

Die Unsicherheiten sind den Geheimdiensten natürlich nicht unbekannt, und sie werden rechtzeitig Maßnahmen getroffen haben, Zugriff auf die privaten Daten der Geräte zu bekommen, sei es durch Apps oder durch andere Maßnahmen. Der Inhalt der meisten Geräte dürfte der NSA bekannt sein.

6.3   Das WLAN-Kabel

Das Thema ist für die Dienste zwar uninteressant und könnte allenfalls bei gezielten Einzelüberwachungen durchgeführt werden, passt aber in den Bereich „Verschlüsselung".

WLAN-Router bieten eine ganze Reihe von Sicherheitsmaßnahmen an, die den Fähigkeiten der Nutzer und den seit teilweise 10 Jahren und mehr in Benutzung befindlichen Geräten Rechnung tragen:

➤   Keine Verschlüsselung, d.h. jeder, der auf das Netzwerk stösst, kann es nutzen.

➤   WEP-Verschlüsselung, die erste entwickelte Verschlüsselungsmethode, die heute allerdings nur wenige Minuten einem Angriff standhält.

➤   WPA/WPA2-Verschlüsselung mit WPS. Die WPA/WPA2-Verschlüsselungsmethode beseitigt die Schwächen von WEP und ist daher aus der Sicht der Verschlüsselungstechnik sicher, die WPS-Erweiterung wiederum dient der einfachen

Einbindung neuer Geräte durch unerfahrene Nutzer, die nur einen Knopf drücken müssen, um ein neues Geräte anzumelden. Mit anderen Worten: die Vordertür wird zwar nun verrammelt, dafür wird hinten eine Sperrholzwand eingebaut, durch die ein Eindringen wieder möglich wird.

> WPA2-Verschlüsselung ohne WPS kann derzeit wohl als sicher angesehen werden.

Das Ganze existiert dann noch in einer privaten und einer Unternehmensvariante. Bei der privaten Variante erhalten sämtliche Geräte den gleichen Schlüssel, können einander also formal belauschen, in der Unternehmensvariante wird jeder WLAN-Teilnehmer mit einem eigenen Schlüssel versorgt, was allerdings einen Server (meist RADIUS) notwendig macht, der die Schlüsselvereinbarung zwischen Router und WLAN-Teilnehmer managed und den Zugang auf Nutzer mit einem Account beschränkt.

Eine sichere Verschlüsselungsvariante ist natürlich nur so sicher wie das verwendete Kennwort. Wer bei Werkseinstellungen bleibt, reduziert die Schlüssel u.U. auf einige 10^6 – 10^7 Möglichkeiten, was einem halbwegs geduldigen Angreifer nicht lange widersteht.

Ein Einbruch in ein WLAN-Netz ist nicht nur deshalb peinlich, weil die Computer des Netzwerkinhabers nun direkt angegriffen werden können, sondern auch, weil der WLAN-Betreiber für das verantwortlich ist, was mit seinem Netz geschieht. Bestellt ein Eindringling beispielsweise Ware, die er nicht bezahlt, randaliert in irgendwelchen Blogs oder zieht Videos mit Kinderpornografie, hat der Netzwerkbetreiber ein ernstes Problem und wird möglicherweise dafür haftbar gemacht, weil er sein Netzwerk nicht nach dem aktuellen technischen Stand abgesichert hat.

Auch in diesem Kapiteln sind wir teilweise wieder tief in die Technik gestolpert. Dieses Mal war es nötig, um zu zeigen, wieso Sicheres in der Realität ziemlich unsicher sein kann. Ein bischen Technik kommt zwar auch noch im nächsten Kapitel, aber es wird auch spannender.

7 Zielgruppen

Kommen wir nun nach all den allgemein gehaltenen Techniken und Möglichkeiten der Nachrichtendienste zum speziellen Teil:

- Welche Zielgruppen stehen im Visier der Nachrichtendienste?
- Wie werden die Techniken zum Ausspionieren dieser Gruppen eingesetzt?
- Welche Ergebnisse können erwartet werden?

In der Hauptsache werden wir uns damit beschäftigen, wie die verschiedenen Daten zusammen geführt und zu einem Bild verdichtet werden können. In manchen Fällen führen verschiedene Wege zum Ziel, wenn Datenquellen nicht vollständig sind, wobei wir natürlich nur darüber spekulieren können, wie gut eine Datenquelle von einem bestimmten Dienst ausgeschöpft werden kann. Auf Quellen in seinem eigenen Land hat ein Dienst zumindest in der Theorie vollständigen Zugriff, an Quellen in Ländern befreundeter Dienste wird er möglicherweise auch in einem größeren Umfang herankommen, aber Quellen feindlicher Staaten werden ihm wohl zum großen Teil verschlossen bleiben.

Was nun wirklich in welchem Umfang ausgewertet wird, ist eine weitere Spekulationsblase. Ob wir hier nun alle Möglichkeiten erwischen, die in den Thinktanks der Nachrichtendienste entwickelt werden, kann bezweifelt werden. Während des Schreibens dieses Buches stieß ich bei der Überprüfung der Fakten im Internet fast täglich auf neue Möglichkeiten der Auswertung, die mir zuvor nicht bekannt waren – und nicht alles muss bereits im Internet stehen. Möglicherweise wird auch nicht alles in der Tiefe ausgewertet, wie ich es hier beschreibe, da die gewünschten Informationen bereits mit weniger Aufwand ermittelbar sind.

Aber selbst wenn aus verschiedenen Gründen nur bruchstückhafte oder nicht direkt auswertbare Daten von den Nachrichtendiensten aufgezeichnet werden, lohnt sich das für sie. Bruchstückhafte Daten lassen sich oft aufgrund plausibler Überlegungen ergänzen, und nicht miteinander verknüpfbare Daten sind möglicherweise in naher Zukunft durch ergänzende Erkenntnisse doch zusammen zu führen. Folglich wird mit einiger Wahrscheinlichkeit erst einmal alles aufgezeichnet, und ein Teil der gewaltigen Rechenkapazität ist mit so genanntem Data Mining beschäftigt, also der Auswertung aller Daten nach immer wieder neuen Gesichtspunkten.

Vieles, was zu einer Zielgruppe gesagt wird, kann sinngemäß auch auf andere Zielgruppen übertragen werden. Abgefangene Emails beispielsweise werden unabhängig von ihrer Herkunft mit ähnlichen Techniken ausgewertet, wobei aber je nach Zielgruppe völlig andere Semantiken zum Einsatz kommen. Ich stelle das nicht jedes Mal wieder detailliert heraus. Lesen Sie also ruhig mit einer gehörigen Portion eigener Kreativität und freuen sich über den verringerten Buchpreis durch eingesparte Seiten als über die Schlampigkeit des Autors, der doch zu einer speziellen Zielgruppe einen ganzen Sack offensichtlicher Sachen unterschlagen hat.

Das gleiche trifft sicher auch auf ergänzende Abhörtechniken zu, die in diesem Kapitel zur Sprache kommen. Auch die lassen sich meist bei anderen Zielgruppen ebenfalls anwenden, überschreiten dabei aber möglicherweise die Grenze von einer allgemein anwendbaren Technik auf eine Zielfahndungstechnik und damit auch den Gegenstandsbereich dieses Buches.

Auf noch eine Sache sollten Sie achten: von der deutschen Regierung und den Medien wird immer wieder herausgestellt, dass die NSA zu weit gehe mit ihrer allgemeinen Datensammelwut. Das ist falsch! Wenn die Dienste ihrer Aufgabe der Terrorbekämpfung zu 100% genügen sollen, müssen sie zwangsweise alle Daten sammeln. Ansonsten könnten Ihnen ein paar Terroristen durch die Lappen gehen.

7.1 Staaten

Das primäre Ziel der Nachrichtendienste ist der Staat, genauer: die
Regierung und Einrichtungen anderer Staaten. Die Informationen
dienen der Regierung des eigenen Landes, die danach politische Entscheidungen trifft, Kriege führt oder was auch immer. Wobei das Pro-
nomen „anderer" aus verschiedenen Gründen nicht so ernst genommen werden darf, unterteilen sich die Dienste doch schon in Inlands-
und Auslandsdienste. Doch dazu erst später mehr.

7.1.1 Allgemeine öffentliche Informationen

Die Nachrichtenbeschaffung über andere Staaten beinhaltet zunächst
einmal recht langweilige Tätigkeiten, die im Sammeln öffentlich zu-
gänglicher Informationen und deren Auswertung bestehen. Im Vor-
Internetzeitalter waren dies vorzugsweise Zeitungen, die von Mitarbeitern nach interessanten Inhalten durchgelesen wurden, sowie Berichte von Botschaften, Konsulaten oder offiziellen und nicht offiziellen Reisenden und Korrespondenten. Interessante Information galt
es sinnvoll zu klassifizieren und gezielt abrufbar zu archivieren.

Heute gehören zu öffentlich zugänglichen Informationen auch im Internet erscheinende Medienberichte sowie die Inhalte privater Webseiten, auf denen oft Informationen zu finden sind, die in den Medien
aus politischen Gründen nicht erscheinen.

Das Sammeln ist in etwa mit den Bemühungen von google und anderen Suchmaschinen zu vergleichen, wobei diese (mit)genutzt werden,
um die Primärarbeit zu erledigen. Wenn man den Suchmaschinenbe-
treibern glauben darf, besitzt die NSA einen direkten Durchgriff auf
die Datenbanken. Die Sammelziele unterscheiden sich allerdings,
weshalb die Auswertung durch die NSA selbst erfolgt. Neben den
Suchmaschinendatenbanken bedient sie sich auch bei den Datenbanken sozialer Netzwerke wie facebook oder twitter.

Die zu bewältigende Aufgabe der Dienste ist die Suche nach Informationen zu bestimmten Themen, deren Kategorisierung, Bewertung
und Verdichtung zu für Menschen nutzbaren Informationen. Dabei

geht es nicht nur um interessante Themen, sondern auch um Themen, die interessant werden könnten. Und es geht nicht nur um reine
Informationen, sondern auch um eine Einschätzung der Stimmung
der Bevölkerung eines Staates, um politische Druckmöglichkeiten
besser abschätzen zu können.

> *Die Stimmung im Volk wird im eigenen Land oft wenig be-*
> *achtet. In totalitären Staaten spielt sie keine Rolle, da sich*
> *jeder, der die offiziellen Lügen zu laut anzweifelt, schnell in*
> *einem Besserungslager wiederfindet. In demokratischen Staa-*
> *ten wird Volkes Stimme, so sie denn anderer Ansicht ist als*
> *die der gewählten Führung, als Stammtischparole, Rassismus*
> *oder ähnliches verschrien und meist auch nicht weiter beach-*
> *tet. Dafür hört man um so bereitwilliger auf Berichte aus an-*
> *deren Staaten, wobei genauso bereitwillig die Bewertungen*
> *der Vorgänge im eigenen Land ins Gegenteil verkehrt werden.*
>
> *Beispielsweise wird seitens der EU Ende 2013 Russland Er-*
> *pressung der Ukraine vorgeworfen, während der eigene Er-*
> *pressungsversuch zugunsten der verurteilten Expräsidentin*
> *Timoschenko schön geredet wird. Die in den EU-Ländern*
> *teilweise niedergeknüppelten Demonstrationen sind nichts*
> *anderes als eine Bewahrung der Demokratie, in der Ukraine*
> *ist der Aufstand gegen die gewählte ukrainische Regierung*
> *nach Ansicht der EU-Medien ebenfalls eine Wahrung der De-*
> *mokratie. Was denn nun?*

Informationen dieser Art wurden von den Geheimdiensten seit jeher
gesammelt und verarbeitet. Man verfügt somit über sehr viel Erfahrung bezüglich der Auswertung und der Organisation von Daten sowie genug erfahrenes Personal, Zeit und sonstige Mittel, sich zu
überlegen, wie die Sammelvorgänge mehr und mehr automatisiert
werden können (und aufgrund der Menge auch müssen).

KOMMERZIELLE PRINTMEDIEN

Viele klassische kommerzielle Printmedien (Tageszeitungen, Wo-
chenzeitschriften) erscheinen zumindest teilweise in einer Internet-
form, die ein einfaches Abrufen der Informationen erlaubt. Nur in
Printform erscheinende Berichte zumindest der größeren Medien
werden vermutlich über ein OCR-Programm in eine automatisch
auswertbare Form gebracht.

Neben dem Vorteil einer einheitlichen Auswertungsmethode erlaubt
die elektronische Auswertung auch eine Erfassung von Informationen, die früher vermutlich nicht erfasst wurden: Anzeigen können
auf ungewöhnliche Angebote oder Nachfragen untersucht werden,
Telefonnummern erlauben eine direkte Zuordnung zwischen Angebot und Person, usw.

Die Kategorisierung der Nachrichten durch die Medien kann als Vor-
stufe für die nachrichtendienstinternen eigenen Kategorisierungen
verwendet werden. Ebenso sind die verantwortlichen Redakteure
meist für bestimmte Themenbereiche zuständig, und welcher Redak-
teur für welche Meldung zeichnet, ist ebenfalls ein Hinweis auf die
Bedeutung, die der Nachricht zugemessen werden kann.

Ein Quervergleich einer Meldung in verschiedenen Medien zeigt
nicht nur, wer von wem einen Artikel übernimmt, sondern in den
Details auch, wie jeweils bewertet wird. Eine Auswertung einer Meldung in der Frankfurter Allgemeinen, der New York Times, der
комсомольская правда und 法制日报 gibt wohl schon einen guten
Überblick, was wirklich passiert ist (und zeigt auch gleich, wo eine
der Problematiken liegt, die von der NSA zu lösen sind: die Mehr-
sprachigkeit). Zu unterscheiden ist auch zwischen Meldungen und
Kommentaren: Meldungen dürften zumindest innerhalb eines Landes weitgehend deckungsgleich ausfallen, während bei Kommentaren
schon bedeutende Unterschiede bestehen.

Neben politischen Meldungen sind Wirtschaftsmeldungen sowie
auch wissenschaftliche Meldungen interessant. Stellenanzeigen aller
Art geben eine Übersicht über die wirtschaftliche Lage, Polizeimel-
dungen über die Sicherheitslage, usw. Die automatische Verarbeitung
erlaubt eine Ausweitung der ausgewerteten Materialien, beispielsweise auch auf Anzeigen und bislang möglicherweise weniger beachteten
Lokalnachrichten, und zwar sowohl allgemein als auch hinsichtlich
der Dossiers von in der Öffentlichkeit agierenden Personen. Das darf
allerdings nicht zu einer Aufblähung der Berichte führen, die schließlich in Entscheidungen einfließen. 30 Seiten Text anstelle von 3 in
der Vergangenheit führt eher zur Verwirrung als zur Klärung, wenn
man sich alles durchlesen muss.

RUNDFUNK UND FERNSEHEN

Audio- und Videomedien können durch Digitalisierung der Sprache in die Auswertung aufgenommen werden. Aufgrund der in diesen Medien häufigen Interviews sind Informationen ungefilterter und können einfacher bestimmten Personen des öffentliche Lebens zuge-ordnet werden, obwohl die Auswertung eines Politikerinterviews, was er denn tatsächlich am Ende gesagt hat, nicht ganz einfach sein dürfte (→ meist entsteht der wohl nicht unberechtigte Eindruck, er habe nichts gesagt, nebst dem Eindruck, dass er das auch nicht könnte, wenn er wollte).

Die Sprachauswertung ist insgesamt anders beschaffen als die Schriftauswertung, da es zusätzlich notwendig ist, zu erfassen, wie jemand etwas sagt. Die Aussagemöglichkeiten des Sprachbildes erfordern in einer schriftlichen Darstellung oft begleitenden Text, um bestimmte Sinn- und Aussagezusammenhänge zu definieren. Sprachliche Transkripte enthalten als zusätzliche Information die emotionale Analyse, die den erläuternden Text substituiert.

Video- und Bildmaterial liefern ergänzende Informationen liefern. Voneinander getrennt sagen Bilder und gesprochener Text häufig etwas anderes aus, was fast jeder Leser bei der Durchsicht einer Zeitschrift und Erinnerung des Interviews, das bildlich referiert wird, selbst bemerkt haben wird. Hat man da einen Politiker auf dem linken Fuß erwischt, was der zwar verbal bewältigt, aber an dem Tag wegen Vergessens der Botox-Injektion mimisch verrät? Kann man in Verhandlungen höher pokern?

Wie bei den Printmedien erlaubt die computerisierte Erfassung und Auswertung eine viel weiter gehende Datenbasis. Auch lokale Auftritte können von dem Siliziummitarbeiter, der nicht müde wird und einschläft, so lange genügend elektrische Energie vorhanden ist, erfasst werden. Was der Chef nicht verrät, verrät unter Umständen der Adlatus, und welchen Adlatus man protegieren sollte, damit er gefügiger nächster Chef wird, verrät die Analyse möglicherweise auch.

PRIVATE WEBSEITEN/SOZIALE NETZWERKE

Außer den kommerziellen Informationsanbietern wird auf den Webseiten privater Nutzer (meist in Form von Blogs) und in sozialen Netzwerken (facebook, twitter) weitere Information angeboten. Da inzwischen auch in den westlichen Staaten die Medien von sehr wenigen Konzernen beherrscht werden, die teilweise Zensur oder Färbung betreiben, können diese Informationen oft weitere Details liefern.

Zu differenzieren ist zwischen Informationen und Vermutungen. Private Medien tendieren sicher schneller zu einer Art Verschwörungstheorie als kommerzielle. Die Bewertung privater (und auch kommerzieller) Medien kann anhand üblicher Methoden wie Zahl und Breite der Verlinkung von und in anderen Seiten, Autorenschaft einer Meldung und Erfahrung mit älteren Meldungen erfolgen.

Neben Informationen geben die privaten Webseiten Auskunft über die wirkliche Stimmung innerhalb einer Gesellschaft. Was die Regierungen von sich geben, stimmt nicht unbedingt mit dem überein, was eine in irgendeiner Form eingefärbte Medienlandschaft von sich gibt, die aber nun als „öffentliche Meinung" zu bezeichnen, ist auch gewagt. Die Stimmung und die Gruppierungen im Volk sind oft anders, und wenn es auch meist folgsam ist, können bestimmte Ereignisse zu einem Kippen führen. Gerade die CIA hat dies mehrfach zu Umstürzen insbesondere in Mittel- und Südamerika ausgenutzt, wie eine ganze Reihe Bücher zu diesem Thema zeigen, allerdings mit gemischtem langfristigen Erfolg.

Als weitere Quelle werden persönliche Berichte von Reisenden und Korrespondenten in die Informationsmasse einfließen, wobei die Berichterstatter oft vorab gebrieft werden, welche Themen interessieren und wie ein Bericht abzufassen ist.

AUSWERTUNG UND KLASSIFIZIERUNG

Eine mehr oder minder feine Klassifizierung einer Information liefern die meisten Medien in Form verschiedener Überschriften oder Ansagen gleich mit. In der Regel lässt es sich auch leicht erkennen, ob es sich um eine Information oder einen Kommentar handelt. Kommentare sind häufig nur indirekt zuzuordnen, da die Überschriften eher die Richtung des Kommentars als die der zu Grunde liegenden Information widerspiegeln. Allerdings sind die Regeln für diese Aufschlüsselung recht simpel: man kann es einem Zeitungsleser nicht zumuten, mehrere Stunden darüber zu sinnieren, wohin ein Artikel gehört.

Welche Klassifizierungen ein Nachrichtendienst vornimmt, kann man nun nicht in wenigen Stunden Spekulierens herausbekommen. Eine Information muss aus verschiedenen Kontexten heraus ansprechbar sein (Sache, verschiedene Organisationen, Zeiträume, verschiedene Personen unterschiedlicher Motivation), statistisch querverarbeitet werden (Informationskern, variabler Bereich in verschiedenen Präsentationen, Bewertungsspektrum) usw. Dazu gehören auch spezielle Datenbankentwicklungen (deduktive Datenbanken), die oberhalb der normalen relationalen Modelle aufsetzen und Informationen auch dann als sachdienlich identifizieren, wenn die Beziehungen nicht unmittelbar evident sind (das so genannte „vernetzte Querdenken" von Analytikern).

Bleiben wir daher ein wenig bei den verständlicheren Problemen. Eine linguistische Textbearbeitung ist ein Problembereich, der bislang kommerziell äußerst unzureichend gelöst ist. Hier ein Beispiel mit dem schon recht guten google-Translator:

> **Original.** *Die Abnehmer der Informationen sprechen außer ihrer eigenen Sprache vielleicht noch 1-2 weitere, und die vielleicht nur mühsam, bei den Nachrichtendiensten fallen aber Informationen in sehr vielen Sprachen an, die aufbereitet werden müssen. Eine linguistische Textbearbeitung ist ein Problembereich, der bislang kommerziell äußerst unzureichend gelöst ist. Die meisten Programme sind kaum mehr als Wort-für-Wort-Übersetzer, die kaum Verständliches produzieren.*

> **Übersetzung.** *The customers of the information speak their own language except maybe 1-2 more, and perhaps the only tedious, but fall in the intelligence information in many languages that need to be processed. A linguistic text editing is a problem area that has so far been solved most commercially inadequate. Most programs are little more than word-for-word translator that hardly produce intelligible.*

> **Rückübersetzung.** *Die Kunden der Informationen ihre eigene Sprache sprechen außer vielleicht 1-2 mehr, und vielleicht der einzige langweilig, sondern fallen in die nachrichtendienstlichen Informationen in vielen Sprachen, die verarbeitet werden müssen. Eine linguistische Text-Bearbeitung ist ein Problembereich, die bisher gelöst wurde kommerziell unzureichend. Die meisten Programme sind kaum mehr als*

Wort-für-Wort-Übersetzung, die kaum verständlich produzieren.

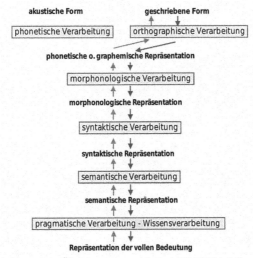

Abbildung 7.1: Übersetzungsproblem (CC BY-SA 3.0)

Man könnte hier auch Shakespeare anführen:

To be or not to be → *Sein oder nicht sein* → *His or mine*

Das Problem der Übersetzung ist nicht mit der Wort-zu-Wort-Umwandlung getan, sondern ein komplizierter Prozess (Abbildung 7.1). Ein Wort hat in der Regel nicht nur eine Bedeutung, sondern kontextbezogen verschiedene, die in unterschiedliche Worte in anderen Sprachen übersetzt werden müssen (Abbildung 7.2).

Das Problem entwickelt sich bei der Semantik des Satzes weiter (Abbildung 7.3).

to hear	hören	1880
to listen	hören	297
to obey	hören [gehorchen]	185
to learn	hören	29
to hearken [archaic]	hören	7
to read [esp. Br.] [history, physics, etc.] acad.	hören [Geschichte, Physik, usw.]	6
to listen to sth. [e.g. the radio]	etw. hören [z. B. Radio]	
to get to know	hören	

Abbildung 7.2: Wörterbucheintrag

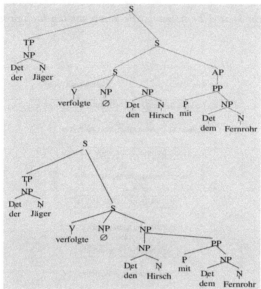

Abbildung 7.3: Mehrdeutigkeiten (wikipedia,CC BY-SA 3.0)

Verfolgt der Jäger nun den Hirsch mit Hilfe eines Fernglases, oder erregte der Hirsch die Aufmerksamkeit des Jägers, weil er ein Fernglas am Geweih hängen hat?

Ist die Übersetzung geglückt, bleibt noch das Problem „Repräsentation der vollen Bedeutung" (siehe Abbildung 7.1 untere Zeile), und das in möglichst kompakter Form, gegenüber dem Menschen am Ende der Informationskette sowie der Integration dieses Informationsbausteins in ein Gesamtbild. Gegenüber industriellen Anwendern, die Informationsauswertung in einem engeren Fokus betreiben dürften, besitzen Nachrichtendienste hier vermutlich einen deutlichen technologischen Vorsprung.

7.1.2　Die Regierung am Telefon

So weit zur langweiligen Aufgabe. Interessanter ist sicherlich das gezielte Belauschen von Regierungen und Behörden. Den Agententeil – nächtliche Besuche in festungsartigen Wohnungen mit hunderten von Toten und unverwundbaren Agenten, die selbst unter einem abgestürzten Hubschrauber hervorkrabbeln und lediglich mit der Hand die Flusen von der ansonsten natürlich makellos sauberen Anzugsjacke wischen – lassen wir einmal aus und beschäftigen uns nur mit den Möglichkeiten, die sich aus allgemeinem Lauschen ergeben.

TELEFONIE ALLGEMEIN

Heute ist das Telefonieren mit einem Mobiltelefon nicht mehr weg zu denken, auch nicht für Politiker. Verschlüsselte end-2-end Mobiltelefone sind zwar seit Anfang der 90er Jahre im Handel erhältlich, fristen aber selbst heute noch ein ziemlich armseliges Nischendasein. Nur wenige Unternehmen bieten Technologie für end-2-end-Verschlüsselung an und landen damit bei einigen Großkonzernen (vorzugsweise japanischen) und im militärischen Bereich. Zumindest Regierungen sollten sich so etwas aber ebenfalls leisten können. Nach allem, was man inzwischen weiß, ist das aber zumindest in Deutschland nicht so. Nicht nur wird zumindest teilweise unverschlüsselt telefoniert, zusätzlich werden auch SMS-Nachrichten versandt, die ebenfalls keine Verschlüsselung aufweisen.

Nicht ganz unschuldig an dem fehlenden Angebot sind die Regierungen selbst, die über Jahre hinweg die direkte end-2-end-Verschlüsselung – und nur die kann wirklich schützen – mehr oder weniger verboten haben. Jeder darf sich nun selbst Gedanken darüber machen, dass die gleichen Leute, die dem Normalnutzer die Benutzung sicherer Technik so schwer wie möglich machen, nun selbst durch ausgesprochen naiven Umgang mit der Technik auffallen.

Dass die NSA Telefonate in großem Umfang abschöpft, ist seit den 1970er Jahren bekannt, in denen das Echelon-System installiert wurde. Deutschland war (und ist) ein Dreh- und Angelpunkt solcher Abhörsysteme, ob nun mit Zustimmung der jeweiligen Bundesregierung oder allein aufgrund des verlorenen 2. Weltkrieges, der Deutschland auch 70 Jahre nach Kriegsende rechtlich immer noch zu einem Vasallenstaat macht, sei einmal dahin gestellt. Warum sollten sie damit aufhören? Wie sich zur Empörung der Franzosen in den letzten Monaten gezeigt hat, haben sie auch französische Telefonate, die über deutschen Boden gelaufen sind, großzügig abgegriffen, genauso wie die Briten alles, was auf den Langstreckenkabeln ihr Territorium passiert. Jegliche Form von Naivität ist somit unangebracht.

In den Unterlagen von Edward Snowden finden sich Vermerke, die darauf hinweisen, dass die deutsche Bundeskanzlerin ebenfalls ein Ziel war(ist). Das dürfte auch auf andere Regierungsmitglieder, Ministerialfunktionäre und Parteibonzen zutreffen, ohne dass das explizit erwähnt werden muss. Zeitlich nach (!) den Medienberichten erfolgten Untersuchungen des BND und des BSI, die ergaben, dass ein Abhören wahrscheinlich stattgefunden hat, und inzwischen bestätigten die Amerikaner dies sowie das Belauschen vieler anderer Regierungen mit diesen Techniken und weisen auch die Empörung der deutschen Seite von sich:

> *Das Ausspionieren fremder Regierungen unabhängig vom Beziehungsstatus gehört zum Kernauftrag aller Geheimdienste. Die US-amerikanischen Dienste verhalten sich nicht anders als der BND oder französische Dienste, und man werde davon auch nicht abrücken – so Homeland Security-Chef Klepper und NSA-Chef Alexander übereinstimend.*

Wenn man sich in der Geschichte umschaut, wird man auch genügend Beispiele finden, wie in kurzer Zeit aus engen Freunden erbitterte Feinde wurden. So betrachtet liegen Klepper und Alexander richtig.

MANIPULIERTE MASTEN UND IMSY-CATCHER

In Berlin scheint das Geschäft für die Nachrichtendienste besonders einfach zu sein, weil dort alle Beteiligten räumlich konzentriert auftreten und durch die jeweiligen Botschaften auch genügend Kapazität für alles mögliche vorhanden ist. Eine Möglichkeit ist das Abfangen von Telefonaten in den Leitungsknoten (siehe Kapitel 4.1 ab Seite 87), bauliche Eigenheiten der Botschaftsgebäude deuten jedoch auch auf die Nutzung anderer Möglichkeiten hin. Der weiße Zylinder unterhalb der Bildmitte von Abbildung 7.4 ist (angeblich) eine Funkabhörstation (die US-Botschaft besitzt ähnliche bauliche Einheiten). Mit ihrer Hilfe werden entweder die umliegenden Funkmasten und die Mobiltelefone davon überzeugt, unverschlüsselt mit den Funkmasten zu kommunizieren (Kapitel 6.2, Seite 188), oder sie fungieren selbst als Funkmasten, IMSY-Catcher genannt.

Ein IMSY-Catcher realisiert den klassischen Man-in-the-middle-Angriff, d.h. einen mobilen Zugangsknoten zum Telefonienetz in der Hand des Nachrichtendienstes, der sich sowohl mit dem Mobiltele-

fon als auch mit einem Sendemast verbindet und als Relais für den
Datenaustausch fungiert. Technisch wird ein störungsloser Ge-
sprächsablauf auch mit sich bewegendem Mobiltelefon dadurch erreicht, dass sich Mobiltelefone mit sämtlichen erreichbaren Sendemasten in ihrer Umgebung verbinden und verwenden für die Ge-
sprächsabwicklung jeweils den stärksten Knoten in der Nähe. Ein genügend starker IMSY-Catcher kann damit die aktive Verbindung an
sich ziehen. Das trifft zwar für alle Telefone in der Umgebung des
IMSY-Catchers zu, aber dieser wird nur dem Zieltelefon signalisieren, dass er als Verbindungsknoten zur Verfügung steht. Allen anderen Telefonen wird er signalisieren, dass eine Gesprächsvermittlung
über ihn nicht möglich ist.

Das erste technische Problem, das zu lösen ist, ist die räumliche Nähe
zum Ziel, womit wir außerhalb unseres Arbeitsbereiches sind, wenn
es sich um einen mobilen IMSY-Catcher und damit Agentenarbeit
handelt. Im Regierungsviertel in Berlin sind die Anlagen allerdings
stationär, und die Nachrichtendienste können problemlos jeden Sendemast in der Sendeleistung überbieten, so dass wir wieder im Scope
liegen. Unklar ist, ob die Lauschaktionen der USA und der Briten in
Berlin auf dieser technischen Grundlage erfolgt sind oder die umliegenden Sendemasten manipuliert wurden.

Das zweite technische Problem ist, das Mobiltelefon über den IMSY-
Catcher ins Netz gelangen zu lassen. Das tauscht nämlich über die
Sendemasten Informationen mit seinem Providerserver aus, wobei
die Verschlüsselungsparameter ausgehandelt werden und das Mobiltelefon erreichbar wird. Der IMSY-Catcher kann dazu auf zwei Arten
arbeiten:

1. Er „überredet" das Handy, die Verbindung unverschlüsselt zu
   ihm aufzubauen. Da der Sendemast vorgibt, ob verschlüsselt
   wird oder nicht, ist das kein Problem. Er selbst verbindet
   sich zu einem offiziellen Netzknoten und meldet sich dort als
   Inhaber des Zielmobiltelefons an. Allerdings muss

   a) der IMSY-Catcher einen Sendemast kontaktieren, der
      selbst nicht direkt mit dem Mobiltelefon verbunden ist,
      da ein Doppel-Login nicht funktioniert, und

b) diese Verbindung ebenfalls unverschlüsselt sein, da der IMSY-Catcher nicht in der Lage ist, gültige Verschlüsselungen gegenüber dem Sendemast zu erzeugen.

Ein Sendemast kann aber nicht gezwungen werden, unverschlüsselt zu kommunizieren. Die Umschaltung vom verschlüsselten in den unverschlüsselten Modus muss von ihm ausgehen, d.h. der Nutzer des IMSY-Catchers muss den Sendemast zumindest teilweise kontrollieren.

Da formal eine völlig normale Anmeldung bei einem offiziellen Sendemast vorliegt, können eingehende wie ausgehende Gespräche mitgehört werden, ohne dass außer den merkwürdigen Anmeldedaten bei verschiedenen Sendemasten etwas auffällt. Auch beim Angerufenen wird die Rufnummer des abgehörten Telefons angezeigt.

Die Mobiltelefone sollten sich allerdings laut GSM-Standard nicht zu einem unverschlüsselten Verkehr überreden lassen, ohne dies dem Nutzer im Display anzuzeigen. Allerdings halten die meisten Telefone den Standard nicht ein und zeigen nichts an, und die meisten Anwender dürften sich darüber hinaus auch kaum Gedanken über ein weiteres Symbol im Display machen.

2. Da die erste Möglichkeit nur unter besonderen Umständen möglich ist, kann alternativ (und dies ist im mobilen Einsatz die häufigere Methode) der IMSY-Knoten die Identifikationsdaten des Mobiltelefons ungeprüft akzeptieren und sich selbst mit seiner eigenen Identität beim nächsten Netzknoten anmelden.

Ausgehende Gespräche werden jetzt über ihn geführt und er kann sie belauschen. Allerdings wird beim Angerufenen nicht die Nummer des Zielhandys angezeigt, sondern die des IMSY-Catchers, d.h. die Rufnummer muss unterdrückt werden. Ist dies normalerweise nicht der Fall, ist der Angriff erkennbar.

Eingehende Gespräche kommen allerdings vom nächsten regulären Netzknoten zum Handy, und der IMSY-Catcher simuliert einen Roamingfehler, weil er in die Verschlüsselung nicht eindringen kann. Die Verbindung wird über den schwächeren Netzknoten fortgesetzt, und der Lauscher geht leer aus.

Alle diese Techniken sind bekannt, und zumindest auf Regierungsebene sollten Maßnahmen zur Erkennung und Abwehr solcher Angriffe zum Repertoire eines guten Abschirmdienstes gehören, zumal er im eigenen Land formal über bessere Zugriffsmöglichkeiten zu den Systemen verfügt. „Sollten" ist offenbar die richtige Formulierung in Bezug auf BRD-Zustände.

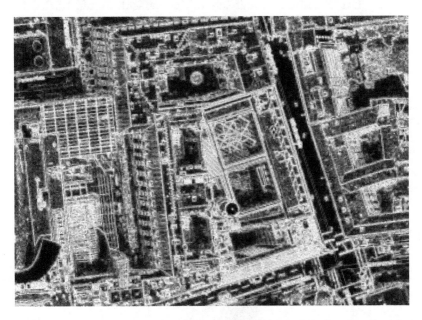

Abbildung 7.4: Britische Botschaft, Berlin (nach google-earth-Vorlage, bearbeitet)

EINE SICHERE LEITUNG FÜR DEN BUNDESKANZLER

In ihrer Funktion als Bundeskanzlerin verwendet nach Medienberichten Frau Merkel ein nach Ansicht der deutschen Abschirmdienste abhörsicheres Mobiltelefon der Firma BlackBerry. Wenn man genauer hinschaut, ist das jedoch vorzugsweise dazu eingerichtet, Emails und andere nicht sprachliche Nachrichten abzusichern, und erreicht dies durch eine Synchronisation mit einem eigenen Server über das

Internet. Die offizielle Beschreibung der Technik sieht folgendermaßen aus:

1. Das BlackBerry-Gerät komprimiert die Nachricht.

2. Das BlackBerry-Gerät verschlüsselt die Nachricht mit dem
    Nachrichtenschlüssel.

3. Das BlackBerry-Gerät verschlüsselt den Nachrichtenschlüs-
    sel mit dem Hauptcodierungsschlüssel, der für dieses Gerät
    eindeutig ist.

4. Das BlackBerry-Gerät sendet den verschlüsselten Nachrich-
    tenschlüssel und die verschlüsselte Nachricht.

5. BlackBerry Enterprise Server empfängt den verschlüsselten
    Nachrichtenschlüssel und die verschlüsselte Nachricht vom
    BlackBerry-Gerät.

Abbildung 7.5: Das Kanzlerhandy (Produktfoto, Blackberry)

6. BlackBerry Enterprise Server entschlüsselt den Nachrichten-
    schlüssel mit dem Hauptcodierungsschlüssel des BlackBerry-
    Geräts.

7. BlackBerry Enterprise Server entschlüsselt die Nachricht mit
    dem Nachrichtenschlüssel.

8. BlackBerry Enterprise Server dekomprimiert die Nachricht und leitet sie an den gewünschten Empfänger weiter.

Wenn ein Blackbox-Gerätebenutzer eine Nachricht empfängt, wird der folgende Prozess gestartet:

1. BlackBerry Enterprise Server empfängt die Nachricht.

2. BlackBerry Enterprise Server komprimiert die Nachricht.

3. BlackBerry Enterprise Server verschlüsselt die Nachricht mit dem Nachrichtenschlüssel.

4. BlackBerry Enterprise Server verschlüsselt den Nachrichtenschlüssel mit dem Hauptcodierungsschlüssel des BlackBerry-Geräts.

5. BlackBerry Enterprise Server sendet die verschlüsselte Nachricht und den verschlüsselten Nachrichtenschlüssel an das BlackBerry-Gerät des Benutzers.

6. Das BlackBerry-Gerät empfängt den verschlüsselten Nachrichtenschlüssel und die verschlüsselte Nachricht.

7. Das BlackBerry-Gerät entschlüsselt den Nachrichtenschlüssel mit dem Hauptcodierungsschlüssel, der für dieses Gerät eindeutig ist.

8. Das BlackBerry-Gerät entschlüsselt die Nachricht mit dem Nachrichtenschlüssel.

9. Das BlackBerry-Gerät dekomprimiert die Nachricht, so dass der Benutzer sie lesen kann.

Der Enterprise Server gehört in diesem Fall der Bundesregierung und ist kein BlackBerry-Unternehmensserver, den ein Privatnutzer verwenden müsste und auf den vermutlich irgendein Nachrichtendienst Zugriff hat. Die Nachrichten und sonstigen Organisationsdaten kommen so vermutlich sicher auf das Gerät und sind, da die App-Nutzung bei diesen Geräten bereits seitens des Herstellers restriktiv gehandhabt wird, vermutlich nicht abhörbar. Allerdings mit Vorbehalt: Blackberries enthalten ziemlich viel proprietären Schnickschnack, was ohnehin schon nicht unbedingt positiv zu bewerten ist. Über die Möglichkeit, gerade in proprietärer Software irgendwelche Hintertü-

ren unterzubringen, haben wir auch bereits berichtet (Kapitel 5.4 ab
Seite 153). Blackberry steht in dieser Beziehung nach Ansicht verschiedener Medien nicht außerhalb jeden Verdachtes.

Die Verschlüsselungskette reicht jedoch nur bis zum Server. Um tatsächlich Sicherheit zu garantieren, muss sichergestellt werden, dass
hinter dem Enterprise Server die Verschlüsselungskette weder ab-
bricht noch in zweifelhafte Hände gerät. Ob das allerdings der Fall
ist, darf wohl bezweifelt werden, denn mit ordentlicher end-2-end-
Verschlüsselung wäre der Blackberry-Aufwand für Emails völlig un-
nötig.

So weit zu nicht-Voice-Nachrichten. Telefonate werden auch vom
Blackberry in der Cell-Phone-Grundversion nicht verschlüsselt. End-
2-end-Verschlüsselung in der normalen Mobilfunktelefonie wird zwar
von Rhode & Schwarz angeboten, aber als separate und natürlich
nicht mit anderen Geräte kompatible Lösung. Wenn Frau Merkel mit
Herrn Hollande telefonieren möchte, müsste der auch so ein Gerät
haben.

Anstelle der normalen Cell-Phone-Technik kann auch VoIP eingesetzt werden, was bei Mobiltelefonen zu Problemen wegen fehlender
Bandbreite führen kann. Das Blackberry der Bundeskanzlerin verfügt
wohl zumindest über diese Option, die dann eine verschlüsselte Verbindung via SRTP erlaubt, aber eben auch nur, wenn alle das unter-
stützen und die Kette nicht unterbrochen wird, und auch das ist keine echte end-2-end-Verschlüsselung (siehe oben).

Von der Firma CellCrypt wird eine Zusatzsoftware für das Blackberry angeboten, die eine harte end-2-end-Verschlüsselung mit Überprüfung von Zertifikaten und allem, was dazu gehört, auch vom und in
das Festnetz, realisiert, allerdings auch wieder als mehr oder weniger
proprietäre Lösung. Jeder Gesprächspartner muss diese Zusatzsoftware auf seinem Gerät haben.

Welche Version hat nun Frau Merkel im Einsatz? Das bleibt im Ne-
bulösen, denn die Äußerungen des Abschirmdienstes verschleiern
mehr als sie klarstellen. Konnten fremde Nachrichtendienste dieses
Mobiltelefon abhören? Oder bezog sich das Abhören nur auf weitere
Telefone, die von Frau Merkel benutzt wurden? Auch das ist nicht
ganz durchschaubar.

Fest steht: Frau Merkel nutzt außer dem Regierungs-Blackberry ganz gewöhnliche Mobilfunktelefone für andere Zwecke. Die Verwendung weiterer Mobiltelefone ist zunächst nicht ungewöhnlich: ihre amtlichen Äußerungen als Regierungschefin über das Blackberry werden möglicherweise aus staatsrechtlichen Gründen mitgeschnitten (→ Nachweis von mündlichen Anweisungen; eine solche Praxis wird in verschiedenen Büchern erwähnt), und ein Regierungschef hat sicher kein Interesse daran, dass Parteiinterna der Regierungspartei dem nächsten Regierungschef einer anderen Partei via offiziellem Mitschnitt bekannt werden. Also anderes Telefon für Nichtregierungsäußerungen, und vielleicht noch ein drittes, um in der Pizzeria eine Bestellung loszuwerden, ohne dabei geheime Nummern zu verraten. Wurden nur diese Telefone abgehört?

Wie auch immer: es ist wohl reichlich naiv zu glauben, man könne die Funktionen als Regierungschef und Parteichef so strikt voneinander trennen, dass Informationen nicht gemischt werden. Und auch als Parteichef wird wohl der größte Teil der Gespräche so gestrickt sein, dass möglichst niemand erfahren sollte, was da besprochen wurde. Für das Regierungstelefon fühlte sich der Abschirmdienst zuständig, für das Parteitelefon anscheinend nicht, und so gerät das Ganze zur naiven Farce: das Bundeskanzleramt schneidet die Blackberry-Inhalte mit, die NSA (mindestens) die Parteitelefonate.

Genauso naiv wie das Telefonieren selbst ist die anschließende Reaktion auf das Bekanntwerden des Abhörens. Man = Presse und Regierung regt sich über die NSA und den britischen Nachrichtendienst auf, denn

> ➤ die sind aufgefallen, und

> ➤ die haben nur das Merkel-Mobiltelefon abgehört, aber bei allen weiteren 1.500 Funktionsträgern geflissentlich weggehört, während

> ➤ Russen, Chinesen, Israelis und andere, die noch ein wesentlich größeres Interesse am Abhören haben, nie auf die Idee gekommen sind, so etwas zu tun (denn sonst wären sie ja auch aufgefallen).

Insgesamt eine sehr traurige Vorstellung. Ob das in anderen Ländern auch so zugeht? Vermutlich zumindest teilweise, denn Gespräche mit südamerikanischen Regierungschefs wurden angeblich ebenfalls belauscht, und bei denen scheinen sich die Nachrichtendienste ähnlich zu bedienen.

SMS & Co.

Zum Thema SMS ist wenig zu sagen. Verschlüsselungen sind nur mit bestimmten Apps möglich, die bei Sender und Empfänger vorhanden sein müssen, ansonsten läuft alles im Klartext über das Netz. Man kann nur hoffen, dass die Abschirmdienste wenigstens dies unter Kontrolle haben, d.h. konkret den Regierungsleuten das Verwenden von SMS ausgeredet haben. Vermutlich ist das nicht der Fall, und über SMS wird zwar oft nur ziemlicher Blödsinn verbreitet, aber ein gewiefter Analytiker in Fort Meade kann vermutlich auch noch aus dem eine ganze Menge brauchbarer Informationen entnehmen.

Das gleiche gilt für Emails mit Anhängen oder sonstige Datenübertragungen ins Netz. Im Zusammenhang mit Regierungsangelegenheiten ist zu dieser Thematik noch nichts bekannt geworden, einige Parteizentralen sind aber bereits durch äußerst qualifizierten Umgang mit der Technik in die Medien geraten, und da die Parteien die Politik mitbestimmen und Regierungsvertreter auch hohe Parteiämter inne haben, kann man nur das Schlimmste ~~hoffen~~ annehmen.

7.1.3   Personen im Gespräch

RICHTMIKROFONE

Gespräche können auf vielfältige Art belauscht werden. Amateurrichtmikrofone bringen es problemlos auf 60-100 Meter Reichweite (Abbildung 7.6), was bereits eine optische Zielvorrichtung erforderlich macht, und professionelle Geräte dürften noch um einiges weiter reichen. Vertrauliche Gespräche im Freien sind daher mit Vorsicht zu betrachten. Die in Kinofilmen immer wieder benutzte Variante, sich irgendwo in einem Park und möglichst auch noch Nachts zu treffen, lädt Lauscher wie die NSA geradezu ein, auf dem nächsten Baum oder Gebäude unauffällige automatische Kameras mit Richtmikrofonen zu installieren, die bewegten Objekte folgen und bei Rendezvous von Objekten die Richtmikrofone ausrichten und aktivieren. Per automatischer Stimmanalyse ist auch sehr schnell heraus zu finden, ob sich da Frau Merkel mit einem anderen Regierungschef unterhält oder die Putzfrauen eine Zigarettenpause machen. Bis auf die unauffällige Installation der Anlagen durch Feldagenten fällt die Abhörtechnik so weitgehend unter „allgemeines Lauschen".

Abbildung 7.6: Richtmikrofon (Produktfoto, versch. Hersteller)

Möglicherweise ist akustisches Lauschen durch Richtmikrofone auch geplante Stufe 2 eines allgemeinen Lauschangriffs. Der SD der SS hatte als Inlandsgeheimdienst zu Beginn die Aufgabe, dem Volk „aufs Maul" zu schauen und zu berichten, über was das Volk sich so alles unterhielt. Goebbels richtete seine Propaganda zu einem Teil danach aus. Möglicherweise kommen auch die heutigen Nachrichtendienste auf die Idee, die Videoüberwachung an geeigneten Stellen (Bahnhöfen, Parks, Restaurants) zu einer kombinierten Video/Audioüberwachung auszubauen. Die Geräteminiaturisierung sollte es ermöglichen, die bestehenden Kamerasysteme mit vertretbaren Kosten aufzuwerten, ohne dass die Unauffälligkeit dadurch verloren geht.

Wie oben schon angesprochen: auch bruchstückhafte Informationen können Sinn ergeben, und Sammeln von Blödsinn

über einen längeren Zeitraum kann durchaus zu sinnvollen
Ergebnissen führen und muss nicht im Messie-Chaos enden.

KOMPLEXERE LAUSCHTECHNIKEN

In einem Gebäude sieht die Situation nur bedingt schlechter aus.
Fenster und andere Gegenstände werden durch Schallwellen in
Schwingungen versetzt, und mittels Laserstrahlen lassen sich die
Schwingungen von Glasscheiben abtasten und die Gespräche über
mehrere hundert Meter Distanz belauschen (direkter Sichtkontakt
und geeignete Reflexionsbedingungen sind allerdings notwendig).
Gegenmaßnahmen sind relativ aufwändig, sofern man nicht durch di-
cke Vorhänge den Schall von den Fenstern und das Licht aus dem
Raum fernhält. Letzteres schützt allerdings vor Videoüberwachung:
bei entsprechender Sicht dürfte es durchaus möglich sein, per auto-
matischem Lippenlesen zumindest einen Teil dessen, was im Raum
gesprochen wird, mitzuschneiden.

Im Gebäude aufgehängte Gegenstände können so präpariert werden,
dass sie aufgrund von Schallwellen niederfrequente Radiowellen
aussenden, ansonsten aber passiv sind und dadurch nicht geortet werden können. Der KGB hat auf diese Weise über längere Zeit die US-
Botschaft in Moskau ausgehorcht. Die US-Abschirmdienste haben
zwar sämtliche aktiven Wanzen im Gebäude unschädlich machen
können, aber diese damals innovative Technik ist ihnen längere Zeit
durch die Lappen gegangen (vermutlich sind sie erst darauf gestoßen,
nachdem sie selbst auf die Idee gekommen sind, solche Techniken
auszuprobieren).

In Kinofilmen sieht man immer wieder abhörsichere Räume, in denen selbst Telefone und Computer nichts zu suchen haben. So spek-
takulär muss das nicht aussehen, aber solche Räume existieren tatsächlich und werden auch im Industriebereich eingesetzt.

Eine anscheinend ebenfalls recht abhörsichere Möglichkeit ist ein
Gespräch in einem fahrenden Auto. Aufgrund der Bewegung ist der
Einsatz der beschriebenen Techniken problematisch, man muss aber
für die Manipulationsfreiheit des Fahrzeugs selbst sorgen. Beispielsweise muss das Montieren von Mikrofonen an der Karosserie verhindert werden, weil diese wie die Scheiben die Sprachschwingungen
aufnehmen könnten. Nebengeräusche hindern zwar das menschliche

Ohr am Entschlüsseln des Gesprächsinhalts, jedoch können Computer die Störungen oft so weit herausfiltern, dass der Inhalt doch wieder verständlich wird.

MACHT DAS EINER?

Lauschangriffe der beschriebenen Art sind nicht nur aus nahezu sämtlichen Spionagefilmen bekannt, sondern auch aus der Realität. Die bekannten Spitzelaktionen zwischen CIA und KGB haben wir schon erwähnt, und wie es scheint, hat der BND in den 90er Jahren in großem Stil die Lasertechnik eingesetzt, um Medien wie Focus, Spiegel und andere zu bespitzeln und insbesondere deren Informatennetz zu untergraben. Große Unternehmen sichern sich ebenfalls gegen solche Techniken ab, was sie wohl kaum machen würden, wenn sie nicht durch eigene Versuche wissen würden, wie schnell Geheimnisse anderer ungeheim werden können.

In Medienberichten kann man nicht selten beobachten, wie hochrangige Regierungsvertreter bei öffentlichen Auftritten drei Schritte zur Seite gehen und dann in ihr Handy quatschen. Für ein menschliches Ohr ist das gut abgesichert, für ein spezielles Richtmikrofon in einem Reporterequipement aber noch nah genug, um vermutlich das meiste aus dem Telefonlautsprecher noch aufzufangen. Ähnliches gilt für ein paar vertrauliche Worte zwischen zwei Menschen, die sich nur wenige Schritte absondern.

Nicht nur Minister unterhalten sich über Geheimnisse, auch viele andere Mitarbeiter bekommen einiges mit, solche in Parteizentralen eingeschlossen. Nicht alle werden baulich oder personell abgeschirmt. Das Lauschen kann sich fast überall für Nachrichtendienste lohnen, also werden sie es auch machen.

Aus den Anmerkungen ist zu entnehmen, dass diese Techniken auch für andere Ziele eingesetzt werden (können). Allerdings sind sie schon recht speziell und (noch) nicht für einen breiten Lauschangriff einsetzbar.

7.1.4   Schrottsammlung

Zu einer Sicherheitslücke können ausrangierte Festplatten werden,
die zum Verkauf angeboten werden. Während in der Industrie seit
Jahrzehnten die Standardprozedur des Ausmusterns im Zertrümmern
mit einem Vorschlaghammer bestand, fiel der öffentliche Dienst fast
genauso lange damit auf, dass plötzlich irgendwo alte Festplatten
auftauchten, die sensible Daten von Bürgern enthielten. Die Behörde
hatte einfach die Dateien gelöscht (genauer: in den Papierkorb ver-
schoben) und die Platte verkauft – und der Käufer selbige wieder hergestellt.

Die heutigen Festplatten geben über ihre SMART-Werte Auskunft
über ihre noch vorhandene Qualität. Die Festplattencontroller können das sehr viel besser kontrollieren als die Rechnersoftware, die
dies bei älteren Techniken selbst erledigen musste. Wenn der Zeitpunkt zum Wechseln einer Festplatte gekommen ist, ist eine Wieder-
verwertung nicht mehr sinnvoll. Allerdings müssen die Festplatten
genauso wirkungsvoll geschreddert werden wie alte Akten. Hoffen
wir, dass das immer passiert.

Aber auch andere Geräte können Daten enthalten: moderne Faxge-
räte, Kopierer und Drucker besitzen größere Speicher, in denen die
Daten zwischengespeichert werden. Ein regelmäßiger Wartungs-
dienst kann daher je nach Gerät auch in einen regelmäßigen Datenex-
port ausarten. Bei Netzwerkgeräten bestehen möglicherweise noch
weitere Möglichkeiten, da über die interne Software der Geräte niemand etwas weiß.

Qualitativ hochwertige Kopierer und Drucker fügen ihren Erzeugnis-
sen in der Regel auch für den Menschen nicht sichtbare Kodierungen
hinzu, die es beispielsweise erlauben, auf einem Farbkopierer herge-
stelltes Falschgeld zum Gerät und damit zum Fälscher zurück zu verfolgen. Ausgemusterte Geräte könnten aufgrund dieser Eigenschaft
aber auch für Geheimdienstoperationen nutzbar sein, wenn gefälschte Dokumente hergestellt werden sollen, die ins Ministerium zurück
führen. Das ist allerdings schon sehr spekulativ.

7.1.5   ... und der eigene Staat

Bespitzelungen im eigenen Land? Oh ja, (nicht nur) der Verfassungsschutz ist beispielsweise ein Inlandsgeheimdienst, so wie früher der
SD, mit einem Haushalt, der immerhin fast 50% des BND-Haushaltes
erreicht. Und im Inland macht ein Geheimdienst eigentlich nur dann
Sinn, wenn Operationen durchzuführen sind, für die die Polizei zu
gesetzestreu oder für die polizeiliche Aktionen gar nicht in Frage
kommen. Lassen wir Terrorismus und Kriminelle außen vor – für die
gibt es später eigene Teilkapitel – so bleibt:

> ➤ Beobachtung von „Verfassungsfeinden", oder einfacher ausge-
>   drückt der Opposition der herrschenden Regierung.

> ➤ Beobachtung von Gefährdungen für die eigene Position,
>   oder einfacher ausgedrückt der Medien.

> ➤ Schaffung von Verbindlichkeiten, d.h. Beobachtung nicht un-
>   bedingt feindlicher "mächtiger Leute" oder anderer Staats-
>   organe, über die man sich durch Hintergrundinformationen
>   eine gewisse Kontrolle verschaffen kann.

Für Letzteres war insbesondere das FBI J. Edgar Hoovers bekannt.
Angeblich gab es niemanden mit Rang und Namen in den USA, die
Hoover nicht in der Hand hatte, ausgegraben von seinen Bundespoli-
zisten.

Aber auch der erste Bundeskanzler der BRD, Konrad Adenauer, ließ
vom BND und seinem Vorgänger alles über Freund und Feind sammeln, und Helmut Kohl setzte den Geheimdienst auf die Medien an.
Dazwischen ist einiges im Dunkeln, was aber nicht heißt, dass da
nicht ebenfalls eine Menge Schmutz angesammelt wurde. Alles im
Dienst des normalen politischen Wahnsinns, den C.N.Parkinson folgendermaßen beschrieben hat:

> *Die Leute verbringen 20% ihrer Arbeitszeit damit, anderen*
> *Leuten ans Bein zu pinkeln, und 80% mit dem Versuch, Pin-*
> *kelversuche anderer abzuwehren.*

Wer Informationen über den anderen besitzt, hat die Macht, und
nicht umsonst sind Wladimir Putin und einige seiner Kollegen ehemalige KGB-Chefs. Die Situation wirkt um so perverser, je mehr man

sich vergegenwärtigt, welche Art von Informationen über eine politische Karriere entscheidet. Während persönliche und fachliche Unfähigkeit selbst in der ausgeprägtesten Form keinerlei Einfluss haben und aus dem Ruder oder schief gelaufene Projekte wie die Elbphilharmonie oder der Flughafen Berlin-Brandenburg immer wieder belegen, dass es keine Obergrenze der Milliardenschäden am Volksvermögen gibt, ab der ein Politiker einmal abgestraft werden würde, genügt eine Bemerkung über vorzüglich gestaltete sekundäre Geschlechtsmerkmale einer Journalistin, die entweder sträflich naiv oder vorsätzlich eine Situation gesucht hat, in der solche Anmerkungen gewöhnlich fallen, um ein wochenlanges Rücktrittsgeschrei in den Medien auszulösen.

> *Das dänische Fernsehen hat in seiner Krimiserie „Kommissarin Lund" dieses politische Ränkespiel in einer Weise dargestellt, dass man es als Zuschauer nicht leicht hat zu entscheiden, was widerwärtiger ist: die teilweise recht gruseligen Morde oder das Verhalten der beteiligten Politiker. Zwar nur Film, aber möglicherweise immer noch harmloser als die Realität.*

Neben allgemeiner oder gezielter Überwachung ist der erfolgversprechendste Weg die Einschleusung von Maulwürfen in andere Organisationen oder das Umdrehen von Mitarbeitern. Nicht umsonst hat das Verfassungsgericht einen Verbotsantrag der NPD abgelehnt, weil Agenten der Inlandsdienste selbst so sehr in die verfassungswidrigen Vorgänge verwickelt waren, dass eine Trennung zwischen Provokation und Tatbestand nicht mehr möglich schien (es gibt Stimmen, die behaupten, dass die NDP auf 30% ihres Mitgliedsbestands schrumpfen würde, würden die Nachrichtendienste alle Agenten abziehen). Wie viele Agenten sich in der Partei „Die Linke" tummeln, ist unbekannt, doch gehört nach Ansicht einiger „aufrechter Demokraten" aus dem Regierungslager auch diese Partei auf die Verbotsliste.

Um es auf den Punkt zu bringen (und alles ist in den Medien und anderen Quellen nachlesbar und nicht etwa meinen Fantasien entsprungen): der Demokratiebegriff wird schon etwas fraglich, wenn

- Verbote gegen Parteien angestrengt werden, die rechtmäßig in Landesparlamente gewählt wurden und dort nach den bestehenden Regeln mitwirken,

- Verbotsanträge mit abweichenden Vorstellungen von der Ausgestaltung einer Verfassung begründet werden, obwohl das Grundgesetz ausdrücklich Änderungen mit Ausnahme sehr weniger Artikel, die auch „Verfassungsfeinde" nicht antasten wollen, zulässt und auch bereits des Öfteren von „Demokraten" geändert wurde,

- das Grundgesetz der BRD gar keine Verfassung ist, sondern nur eine vorläufige Grundordnung, die nach den eigenen Artikeln seit mehr als 20 Jahren zur Umarbeitung in eine Verfassung zur Disposition steht, ohne dass die Arbeit daran aufgenommen würde (wer das nicht glaubt, der lese einmal Artikel 146 GG nach),

- das Grundgesetz den Demokraten offenbar auch nicht so wichtig ist, wenn ein Bundespräsident im Rahmen der Spähaffaire urteilt, dass die Beziehungen zu den USA wichtiger sind als die Grundrechte der deutschen Bürger, und das Verfassungsgericht selbst die Interessen der Kirche oder der Politik oberhalb der Grundgesetzartikel ansiedelt (→ Art 5 Abs. 3, Freiheit von Forschung und Lehre. Selbst wikipedia listet mehrere Aussetzungen des GG durch das BVerfG auf, aber das sind längst nicht alle).

Was damit gesagt werden soll: das Schmutzspiel geht an anderen Stellen weiter und mit viel härteren Bandagen zur Sache, ohne dass sich die Gralshüter der Demokratie in irgendeiner Weise aufregen. Und wer weiß, wen die Inlandsdienste noch bespitzeln? Und wie viele Akten vernichtet werden, wenn die Regierung wechselt?

7.2   Extremisten und Terroristen

Der Schluss des letzten Teilkapitels war etwas heftig, oder? Wir sind es ja gewohnt, von Politik und Medien täglich mehrfach darauf hingewiesen zu werden, in der freiesten und demokratischsten aller freien und demokratischen Gesellschaften zu leben, während um uns herum nur Diktatoren an der Macht sind, die aus purer Täuschung ihr Amt abgeben, wenn sie abgewählt werden, und natürlich Wahlbetrug begangen haben, wenn sie dann irgendwann wiedergewählt werden. Dabei machen unsere Politiker Tag für Tag derart penetrant und offen genau das, was sie anderen vorwerfen, oder wie soll man es interpretieren, dass im Zusammenhang mit dem EU-Vertrag in den Ländern, in denen überhaupt das Volk befragt wurde (→ z.B. Irland), so lange abgestimmt wurde, bis das gewünschte Ergebnis herauskam?

Obwohl dies ein Buch über Technik ist, wird es in diesem Kapitel an einigen Stellen noch heftiger werden. Leider ist das nicht vermeidbar, denn

> ➢ die politischen Zusammenhänge erzeugen erst die Notwendigkeit einer totalen Überwachung zur so genannten Gefahrenabwehr, und

> ➢ sie sind außerdem für die Beurteilung der schon angedeuteten dunklen Seite der Macht notwendig.

Religiöse und politische Extremisten stehen insbesondere nach den verheerenden Anschlägen 2001 in den USA im Visier der Geheimdienste. Sie sind der eigentliche (oder vorgeschobene) Grund für die immensen Mittel, die in die US-Geheimdienste geflossen sind und dienen gleichzeitig zur immer stärkeren Einschränkung der Bürgerrechte (die trotz allem in den USA immer noch deutlich ernster genommen werden als hier, den so genannten Datenschutz einmal ausgenommen), wobei kurioserweise häufig die Bevölkerungsgruppe, die Ziel der Terroranschläge ist, sehr viel stärker in ihren Rechten beschnitten wird als diejenige, aus der die Extremisten stammen. Der werden zumindest in Europa zunehmend Sonderrechte eingeräumt. Welche, werden wir beim Islamismus diskutieren.

Die allgemeine Bespitzelung als Maßnahme gegen Terrorismus hat die eine oder andere Frucht getragen: mindestens in den USA und in Deutschland hat man Gruppen ausheben können, bevor sich Anschläge ereigneten, was nicht ganz einfach ist, da ja durch gezielte Fahndung genügend Beweise gesammelt werden müssen, damit Verhaftungen nicht im Sande verlaufen, es zu Anschlägen selbst aber nicht kommen darf.

Andererseits gibt es auch Misserfolge, wie der Zuganschlag 2004 in Spanien, der Anschlag von Boston 2013 in den USA oder das Breivik-Massaker 2011 in Norwegen zeigen, um nur einige zu nennen. Ange-

sichts der riesigen Mittel, die in den USA in die Geheimdienste fließen, muss man sich nicht wundern, wenn inzwischen die Dienste
mehr oder weniger persönlich dafür verantwortlich gemacht werden,
wenn etwas schief geht.

Bei dem von der NSA verfolgten Ansatz einer allgemeinen Ausspähung geht es darum, frühzeitig sich bildende Zellen zu erkennen und
bei Überschreiten einer Schwelle, die Gefahr signalisiert, auf eine
konkrete fahndergestützte Überwachung durch Polizeidienste umzu-
schalten.

7.2.1   Islamisten

DAS TOLERANZPROBLEM

> *„Die Religion ist [..] das Opium des Volkes."*

bemerkte schon Karl Marx, und der Volksmund bringt es auf eine andere einfache Formel

> *„Glauben heißt nicht wissen, und nicht wissen heißt doof
> sein."*

In einer Zeit, in der sich kulturbedingt immer mehr Menschen von
den Kirchen abwenden, feiert gerade mittelalterliche Religiosität
fröhliche Urständ. Das gilt nicht nur für den Islam, sondern auch für
die merkwürdigen christlichen Sekten aus den USA, die *„die Erde ist
eine Scheibe"* als gleichberechtigte Lehre in den Schulen wieder ein-
führen wollen. Die USA sind derart bigott, dass nicht wenige Abge-
ordnete zumindest während des Wahlkampfes zu Anhängern dieser
Lehre mutieren.

Die christlichen Kirchen haben es verstanden, sich der geistigen Sä-
kularisierung, die unaufhaltsam mit der Aufklärung auf dem Vor-
marsch war und sich gewaltsam mit der französischen Revolution
durchgesetzt hat, anzupassen, ja sie teilweise zu übernehmen, indem
sie auf Montesquieu & Co. basierende Freiheiten heute als christli-
che, in Deutschland gar als christlich-jüdische Werte ausgeben. *„Aus-
gerechnet die Mordbuben von Gestern gerieren sich als Schöpfer der
Toleranz von Heute"*, könnte man Karlheinz Deschner als Zitat in

den Mund legen, und ein Lesen des Mammutwerkes „Die Geschichte des Christentums" aus kirchlicher Feder ändert wenig an dem Eindruck „Mordbuben" nach Genuß von Deschners „Kriminalgeschichte des Christentums". Und Ben-Sassons „Geschichte des jüdischen Volkes", das es nach Tom Segev eigentlich gar nicht gibt, veranlasst den Leser ebenfalls zu der Korrektur ~~jüdisch~~, denn dort ist auch wenig an freiheitlichen Werten zu finden.

Der Islam hat sich nicht mit solchen Entwicklungen wie das Christentum in den letzten 200 Jahren auseinander setzen müssen, sondern ist in einer mittelalterlichen Engstirnigkeit hängen geblieben, und er ist Ursache für die weitaus meisten terroristischen Aktivitäten weltweit. Neu ist das Phänomen nicht: bereits Kaiser Wilhelm II. wies im späten 19. Jahrhundert mehrfach auf die vom Islam ausgehenden Gefahren hin, und die Amerikaner hatten sich bereits damals in Südostasien mit islamischem Terror auseinander zu setzen, ebenso die Briten im von ihnen beherrschten Kolonialreich. Dass die Kolonialmächte, die jahrhundertelang die Völker aus Gründen des Machterhalts auf niedrigster intellektueller Stufe gehalten haben, nach der auch finanziellen Katastrophe der beiden Weltkriege Knall auf Fall alle in eine unvorbereitete Unabhängigkeit entlassen haben, war dem Weltfrieden nicht gerade förderlich.

Der Islam ist leider alles andere als die tolerante Religion, als die sie bei uns in den Medien immer dargestellt wird. In Saudi-Arabien und anderen islamischen Ländern gilt unter Berufung auf die Scharia

> *Todesstrafe: Ja*
> *Delikte: Mord, Vergewaltigung, bewaffneter Raubüberfall,*
> *Hochverrat, Drogenhandel, Ehebruch, Entführung, Gottes-*
> *lästerung und Hexerei sowie Homosexualität*
> *Methode: Enthauptung (Steinigung, Hängen, Erschießen)*

Die unterstrichenen Tatbestände werden in der Presse peinlichst verschwiegen, und wenn die Verhandlungen nicht mit der Todesstrafe enden, dann doch vielfach mit Verstümmelungen, öffentlichen Auspeitschungen und dergleichen menschenrechtlich offenbar unbedenklichen Bestrafungen. Und in der Türkei, mit der Beitrittsverhandlungen zur EU laufen, spielt sich – ebenfalls nach Scharia-Recht – u.a. folgendes ab:

*Ein türkisches Gericht hat unlängst Grundeigentum eines
christlichen Klosters wegen „Diebstahls islamischen Eigen-
tums" beschlagnahmt.*

*Delikat: die von den konstantinischen Kaisern ausgestellten
Besitzurkunden des Klosters stammen aus dem 5. Jh. (Mo-
hammed hat den Islam erst im 7. Jh. gegründet).*

Im Prinzip wäre dies alles kein großes Problem, würde man sich an
die Regeln

a) unser Staat – unser Recht und

b) Integration statt Segregation

halten, im Klartext: keine Scharia, keine Sonderregeln, keine Subkul-
turbildung. Wer das nicht akzeptieren will: die Welt ist groß genug,
um woanders hin zu gehen.

Es gibt sogar Beispiele, dass das funktioniert. München hat mit fast
38% den höchsten Anteil ethnischer Mischung, aber im Gegensatz zu
anderen Städten nur dort Probleme, wo man auf die Masseneinwan-
derung nicht schnell genug reagieren konnte. Wo Gettobildung vermieden werden konnte, scheint das Zusammenleben zu funktionieren.

Leider wird ansonsten in der BRD „Toleranz" in Bezug auf Moslems
in der Form „jeder darf machen, was er will (und mit der Faust
durchsetzen kann)" interpretiert und nicht in der ursprünglichen
Form „Freiheit endet dort, wo die Freiheit des Nächsten beschnitten
wird". Unterstützt von Menschenrechtlern ist es für Moslems kein
Problem, beispielsweise Schlachtung von Tieren gegen bestehende
Tierschutzgesetze, Tragen von Vermummungen gegen bestehende
Gesetze oder Verordnungen, Heirat von mehreren und auch minderjährigen Frauen ohne deren Einwilligung, Verstöße gegen Schul- und
Jugendgesetze oder Verweigerung der Arbeit aus religiösen Gründen
ohne Gefahr für die Sozialleistungen durchzusetzen. Man muss nur
die großen Tageszeitungen lesen, um nicht nur Artikel über solche
Details des Zusammenlebens zu finden, sondern nicht selten auch
solche über ethnische Boni bei Straftaten, Entfernung christlicher
Symbole bis hin zum Weihnachtsbaum wegen der Gefahr der religi-

ösen Beleidigung oder Stimmen für die Einführung der Scharia alternativ neben unseren Gesetzen.

Das führt in einen regelrechten Teufelskreis: die falsch verstandene Toleranz und die daraus resultierende Bildung inkompatibler Subkulturen schafft bei uns gerade erst den Nährboden für gefährliche religiöse Extremisten, und die prügeln nicht nur auf Deutsche ein, sondern auch auf ihre Landsleute, die hier in Frieden leben und sich integrieren wollen.

Unter diesen Bedingungen – Fehlen der präventiven Kontrolle und Aussonderung der gewaltbereiten Extremisten – bleibt nur die nachrichtendienstliche Überwachung, und diese kann nur dann richtig funktionieren, wenn die Überwachung total ist, also alle Personen umfasst. Warum, wird aus den folgenden Betrachtungen schnell klar werden. Die religiöse Freiheit der ewig Gestrigen wird daher durch eine zunehmende Unfreiheit der Bevölkerungsmehrheit erkauft.

KANDIDATENLISTE

Für die Nachrichtendienste ist es zunächst gar nicht so einfach, die Bürger in Muslime und Nichtmuslime zu unterteilen. Der Islam gehört bislang nicht zu den offiziell staatlich unterstützten Religionen, von einer Reihe von Moscheebaumaßnahmen einmal abgesehen. Die Statistik weist in der Gesamtbevölkerung nur knapp 5% Muslime auf (Abbildung 7.7), der Gesamtanteil der Ausländer in der BRD liegt bei ca. 10%, und die Türken machen ca. 2 Mio aus. Diese Statistiken sind allerdings mit Vorsicht zu genießen.

Nur Christen werden über die steuerliche Veranlagung wirklich korrekt gezählt, und die Anzahl der „Bürger mit Migrationshintergund", also Ausländer sowie Leute, die einen deutschen Pass bekommen haben, aber sich nicht unbedingt als Deutsche fühlen oder so handeln, macht fast 20% aus, also das doppelte der offiziellen Zahl. Nicht alle wiederum sind Moslems: Russen, Armenier, Südosteuropäer und Ostasiaten sind ebenfalls in diesen Zahlen verpackt.

Die Masse, aus der die Nachrichtendienste ihre Extremismus-Kandidaten zu filtern haben, macht somit rund 35% der Gesamtbevölkerung aus. Als potentielle Terroristen ausfallen dürften alle unterhalb und oberhalb eines gewissen Alters, als Rädelsführer kann die zweite Gruppe wiederum nicht ausgeschlossen werden.

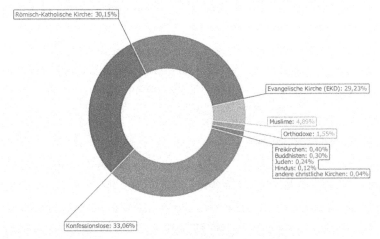

Abbildung 7.7: Religionen in der BRD 2010 (Bundesarchiv)

Wer ein wenig die Berichterstattung in den Medien verfolgt, kann folgende Profile zur Filterung der Kandidaten aufstellen:

1. **Hassprediger.** Islamisten, die offen Verachtung für ihr „Wirtsland" zeigen, außer der Scharia keine rechtlichen Bedingungen akzeptieren und mehr oder weniger offen den Jihad (heiligen Krieg) predigen und andere damit zum Terrorismus verleiten. Hier sind zwei Gruppen auszumachen:

   a) Ausländer, die als Imame auftreten, oft größere Familien (mehrere Frauen) haben, Sozialhilfeempfänger sind, die Aufnahme einer Arbeit mehr oder weniger verweigern, das typische Habit (Zauselbart, an Nachthemden erinnernde Gewänder, ein rundes Häkeltuch auf dem Kopf) tragen und kaum die Sprache ihres Wirtslandes beherrschen.

   Die Vertreter dieser Gruppe sind i.d.R. mittleren bis gesetzteren Alters, weil ein gewisses alterbedingtes Charisma Voraussetzung für ihr Auftreten ist. Die Familienangehörigen sind i.d.R. ebenfalls nicht integrierbar.

   b) Inländische Konvertiten, die durch Namensänderungen (Abu ... und ähnlich, also nicht typisch islamische Namen, sondern Führernamen mit entsprechendem Anspruch) und ähnliche Verhaltensweisen wie die Vertreter der Gruppe a) auffallen, aber jünger sein können und keine Familie aufweisen.

Die Identifizierung möglicher Angehöriger dieser Gruppen kann über die staatlichen Quellen erfolgen, wobei insbesondere die Akten der Sozialbehörden aussagekräftig sein dürften. Nicht selten kann vermutlich ein Lebensstil beobachtet werden (Reisen, Fahrzeuge), der nicht zu einem Sozialhilfeempfänger passt.

Die Gesamtzahl der Personen, die zu dieser Gruppe gezählt werden müssen, dürfte allerdings recht überschaubar sein.

2. **Gewaltbereite Islamisten.** Wie die Erfahrung gezeigt hat, ist diese Gruppe weniger einheitlich definierbar.

a) Ausländer gehören weniger oft der Unterschicht an, weil sie sich nicht unauffällig genug in der Wirtsgesellschaft bewegen können. Die 9/11-Attentäter rekrutierten sich aus Studenten, denen man religiösen Extremismus eigentlich wenig zutraut. Es ist aber falsch, alle Studenten aus islamischen Ländern unter Generalverdacht zu stellen.

Ausländer aus unteren Gesellschaftsschichten werden vermutlich direkt mit Terrorabsichten in islamische Subgesellschaften eingeschleust und sind vermutlich illegal im Land, d.h. sie sind entsprechend schwer zu identifizieren.

b) Inländer dagegen gehören vermutlich selten gebildeteren Gesellschaftsschichten an, können sich aber frei in der Gesellschaft bewegen. Sie können, müssen aber nicht durch den äußeren Habitus auffallen. Ihre Identifizierung ist ein Problem, da sie unter Umständen auch nicht als Moslems bekannt sind und in die Gruppe "konfessionslos" fallen.

In dieser Gruppe können die Nachrichtendienste durch die Auswertung der statischen Daten allenfalls sehr grobe Klassifizierungen vornehmen. Wirklich Gefahreneinschätzungen sind wohl kaum möglich.

Die Klassifizierung nach Daten aus statischen Quellen wird durch allgemeine Beobachtung weitergeführt. Die Vorklassifizierung ist gewissermaßen ein Kondensationskeim, um den sich weitere Indizien gruppieren, die den Kandidaten be- oder auch entlasten, und Netzwerke und damit weitere Beteiligte offenbaren.

VIDEOÜBERWACHUNG

Zumindest ein Teil der Versammlungsorte von Islamgläubigen ist durch amtliche Daten bekannt, da Moscheen und sonstige Räume beim Ordnungsamt angemeldet werden müssen. Wohnungen von Kandidaten aus der Rastersuche fallen ggf. auch in diese Kategorie.

Über eine allgemeine biometrische Videoüberwachung der Orte lassen sich Personen feststellen, die diese aufsuchen. In den engeren Beobachtungskreis werden sicher Personen gelangen, die häufiger als im Durchschnitt die Orte aufsuchen und dies auch zu Zeiten machen, in denen sonst wenig Besuchsverkehr herrscht.

Dabei ist es im ersten Ansatz oft nicht möglich und auch nicht notwendig, die Personen namentlich zu identifizieren. Eine biometrische Wiedererkennung an anderer Stelle ist aus den Videodaten auch ohne die namentliche Identifizierung möglich, so dass diese an anderer Stelle oder über andere Methoden nachgereicht werden kann.

Die Korrelation verschiedener Personen, die in diesem Raster auffallen, lässt das Erkennen von Netzwerken zu: kommen die Personen immer wieder mehr oder weniger gleichzeitig zusammen, spricht dies für eine feste Gruppe. Lässt sich diese Gruppe mit einem der potentiellen Rädelsführer verknüpfen, ergibt das weitere Punkte auf der Verdachtsskala. Über Kleidung und sonstigen Habit lassen sich weitere psychologische Rückschlüsse ziehen.

Die Videoüberwachung muss allgemeiner Natur sein, um nicht aufzufallen, d.h. Kameras müssen an allen Ecken und Enden zu finden sein. Eine selektive Montage in der Nähe einer Moschee dürfte schnell zu einem Aufstand der Moslems und von Datenschützern führen. Eine größer angelegte Videoüberwachung erlaubt außerdem eine Wiedererkennung der im Raster befindlichen Personen auch an anderer Stelle, ggf. selbst in anderen Städten. Auch diese Informationen sind für die Nachrichtendienste aufschlussreich:

- Entwickelt ein Sozialhilfeempfänger untypischerweise eine ausgedehnte Reisetätigkeit und fällt in anderen Raster ebenfalls auf?

- Welche Orte besucht eine Zielperson noch gehäuft?

- Lassen sich weitere Netzwerke erkennen?

MOBILFUNK: BEWEGUNGSPROFILE

Obwohl nach strenger Auslegung des Koran gar nicht existent, scheuen auch religiöse Extremisten nicht die großzügige Benutzung moderner Technik wie Mobilfunktelefonen und Computern.

Die Bewegungsprofile der Mobiltelefone können mit der Videoüberwachung korreliert werden. Über einen längeren Zeitraum hinweg dürften Mobilfunknummern mit hoher statistischer Wahrscheinlichkeit bestimmten Personen zuzuordnen sein, selbst wenn die Auflösung der Mobilfunkdaten zu wünschen übrig lässt. Sind die Identitäten der Mobiltelefoninhaber bekannt, schließt sich die Lücke fehlender Identifikationen aus der Biometrie; im Umkehrschluss gilt das Gleiche für anonyme Prepaid-Handys bei anderweitig identifizierten Personen. Und Leser, die sich mit Statistik beschäftigt haben, werden sicher schnell Kriterien angeben können, nach denen auch ein Wechsel des anonymen Mobiltelefons erkannt werden kann. Ein Entkommen aus dem doppelten Raster ist kaum möglich.

Die Bewegungsprofile der Telefone sind darüber hinaus wesentlich umfangreicher als die Videoüberwachungen. Sie erlauben, den Tagesablauf auch bei Reisen sehr genau zu rekonstruieren, insbesondere auch die Wohnung eines Beobachteten einigermaßen zu lokalisieren, sofern dies über eine Identifizierung noch nicht möglich war. Durch einen Abgleich der Videodaten mit den gemeldeten Personen im Umkreis der vermuteten Wohnung (biometrische Fotos, Namen, äußere Merkmale wie „südländisches Aussehen") lässt sich der Unbekannte entweder identifizieren oder im Ausschlussverfahren die möglichen Wohnungen auf eine kleinere Zahl eingrenzen.

Ist bei ausländischen Personen ein Aufenthalt in Ämtern über die Mobilfunklokalisation feststellbar, ist durch Abgleich mit Videoaufnahmen und ggf. Rückfrage im Amt auch die Identität ermittelbar, sofern die bisherigen Daten dazu nicht ausgereicht haben. Möglich sind auch Vergleiche mit den Einreisedaten der Passkontrollstellen. Die Identifikation aufgrund biometrischer Merkmale ist jeweils durch die starke Einschränkung der Anzahl der abzugleichenden Fotos auf einige Hundert möglich.

Lediglich die Identität sich illegal und unauffällig aufhaltender Personen ist so nicht feststellbar, folgt aber gegebenenfalls aus externen Quellen (Beobachtungen der Nachrichtendienste in anderen Ländern, Abgleich mit diesen Datenbanken). Solche Personen sind aber schon deshalb verdächtig und können intensiver beobachtet oder unauffällig aus dem Verkehr gezogen werden.

Die Mobilfunkauswertung ist damit aber noch nicht am Ende angekommen, denn die Aufenthaltsorte können nun mit andere Mobilfunkdaten korreliert werden. Haben bestimmte Personen näheren Kontakt miteinander, fällt dies statistisch auf. Sind zwei Telefone häufiger in der selben Zelle anzutreffen und dann auch länger zusammen als bei zufälligen Kontakten, deutet dies auf eine Beziehung der Personen hin. Möglicherweise handelt es sich aber auch nur um Nachbarn oder Arbeitskollegen, was aber durch Abgleich der Daten der Kontaktpersonen feststellbar ist: von „normalen" Personen müssten mehr oder weniger vollständige Profile vorliegen, die die meisten als Zielpersonen ausschließen oder zumindest sehr weit hinten in der Beobachtungsliste platzieren. Die Nachrichtendienste werden sicher über weitere Kriterien verfügen, die eine Bewertung solcher Korrelationen erlauben.

Statistisch sollte sich daraus ein enges Beziehungsnetz von Personen ergeben, die häufig persönlichen Kontakt pflegen. Die Daten können die aus den Videodaten gewonnenen Erkenntnisse ergänzen und auch erweitern, da nun auch Personen in das Raster gelangen, die in der Videoüberwachung statistisch noch nicht erfasst sind.

Nun könnten die Zielpersonen auf die Idee kommen, ihr Handy auszuschalten, um so ihren Standort geheim zu halten. Allerdings nützt das nichts: neben den normalen SMS sind so genannte „Silent-SMS" in den Standards definiert, mit denen auch ausgeschaltete Handys geortet werden können (siehe auch Kapitel 3.2 ab Seite 63). Auch ein

ausgeschaltetes Mobiltelefon ist immer noch passiv auf Empfang geschaltet. Eine Silent-SMS ist ein Broadcast, der mit der Kennung eines bestimmten Telefons über sämtliche Sendemasten versandt wird.
Das Mobiltelefon beantwortet diese SMS mit seinem Erkennungs-
code, ohne dass der Inhaber diese bemerkt. Schützen kann man sich
dagegen nur, wenn man den Akku (und möglichst auch die SIM-
Karte) entnimmt (oder das Handy zu Hause lässt).

MOBILFUNK: VERBINDUNGSDATEN

Heiß umkämpft in der bundesdeutschen Gesetzgebung ist die so genannte Vorratsdatenspeicherung, die als Speicherung der Verbindungsdaten ausgegeben wird. Das Bewegungsprofil dürfte wohl im-
plizit in der Vorratsdatenspeicherung enthalten sein, ohne dass das
an die große Glocke gehängt wird. Die Verbindungsdaten ergänzen
die bislang schon sammelbaren Daten lediglich, können aber manche
Zusammenhänge wie korrelierende Standortauswertung selbst nicht
liefern.

Aus den Verbindungsdaten ergibt sich das genaue Beziehungsnetz,
d.h. auch der Kontakt mit räumlich entfernten Personen oder Personen, mit denen der direkte Kontakt vermieden wird oder nicht möglich ist. Wiederholte Anrufe einer Anschlussnummer können natürlich völlig harmlos sein, was sich aber wieder aus einer automatischen
Querauswertung ergeben sollte, beispielsweise

- anderen Personen im Zielraster,

- Telefonate zu anonymen Mobilfunkanschlüssen,

- Anrufe ins „südländische" Ausland,

- Kontakte zu Personen aus anderen Rastern, beispielsweise
  nicht-islamischen Extremistengruppen oder Kriminellen.

Obwohl wir bislang noch gar nicht in eine Phase der Überwachung
von Gesprächsinhalten oder Internetdaten eingetreten sind, ist dem
Leser sicher schon klar geworden, dass potentielle Zielpersonen nur
wenig Chancen haben, dem Suchraster zu entgehen. Auch Netzwerke
werden schnell sichtbar und können in ihrer Gefährlichkeit bewertet
werden.

Ausnahmen sind autonome Mikrogruppen, wie es die beiden Brüder waren, die für den Anschlag auf den Boston-Marathon verantwortlich sind. Aus den Daten für eine solche Gruppe lässt sich zwar vermutlich auf religiöse Aktivität schließen, aber aus den Kontakten ergibt sich nichts weiter Auffälliges. Aber selbst bewusst getarnte Gruppen wie illegal einschleuste Terroristen dürften nur ein relative kleines Zeitfenster zur Verfügung haben, bis sie einem aufmerksamen Nachrichtendienst auffallen: auch sie benötigen irgendeine Basis und Kontakte vor Ort, und in Verbindung mit den unten disktutierten erweiterten Überwachungsmaßnahmen fallen sie als Unregelmäßigkeit bald auf.

Dem Leser dürfte aber auch verständlich werden, weshalb die Dienste auf eine vollständige Überwachung aller Personen drängen: bei der Auswertung sind die meisten Kontakte als „harmlos" zu qualifizieren, was aber nur möglich ist, wenn entsprechende Daten über die Kontaktpersonen vorliegen.

Theoretisch ließe sich dies alles auch durch geschultes Personal erledigen, wenn auch sehr aufwändig und mühsam. Die Kunst der Nachrichtendienste liegt darin, das ganze Verfahren zu automatisieren, d.h. eine Software und Datenbanken zu entwerfen, die die Daten aufzeichnen und auswerten. Da es vielfach nur um statistischen Abgleich von Daten geht, dürfte der technische Aufwand hierfür noch nicht so hoch sein, dass nicht auch deutsche Dienste wie der BND sich das leisten könnten.

MOBILFUNK: ANGRIFF

Ein wenig Verschwörungstheorie mag man an dieser Stelle auch noch hinein bringen. Mobiltelefone sind mit jeder Menge Technik und oft mit zusätzlicher Software (→ Apps) vollgestopft. Denkbar ist, dass ähnlich den Silent-SMS auch andere Teile unbemerkt vom Inhaber aktiviert werden können, beispielsweise eine Sprachaufzeichnung oder eine Aktivierung der Kamera. Die NSA wird sicher derartige Apps in der Schublade haben nebst einigen Strategien, die auf die Handys der Zielpersonen zu befördern. Nach den im technischen Kapitel vorgestellten Möglichkeiten dürfte auch das weitgehend automatisiert erfolgen.

PROFILERGÄNZUNGEN

Zu den bislang betrachteten allgemeinen Rasterdaten kommen nun
noch Einzelbeobachtungen hinzu, die eine genauere Einschätzung einer Person bzw. eines ganzen Personenkreises erlauben:

- Kommen diese Personen mit dem Gesetz in Konflikt?

  Extremisten verhalten sich häufig nicht unauffällig. Beispielsweise können sie im Zusammenhang mit kleineren Gewalt-
  delikten, Übertreten anderer nicht-scharia-konformer Vorschriften oder Beschwerden anderer auffallen und aktenkun-
  dig werden.

- Fallen sie durch öffentliche Aktionen auf?

  Öffentliche Aktionen wie Kundgebungen usw. werden meist
  von der Polizei mit Video erfasst (sehr zum Zorn der Datenschützer). Treten sie hier als Redner auf? Sind sie in „harten Kernen" von Demonstranten identifizierbar?

  Um hier fündig zu werden, sind recht ausgefeilte Bildauswer-
  tungstechniken notwendig. Der damit verbundene Rechenaufwand fällt aber insofern weniger ins Gewicht, als solche
  Aktionen nur zu einer begrenzten Datenmenge führen.

- Fallen sie in der Öffentlichkeit auf?

  Gerade Leute mit einer persönlichen Botschaft neigen dazu,
  diese auch bei jeder Gelegenheit möglichst öffentlichkeits-
  wirksam zu verbreiten. Exponenten kann man daher durchaus mit ihren Ansichten auch in den Medien oder im Internet
  auf bestimmten Seiten finden.

INTERNETVERBINDUNGSDATEN

Der bis hier betrachtete Umfang an Daten lässt sich überspitzt formuliert auf einigen PCs auswerten. Auch die sonstige notwendige Technik wie Überwachungskameras bleibt noch begrenzt aufwändig. Be-
ginnend mit der Auswertung der Internetverbindungsdaten ist aber
ein größerer Aufwand notwendig, sowohl was die Erfassungstechnik
als auch was die Datenmenge angeht, mit der umgegangen werden
muss.

Mit der Wohnung einer Zielperson ist auch bekannt, ob dort ein Telefonanschluss mit Internetanbindung besteht. Gleiches gilt für Mobiltelefone. Über die Provider sind die zugeteilten IP-Adressen abrufbar, so dass der Internetverkehr überwacht werden kann.

Die Verbindungsdaten – IP-Adressen und Portnummern von Servern, mit denen sich die Zielrechner verbinden – geben Auskunft, bei welchen Providern Emailkonten geführt werden und in welchen sozialen Netzwerken sich die Person bewegt. Dies gilt auch für verschlüsselte Datenverbindungen, da die Serveradresse nebst Portnummer hierfür genügt. Zu sozialen Netzwerken sind hier nicht nur facebook und twitter zu zählen, sondern auch alle Foren und Blogs.

Was von den Servern an Diensten/Daten angeboten wird, ist den Nachrichtendiensten durch direkte Serveranalyse à la Google bekannt. Besuche von Servern, auf denen näher auf Waffentechnik und Sprengstoffe eingegangen wird, geben beispielsweise weitere Hinweise auf den Radikalisierungsgrad. Bei Besuchen von Webseiten, auf denen Produkte angeboten werden, die eigentlich nicht dem sozialen Umfeld der Zielperson entsprechen (Chemikaliengroßhandel, Düngergroßhandel, usw.), aber zum Bau von Bomben und ähnlichem verwendet werden können, sollte irgendwann DefCon 2 auf der Nachrichtendienstskala erreicht werden.

Möglicherweise benutzen Zielpersonen aber auch andere Internetzugänge wie Internetcafes, um sich vor der Beobachtung durch die Dienste abzusichern. Allerdings dürfte das ein Trugschluss sein: Internetcafes oder anonyme WLAN-Public Access Points sind bekannt und dürften generell der Beobachtung der Nachrichtendienste unterliegen. Bei Korrelation mit Handydaten oder Videoüberwachungsdaten sind die IP-Verbindungsdaten statistisch ebenfalls einer bestimmten Person zuzuordnen.

TELEFONDIENSTE- UND SMS-AUSWERTUNG

SMS-Nachrichten sind nur dann nicht auswertbar, wenn sie mit speziellen Apps verschlüsselt werden. In der Regel können die Dienste SMS-Nachrichten komplett mitlesen (→ selbst der BND macht dies laut seinen Berichten an die parlamentarischen Kontrollgremien in nennenswertem Umfang). SMS-Codes sind aus verschiedenen Gründen sehr kompakt. Man kann wohl davon ausgehen, dass Nachrich-

tendienste den Inhalt automatisiert recht sicher klassifizieren können.

Neben reinem Text werden auch Bilder per SMS übertragen. Auch
diese können Nachrichtendiensten wertvolle Informationen über
weitere Mitglieder von sozialen Netzwerken, Aufenthaltsorten, Plä-
nen oder möglichen Zielen liefern.

Viele Mobiltelefone sind so eingestellt, dass Bilder mit Webdatenbanken synchronisiert werden. Ob die Kommunikation immer verschlüsselt erfolgt, darf bezweifelt werden, aber zumindest sind den
Nachrichtendiensten die verwendeten Dienstleister bekannt. Nachrichtendienste haben durch Abgriff der Synchronisationsdaten die
Möglichkeit, an weitere Informationen zu gelangen. Bei international
aufgestellten Webdatenbanken besteht zusätzlich die Möglichkeit,
per Gesetzen wie dem Patriot Act oder mit einer dicken Brieftasche
direkt zum Zug zu kommen. Das gilt dann auch für verschlüsselte
Serververbindungen, da man aus den Verbindungsdaten statistisch
ermitteln kann, welche Daten interessant sind.

EMAILDATEN

Emails sind nur dann wirklich sicher, wenn eine end-2-end-Ver-
schlüsselung durchgeführt wird. Ob die technischen Skills und Möglichkeiten vieler Kandidaten ausreichen, entsprechende Technik
einzusetzen, darf bezweifelt werden; bei Mobiltelefonen findet eine
Verschlüsselung in der Regel nur zwischen Telefon und Sendemast
statt, wie wir in den technischen Kapiteln dargelegt haben. SMTP-
Server verschlüsseln untereinander offenbar auch nicht in jedem Fall,
wie aus der NSA-Spähaffäre bekannt geworden ist (vielleicht ist es
jetzt besser). Durch eine allgemeine Netzüberwachung dürfte für die
Dienste daher ein größerer Teil der Emails mitlesbar sein, zumal sie
IP-Adressen von Zielpersonen und Servern kennen.

Die direkte Überwachung von Webmail-Konten und Konten auf anderen Mailservern hängt von der Mitspielbereitschaft der Dienstleister und den gesetzlichen Rahmenbedingungen ab. Selbst in der BRD
dürfte es aber kaum Probleme geben, Überwachungsmaßnahmen bestimmter Zielpersonen ab DefCon 3 oder 2 durchzusetzen.

SOZIALE NETZWERKE

Soziale Netzwerke werden vom Zielpersonenkreis gerne genutzt, um Verbindungen in islamische Länder herstellen, Kontakte zu pflegen, Gleichgesinnte zu rekrutieren oder ganz einfach Dampf abzulassen.

Soziale Netzwerke wie facebook verschlüsseln die Verbindung, so dass ein direktes Mitlesen nicht möglich ist. Sie kontrollieren auch nicht, ob sich ein Nutzer tatsächlich wie gefordert mit seinem echten Namen anmeldet. Eine Person muss daher nicht unter einer bekannten Identität wiedergefunden werden. Allerdings haben die Leute ein spezielles Kommunikationsziel, das sie am Besten dann erreichen können, wenn sie mit einem bestimmten Profil auftreten. Man kann zwar die Sichtbarkeit seines Profils etwas einschränken, aber facebook ändert beispielsweise in relativ kurzen Abständen seine ohnehin schon recht weit reichenden Zugriffsbedingungen, so dass die Nachrichtendienste gezielt suchen können.

Weiteren Zugang erhalten sie über Freundeslisten (→ Netzwerke, potentielle weitere Kandidaten), Gruppen und Kommentare. Teilweise sind die Gruppen auch ein wenig abgeschottet, und man muss schon ein „Freund" werden, um alles mitlesen zu können. Sehr weit geht die Abschottung allerdings in den meisten Fällen nicht. Und nicht nur die Nachrichtendienste bedienen sich aus dieser Quelle. Ein Bericht in einem Wirtschaftsmagazin meldet:

> *Mehr als ein Viertel der Unternehmen zieht das Internet als Entscheidungshilfe zu Rate. Fast 80 Prozent der Firmen durchsuchen das Internet bereits vor der Einladung zu einem Bewerbungsgespräch. Rund ein Drittel der Unternehmen, die Informationen über Bewerber im Internet suchen, **erkundigt sich** auch in sozialen Netzwerken wie beispielsweise Facebook.*
>
> *Ein Viertel der Unternehmen stellt Bewerber aufgrund der im Internet gefundenen Informationen nicht ein. Jedoch erklärt auch mehr als die Hälfte der Unternehmen, dass Bewerber wegen dort gefundener Angaben für sie interessant wird. So sind beispielsweise Hobbies oder soziales Engagement für viele Unternehmen ein Pluspunkt. Dreiviertel der Unternehmen stören sich jedoch an negativen Aussagen über die Arbeit oder das Arbeitsumfeld. Bewerber, deren Aussagen im Inter-*

net von denen in ihrer Bewerbung abweichen, hält rund die Hälfte der Unternehmen für unglaubwürdig. Und auch sehr private Bilder ihrer Bewerber im Internet empfinden viele Firmen als negativ.

Diese Suchen von Unternehmen sind zwar selektiv, zeigen aber, dass es nicht sonderlich schwer ist, jemandem auf die Spur zu kommen. Die Kenntnisse der Nachrichtendienste, wie man sich Informationen verschaffen kann, liegen sicher um Einiges über denen von Personalberatern, und wenn alles nichts hilft, bleibt immer noch die Möglichkeit der direkten Kooperation mit dem Betreiber des Netzwerkes. Sie dürften über Systeme verfügen, automatisch entsprechenden Gruppen auf die Spur zu kommen oder in thematisch enger eingegrenzte Foren auch aktiv durch ein Schneeballsystem von Freundschaftsanfragen oder provokanten eigenen Beiträgen einzudringen (→ wenn ich mir das schon in einer automatisierten Form vorstellen kann, dürfte die NSA das auch als Software realisiert haben).

Kriterien für die Suche nach islamistischen Gruppen oder eigene Provokationen sind, bezogen auf deutsche Verhältnisse:

- ✔ Verwenden von arabischen Zitaten, islamischen Grüßen usw. in ansonsten deutschen Texten.

- ✔ Namen, die auf streng religiösen Hintergrund schließen lassen.

- ✔ Bilder mit bestimmten Inhalten oder Links auf entsprechende Bilder und Videos.

- ✔ Verwendung von Hass ausdrückenden Worten wie „Hunde", „Huren", „Schweinefresser" usw. sowie Belehrungen bezüglich „Kufr" oder „Dhimmi".

- ✔ ...

Die Auswertung ist auch auf Emails anwendbar und mit einer Skalierung verbunden. Wer sich mit السلام يكون معكم verabschiedet („Friede sei mit dir"), ist noch nicht unbedingt verdächtig, aber wer in jeder zweiten Zeile الحمد لله رب العالمين („gepriesen sei Allah") von sich gibt, wird es mit der Religion schon ernster nehmen. Sicher auch mit einigen Punkten auf der Aufmerksamkeitsskala rechnen können Konvertiten, die gleichzeitig ihren Namen ändern. Eine

Namensänderung bei Konversion sieht die islamische Religion nicht vor, wenn auch Konvertiten mit zu christlichen Namen wie Christian o.ä. dies empfohlen wird. Die Art des gewählten Namens spielt dabei sicher auch eine Rolle: Abu, Ben oder Ibn sind keine arabischen Vornamen, sondern drücken Verwandschaftsgrade aus. Im Islam werden sie auch benutzt, um auf die religiöse Bedeutung des Inhabers hinzuweisen. Dieser Filter kann sicher auch auf Personen angewendet werden, die von vornherein mit arabischen Namen aufwarten.

Sind die Beiträge im sozialen Netz erst einmal sichtbar, erhalten die Nachrichtendienste durch Analyse der Verbindungsdaten wieder genügend Informationen, um Alias-Identitäten aufzudecken, und zwar von bereits bekannten Personen als auch weiteren, die bei anderen Beobachtungen noch nicht auffällig geworden sind. Noch einfacher wird die Analyse bei Beiträgen, die mit Mobiltelefonen erstellt werden.

Durch Stilanalysen (Vokabeln, Grammatik, Namen) lassen sich auch Verbindungen zwischen Forumsbeträgen mit Emails herstellen. Solche Analysen erlauben auch einen Vergleich mit bekannten Biografien (baut ein Schreiber mit guter Schulbildung beispielsweise absichtlich Fehler ein oder hat sich ein Schulversager im Gegenteil inzwischen gemausert?) und lassen psychologische Gutachten zu. Vermutlich ist zumindest die NSA technisch so weit entwickelt, dass auch das automatisch durch Rechner abgewickelt wird.

Wie der Leser bemerkt, ist eine Kooperation der Betreiber sozialer Netzwerke zwar sicher hilfreich, aber bei mehr oder minder vollständiger Kontrolle des Netzwerkverkehrs selbst nicht unbedingt notwendig. Mit einer passenden Strategie lassen sich auch unkooperative Netzwerke abfischen, wenn auch etwas zeitraubender und unvollständiger.

TELEFONGESPRÄCHSAUSWERTUNG

Sind die Rufnummern der Zielpersonen bekannt, lassen sich auch Telefongespräche automatisch ausfiltern und auswerten, wenn auch vielleicht nur unvollständig. Der Sprechstil kann mit den Schreibstilen verglichen und ausgewertet werden.

Über die Inhalte hinaus liefert die Telefonieauswertung auch Stimmprofile der Personen. Diese können wiederum eingesetzt werden, um
die Sprecher an anderer Stelle sicher identifizieren zu können.

Die technischen Möglichkeiten haben wir bereits im entsprechenden
Kapitel diskutiert. Das Problem der Nachrichtendienste besteht darin, diese Informationen in ihre Dossiers einzubinden.

SONSTIGE DATEN

Bereits oben erwähnt wurde die Auswertung der Serververbindungen, um ungewöhnlichen Käufen auf die Spur zu kommen. Verfei-
nern lässt sich dies mit Clickprofilen, also der Verfolgung der besuchten Internetseiten durch spezialisierte Dienstleister wie doubleclick.

> *Sie haben sich sicherlich auch schon gefragt, wieso Banner
> auf einer noch nie besuchten Webseite genau die Artikel be-
> werben, die Sie sich woanders angeschaut haben. Diese wer-
> den von Drittanbietern platziert, die per Weblink auf der ers-
> ten Seite mit Unterstützung des Seitenbetreibers von Ihrem
> Wunsch erfahren haben und per Weblink und Cookie auf der
> nun besuchten Seite zielgenau die Information platzieren
> können (siehe auch Kapitel 4.1).*

Im Nicht-Internetbereich können Bargeldabhebungen an Bankautomaten kontrolliert werden. Durch die Auswertung der Videoüberwachung der Automaten lassen sich auch verdeckte Konten und Kreditkarten der Zielpersonen ermitteln. Identifizierte Kreditkarten ermöglichen die Verfolgung bargeldloser Zahlungen bei normalen Käufen,
ähnliches gilt für Käufe mit Nutzung von Payback-Karten oder Kundenkarten. Ab einer bestimmten DefCon-Stufe schließt dies sicherlich auch eine Liste der gekauften Produkte ein.

Durch die Analyse der Käufe lassen sich nicht nur ungewöhnliche
Kaufaktivitäten (z.B. spezielle Elektronikbauteile bei ansonsten technisch eigentlich unbeleckten Personen) aufdecken, sondern auch
Rückschlüsse auf weitere, versteckt lebende Personen ziehen. Sind
beispielsweise einzelne Personen untergetaucht und treten auch in
der Öffentlichkeit nicht auf, um nicht aufzufallen, müssen sie immer
noch ernährt werden, was auffallen dürfte, wenn ein Single plötzlich
Lebensmittel für eine 4-köpfige Familie einkauft.

In die gleiche Richtung geht eine Stromverbrauchsanalyse, sofern entsprechende Zähler bereits installiert sind. Auch hier gibt es Abweichungen von der normalen Statistik, wenn im Zielpersonenhaushalt etwas ungewöhnliches stattfindet (mehr Personen als gemeldet).

Aktive Massnahmen

Verdichten sich die statistischen Hinweise auf die Gefährlichkeit einer Gruppe über einen bestimmten Grenzwert hinaus, werden die Dienste auf aktive Maßnahmen (→ Hacken der Rechner und Telefone, spezielle Lauschangriffe) und personengestützte Fahndung umschalten. Der Aufwand ist teilweise enorm: die Sauerlandgruppe bestand beispielsweise aus nur 4 Personen und etwa 20 weiteren im Umfeld. Im Oktober 2006 machte die NSA den BND auf die Gruppe aufmerksam. In der aus BND, Verfassungsschutz, BKA, MAD und CIA (!) bestehenden Fahndungsgruppe waren zeitweise bis zu 500 Beamte (!) im Einsatz, um die Gruppe lückenlos zu überwachen und schließlich im September 2007 auszuheben, nachdem im Juli bereits die Chemikalien für den Bombenbau unbemerkt ausgetauscht wurden.

7.2.2   Lechts und Rinks

Die beim Thema Islam schon beobachtete Asymmetrie zwischen Realität und Ideologie setzt sich nahtlos beim Thema Rechts- und Linksextremismus fort. So wird inzwischen derart wahllos alles, was nicht in das politisch korrekte Verständnis passt, mit der Nazikeule erschlagen, dass selbst die Tageszeitung „Die Welt" kürzlich angesichts eines Hypes nach näherem Hinsehen titelte

Ja, wo geht's denn hier jetzt zum Nazi-Skandal?

Wenn von einem „rechten Aufmarsch" die Rede ist – ein Begriff, der wohl nicht nur bei mir aufgrund des im Fernsehen vermittelten knoppschen Geschichtsbildes vom NS-Deutschland das stundenlange vorbei defilieren einer uniformierten Hundertschaft nach der nächsten indiziert – sieht die Realität meist so aus, dass 50 „Rechtsextremisten" bei der Ausübung ihrer oft von Gerichten durchgesetzten demokratischen Versammlungs- und Demonstrationsrechte von

500 Polizisten gegen 1.200 linke Gegendemonstranten, von denen dann auch meist die Gewalt ausgeht, geschützt werden müssen.

Wie den öffentlichen Statistiken des Innenministeriums zu entnehmen ist, sind von ca. 16.000 im Jahr 2011 registrierten rechtsextremen Straftaten gerade einmal ca. 1.200 Gewaltstraftaten, während von ca. 6.900 registrierten linksextremen Straftaten nahezu alle Gewaltstraftaten sind. Und der Bundesinnenminister musste bei einer 2012 groß von ihm herausgebrachten Liste der „100 meist gesuchten Rechtsextremisten", die die Gefahr von Rechts verdeutlichen sollte, nach medialem Nachbohren mehrerer Zeitungen zugeben, dass gerade einmal 6 wegen rechtsextremer Straftaten gesucht werden und der Rest wegen Schwarzfahren, ausgebliebenen Alimentenzahlungen oder anderen unpolitischen Handlungen untergetaucht ist.

Anders sieht es bei der Beurteilung der linken Seite aus. Der Staat hat sich bislang mehr oder weniger mit den regelmäßigen Straßenschlachten in den großen Städten arrangiert, zum Teil auch deswegen, weil Politiker in mancher schließlich aus dem Ruder gelaufenen Demonstration anfangs selbst mitgemacht haben. Erst seitdem in Hamburg und Berlin Autos von Medienvertretern als Kollateralschäden beim Abfackeln von rechtsextremem Eigentum betroffen sind, in Berlin auch Politiker in ihrer Wohnung überfallen werden und in Hamburg die Verletztenstatistik der Polizei Ende 2013 allmählich verdunsche Zustände annimmt, scheinen sich Gegenstimmen zu regen.

Dabei wäre gerade die Überwachung der linken Seite nachrichtendienstlich recht einfach, womit wir wieder beim Thema wären. Im Internet sind verschiedene Webseiten zu finden, auf denen sich linke Gruppen ganz offen ihrer Straftaten rühmen (schwere Sachbeschädigung, Bedrohung), sich zu weiteren Taten verabreden oder Gewaltaufrufe verbreiten, und in einem Fall gab es sogar einen direkten Aufruf zum Polizistenmord. In Medienberichten werden solche Webseiten schlicht als „Anti-Rechts-Plattform" angesprochen, ansonsten herrscht in den Blättern mehr oder weniger Grabesstille (natürlich gibt es auch rechtsextreme Seiten, allerdings entzieht sich Genaueres meiner Kenntnis).

Mit diesen Quellendaten sollte es für die Polizei eigentlich kein Problem sein, mit den beim Thema Islam beschriebenen Methoden (linke) Intensivtäter ganz legal zu identifizieren und bei Gelegenheit gerichtlich längere Zeit zu intensivem Nachdenken zu verhelfen. Passieren tut allerdings anscheinend wenig, wenn man sich in den Medien umschaut.

Halten wir noch einmal fest: 15.000 rechtsextreme „Straftaten" sind reine Gesinnungsstraftaten wie das Zeigen des Hitlergrußes, das Tragen verbotener Symbole usw. Statt diese Minderheit im freiheitlichen Sinn reden zu lassen und sich auf Gewalttäter zu beschränken, wird sie gewaltsam in den Untergrund getrieben, wobei jedem klar ist, dass genau das den gefährlichen Extremismus fördert (→ der ehemalige RAF-Anwalt Horst Mahler – man darf ihn durchaus verabscheuen – ist inzwischen bei 12 Jahren Haft für Meinungsdelikte angekommen, während so mancher Totschläger und Messerstecher gerade einmal zu der Hälfte verurteilt wird). Den linken Sumpf fasst man andererseits (bislang) kaum an.

Das Ergebnis beim Islamismus wiederholt sich gewissermaßen. Die übertriebene Verfolgung der Rechten Szene mündet letzten Endes wieder in der Notwendigkeit einer nachrichtendienstlichen Überwachung mit allen Folgen für die Freiheit des Einzelnen, und bei der linken Szene deutet sich die Notwendigkeit ebenfalls an. Auch dieser Teufelskreis ist hausgemacht.

Technisch können die Nachrichtendienste die gleichen Maßnahmen wie gegen die Islamisten einsetzen, so dass hier nichts hinzu zu fügen ist. Die Semantik, mit der Texte oder Gespräche ausgewertet werden, ist natürlich eine andere, aber ebenfalls so charakteristisch für diese Gruppen, dass der automatischen Auswertung nichts im Weg steht. Darüber hinaus können auch die im Abschnitt über Staatsspionage angesprochenen Überwachungstechniken eingesetzt werden.

Im rechten Bereich wird zumindest in der BRD in großem Stil mit dem Mittel der Infiltration gearbeitet, also mehr mit Personal als automatisiert (→ die nur spärlichen Berichte aus den USA deuten darauf hin, dass man sich dort mehr auf die Technik verlässt). In welchem Umfang und mit welchen Zielen dies der Fall ist, zeigt die Reaktion des Bundesverfassungsgerichts auf den Versuch von 2001, die NPD als Partei verbieten zu lassen. Das ist nicht zuletzt daran gescheitert, dass das Verfassungsgericht der Ansicht war, die Nachrichtendienste hätten hier nicht nur Fakten ermittelt, sondern zu einem großen Teil erst geschaffen.

Insgesamt scheinen die Nachrichtendienste über die Szenen recht gut informiert zu sein. Wie aus Medienberichten hervorgeht, kennen sie zum Jahreswechsel 2013/2014 nicht nur sehr genau die Anzahl der deutschen Jihadisten in Syrien, sie wissen auch, wer von denen noch lebt oder inzwischen im Bürgerkrieg umgekommen ist. Ähnlich exakt wird die Kenntnis bezüglich der Rechten (und Linken) sein. Der Rest ist Politik.

7.3   Organisierte Kriminalität

Organisierte Kriminalität ist ein weites Gebiet. International und mit Umsätzen, die den Haushalten moderner Industriestaaten entsprechen, operieren

- Waffenhandel mit den Unterkategorien
  - Handel mit Waffen in Krisengebiete,
  - Handel mit verbotener Technologie (einschließlich radioaktivem Material),
- Menschenhandel mit den Unterkategorien
  - Sexsklaven, unterteilbar in
    - Zwangsprostitution von Frauen,
    - Kinderpornografie
  - Arbeitssklaven,
  - Flüchtlingsschlepper,
  - Kinderhandel zum Zwecke der Adoption,
- Organhandel,
- Drogenhandel

Alles ist kaum möglich ohne ein groß ausgebautes Netz von Geldwäscherei durch international operierende Banken.

Dazu kommen lokale organisierte Banden, die außer der Verstrickung als Endglieder in bereits oben genannte Aktivitäten Diebstahl, Hehlerei, Korruption, Erpressung und anderes fabrizieren, natürlich ebenfalls gekoppelt mit eigenen Geldwäschenetzen.

So viel die von Skandalen aufgeschreckte Öffentlichkeit den Nachrichtendiensten im privaten Bereich zutraut, so wenig erfolgreich sind die Dienste anscheinend auf diesen Gebieten. Wieso ist das so?

Ein Grund ist sicher, dass Kriminelle traditionell gewohnt sind, im Verborgenen zu operieren. Kommunikationswege und Geldwege werden bewusster und vorsichtiger genutzt, und jeder Erfolg der Polizei gibt natürlich Anlass, das Verhalten zu modifizieren, um nicht noch einmal auf die gleiche Art aufzufallen.

7.3.1   Gauner und Technik

Kriminelle müssen darauf bedacht sein, ihre Aktivitäten vor der Polizei zu verbergen, und werden entsprechende Schutzmaßnahmen treffen, die sich natürlich auch auf die Nachrichtendienste auswirken.

Die Kommunikation aus abgelegenen Gebieten lässt sich beispielsweise über Satellitentelefone abwickeln, die heute mehr oder weniger das Format von Mobiltelefonen haben und nicht mehr mit metergroßen Sende- und Empfangsschüsseln aufwarten, die mühsam ausgerichtet werden müssen (Abbildung 7.8). Satellitentelefone besitzen Vor- und Nachteile:

- Viele Anbieter nutzen Satelliten in mittlerer bis großer Höhe bis hin zu geostationären Satelliten, so dass sich der Standort des Teilnehmers nicht feststellen lässt.

- Die Telefone lassen sich nicht unter allen Wetter- und Standortbedingungen nutzen. Ist der Sichtkontakt zum Satelliten unterbrochen, so auch meist die Verbindung (entsprechend dem bekannten Verhalten von Satellitenantennen für den Fernsehempfang).

Die Zahl der Teilnehmer weltweit liegt bei < 1.000.000, was die Buchführung für Nachrichtendienste vereinfacht.

*Abbildung 7.8: Satellitentelefone (wikipedia, CC
BY-SA 3.0)*

Für die Kommunikation in normal versorgten Gebieten können Einmalhandys und anonyme Prepaid-Karten verwendet werden. Wie
einfach es ist, an solche Geräte zu kommen, ist auf der Internetseite
der Piratenpartei in Form eines Tutorials für jedermann angegeben:

> *In dieser Woche erklären die Piraten in Baden-Württemberg,
> wie man sich effektiv gegen Überwachung wehren kann. ...
> Heute zeigen wir, wie man sich zum Schutz der Privatsphäre
> eine anonyme Prepaid-SIM-Karte einrichten kann.*
>
> *Bei Prepaid-Karten, die nicht auf den echten Namen regis-
> triert sind, laufen Auskünfte nach Bestandsdaten zu einer ech-
> ten Person ins Leere. Auch die Abfrage in die andere Rich-
> tung, also die Zuordnung des Anschlussinhabers zur IP-
> Adresse beim Surfen übers Mobilfunknetz, wäre erfolglos.
> Daraus ergibt sich eine relative Sicherheit gegenüber unbe-
> rechtigten Abmahnungen, da es deutlich schwieriger ist, an
> die Daten des Anschlussinhabers zu gelangen.*
>
> *...*

Unkompliziert anonym zu registrierende SIM-Karten bekommt man in Supermärkten, Drogeriemärkten oder an Tankstellen. Die Handyläden der Mobilfunkanbieter eignen sich nicht für den Kauf einer anonymen Prepaid-Karte, da dort meist die eigenen Daten angegeben werden müssen und ein Ausweis verlangt wird.

Die Prepaid-Karte sollte natürlich mit Bargeld bezahlt werden. Ein Kauf mit der EC-Karte ließe sich eventuell nachvollziehen, was ja gerade nicht gewünscht ist. Aus dem gleichen Grund sollte man generell, im Besonderen jedoch beim Kauf eines Prepaid-Starterpakets, auf Bonusprogramme wie Payback verzichten. Gleiches gilt natürlich auch für späteres Aufladen der Karte mit Guthaben.

...

Die Freischaltung mit falschen Daten ist zwar eigentlich mit den AGB der Provider nicht konform; da es sich aber um Prepaid-Karten handelt, die keine Folgekosten verursachen, benötigt der Provider die echten Daten in der Praxis nicht. Deswegen ist dies ein gangbarer Weg, um sich der Wirksamkeit von Überwachungsgesetzen wie der Bestandsdatenauskunft zu entziehen. Dem Endnutzer kann es auch egal sein, dass die Anbieter nach §111 TKG die Registrierung eventuell besser prüfen müssten. Im schlimmsten Fall wird die Prepaid-Karte wieder gesperrt.

Einmalhandys aus US-amerikanischer Produktion sind für ca. 20 € im Handel erhältlich. Man kann sie sogar zur Entsorgung geben und erhält dann einen Teilbetrag wieder zurück. Einmal verwendet und anschließend SIM-Karte und Akku entfernt, ist bei Beachtung einiger Nebenbedingungen über Geräteparameter und Korrelation mit anderen Daten nicht feststellbar, wer da telefoniert hat. Allerdings ist man dann auch nur zu bestimmten Zeiten erreichbar. Lässt man das Gerät rund um die Uhr eingeschaltet, ist eine Korrelation zwischen Handy und Inhaber aber trotzdem im Bereich des Möglichen, wie die Überlegungen zu Extremismuskandidaten gezeigt haben.

Eine weitere Möglichkeit, die Nachrichtendienste von den Gesprächsinhalten auszuschließen, sind normale Geräte, die zusätzlich mit end-2-end-Verschlüsselung ausgestattet sind. Dies ist jedoch erst in den oberen Etagen der Kriminellen zu erwarten. Aufgrund der ge-

ringen Anzahl solcher Geräte sind die Nutzer für die Dienste vermutlich verdächtig.

Ebenfalls an den Nachrichtendiensten vorbei lässt sich verschlüssel-
ter Emailverkehr abwickeln, ggf. über eigene Server in Ländern, in
denen die Nachrichtendienste keine direkten Zugriffsmöglichkeiten
haben. Kritische Angelegenheiten werden vermutlich zu einem erheblichen Teil direkt ohne maschinelle Kommunikation abgewickelt.

7.3.2   Polizei und Nachrichtendienste

Die Nachrichtendienste können prinzipiell mit den bereits bespro-
chenen Mitteln in die Netzwerke eindringen, wobei sie vermutlich
aber auf größere Schwierigkeiten stoßen als bei den Extremistengruppen. Da auch den Kriminellen bekannt ist, dass Telefonate usw. belauscht werden, dürften viele der ausgetauschten Informationen ko-
diert sein, d.h. es werden Unterhaltungen geführt, die sich nach normalen Geschäfts- oder Familienangelegenheiten anhören, es aber
nicht sind. Was sich wie eine normale Unterhaltung zwischen normalen Bürgern anhört, lässt sich aber schlecht automatisiert filtern und
interpretieren.

Bei dichter Videoüberwachung besteht die Möglichkeit, auch anonyme Handys statistisch auf eine kleine Gruppe von Leuten einzugren-
zen, wie wir gesehen haben. Kriminelle werden sich dieser Möglichkeiten der Nachrichtendienste bewusster sein als die zuvor betrachteten Gruppen und sicher auch Verhaltensweisen entwickeln (*mehr
Handys, elektrische Aktivierung nur unter bestimmen Umständen,
die von den Diensten nicht genutzt werden können, usw.*), die sie in
der Masse verschwinden lassen.

Einzelne Mitglieder von OK-Organisationen sind den Behörden allerdings bekannt, spätestens dann, wenn sie einen erwischt haben. Zu
den normalen Ermittlungen gehört auch die Auswertung der Verbindungsdaten, was zumindest Teile der OK-Kette beinhalten kann.
Die Endglieder der Kette werden den Polizeibehörden als erste ins
Netz gehen und auch noch nicht kostspielige Verschleierungstechni-
ken einsetzen.

Sind einzelne Glieder der Kette bekannt, ist das ein Ansatz zum Aufdecken des Netzwerkes. Die Möglichkeiten der Polizei werden wir hier nicht weiter untersuchen, sondern uns auf die Möglichkeiten der Nachrichtendienste beschränken. Hier kann im Prinzip das Programm anlaufen, das auch schon bei den Terrorverdächtigen eingesetzt wird:

1. Kontakte aus Verbindungsdaten (eingehende und ausgehende Telefonate, Emails, Internetverbindungen): potentielle Mitglieder der Organisation.

   Filterkriterien: Gespräche mit Unternehmen usw. können ausgesondert werden, mehrmalige Kontakte sind ggf. interessanter als einmalige. Vergleichbare Ausschlusskriterien existieren für die anderen Kommunikationsmittel.

2. Analyse der Kommunikationsinhalte: sind Inhalte vorhanden, die nicht eindeutig als harmlos zu kategorisieren sind? Welches Beziehungsgeflecht kann festgestellt werden? Passt das Beziehungsgeflecht zu den Inhalten?

3. Stimmanalyse: sofern Telefonate abgehört werden/wurden, liegen Stimmanalysen der Beteiligten vor. Damit besteht die Möglichkeit, bei Zielsuchen die Beteiligten an anderer Stelle zu identifizieren.

4. Rekursiv können die Kontakte in der gleichen Weise aufgearbeitet werden.

Das Problem für die Dienste ist, dass die Kriminellen mit dem Öffnen eines Weges gleichzeitig neutralisiert werden, d.h. nicht mehr in ihrem Netzwerk agieren können. Teilweise weil sie einsitzen, teilweise weil sie sich isolieren, teilweise weil die Kommunikationswege gewechselt werden. Die Chancen für die Dienste steigen, je umfassender die Informationserfassung ist und auf Vorrat gespeicherte Daten auch nachträglich ausgewertet werden können. Wir befinden uns wieder im Teufelskreis.

7.3.3   Warum so geringer Erfolg?

Fassen wir alles zusammen und berücksichtigen auch einige weitere
Aspekte, die an anderer Stelle genauer betrachtet werden, ist festzustellen, dass Kriminelle zwar einiges tun können, um im Verborgenen
zu operieren, sich aber bei Nutzung der normalen Kommunikationswege dem Raster der Nachrichtendienste nicht wirklich wirksam entziehen können. Trotzdem hört man in der Öffentlichkeit wenig von
Erfolgen, während Razzien gegen Extremisten jeweils groß in den
Medien aufgemacht werden. Haben die Behörden Erfolg, so wissen
dies die Kriminellen selbst, und ein Verschweigen in der Öffentlichkeit bringt keine Vorteile. Mit anderen Worten, die Erfolge sind
höchstwahrscheinlich wirklich relativ dürftig.

Zwei Hauptgründe sind sicher

    a)   die Legalisierung nachrichtendienstlich erhaltener Informa-
        tionen und

    b)   die Internationalität vieler OK-Geschäfte.

Die polizeilichen Möglichkeiten werden oft schon an der Grenze eines Bundeslandes sehr deutlich beschnitten, von Landesgrenzen ganz
zu schweigen. Politik übernimmt dort das Geschäft der Aufklärung,
und die hat neben kleinlichen Befindlichkeiten von Personen oft
auch andere Hintergedanken.

Betrachten wir hierzu den Waffenhandel und den Handel mit verbotener Technologie. Hier verfolgen die Staaten und sehr große Unternehmen ihre eigenen Ziele und es ist sehr viel Geld im Spiel. Waffenhandel ist ein sehr lukratives Geschäft und bringt Steuern in die
Staatskassen, gleichzeitig kann durch gezielten Waffenexport die
politische Lage in anderen Teilen der Welt maßgeblich beeinflusst
werden.

Die Bundesrepublik Deutschland, im Inneren dabei, selbst Essbesteck unter das Waffenrecht fallen zu lassen, ist der drittgrößte Waf-
fenhersteller der Welt, angefangen von Klein- und Infanteriewaffen
aller Art über High-Tech-Panzer bis hin zu kleineren U-Booten, um
die bekannteren Kategorien zu nennen. Gleichzeitig hat Deutschland
eines der restriktivsten Waffenexportgesetze. Wie passt das zusammen?

Eine Seite ist natürlich der Schein – die angebliche Moral der Politik – im Vergleich zum Sein – zu den wirklich genehmigten Exporten. Die andere Seite ist der internationale Waffenhandel, der den Rest erledigt, damit sich die Politik wieder moralisch gerieren kann. Anders ausgedrückt: die Staaten sind für sehr viele Geschäfte auf den Waffenhandel angewiesen, damit die Waffen dort landen, wo sie politisch hingewünscht werden. Teilweise mischen die Geheimdienste selbst aktiv mit, wie von der CIA bekannt ist. Man kann es sich gar nicht leisten, dieses Marktsegment zu sehr zu bedrängen.

Mindestens ebenso einträglich ist der Menschenhandel. Die Anzahl der in Sklaverei lebenden Menschen wird weltweit auf ca. 30 Millionen geschätzt. Die westlichen Länder sind dabei trotz aller moralischen Grundsätze gut mit dabei: allein die Zahl der südost- und osteuropäischen weiblichen Sexsklavinnen in der BRD wird auf 10-50.000 geschätzt, und die Zahl illegaler Arbeitssklaven in westlichen Ländern ist ebenfalls erheblich. Es ist also ein wenig scheinheilig, mit dem Finger auf andere Länder oder den Verbraucher zu zeigen, der seine T-Shirts in Handelsketten kauft, deren Preise auf solche Praktiken hinweisen. Nicht wenige Film- und Fernsehserien sowie Bücher ziehen ihre Spannung daraus, dass das viele in diesem Sektor zu verdienende Geld zu Korruption führt, meist an Stellen, an denen eine Verbrechensbekämpfung verhindert werden kann. Immer wieder als ungeeignet dargestellte rechtliche Rahmenbedingungen tun ein Übriges. Sporadische Medienberichte zeigen, dass sich die Filmleute das nicht nur ausdenken.

Im Bereich Drogenhandel wird ebenfalls recht wenig getan, um den Sumpf wirklich einmal trocken zu legen. Dabei muss man nicht nur an große Sachen denken: auch in deutschen Medien wird berichtet, dass eine Reihe von Asylbewerbern aus afrikanischen Ländern mehr oder weniger offen auf deutschen Straßen dealt, ohne dass die Polizei hier wirksam eingreifen würde oder die Leute kurzerhand des Landes verwiesen würden, und nach einer Pressemeldung hat ein besorgter Familienvater kürzlich einen Dealer in dessen Wohnung krankenhausreif geschlagen, weil die Polizei nichts dagegen unternahm, dass der vor der Schule seiner Kinder Drogen verkaufte.

7.4   Industriespionage

Industriespionage gehört zum traditionellen Betätigungsspektrum
von Nachrichtendiensten. Dabei geht es zum Einen um militärisch
nutzbare Technik, zum anderen aber auch um die Förderung der eigenen Wirtschaft gegenüber den Industrien anderer Länder.

Ein von vornherein genutztes Mittel bestand im Abfischen von
Emails. Als die Unternehmen in den 1990er Jahren das Internet in
größerem Umfang für ihre Kommunikation zu nutzen begannen, war
Verschlüsselung noch weitgehend ein Fremdwort. Ein Übriges tat der
US-Kongress, der per Gesetz die Verschlüsselungsqualität der US-
Verschlüsselungsprodukte auf 28 Bit beschränkte und den elektronischen Export von Verschlüsselungstechnologie untersagte. In der
Folge sahen sich deutsche Konzerne damit konfrontiert, dass US-Fir-
men wenige Wochen vor den deutschen Unternehmen Patente auf
längjährige Entwicklungsarbeiten anmeldeten. Die USA haben inzwischen zugegeben, dass die Patentdaten von der NSA aus Emails und
Dateiübertragungen abgefischt und an die US-Unternehmen weiter
geleitet wurden.

In der Folge wurden die Unternehmen hellhöriger in Bezug auf Verschlüsselung. Um die Exportbeschränkungen zu umgehen, wurde
beispielsweise der Code der PGP-Verschlüsselung ausgedruckt, per
Paket nach Europa verschickt und hier mittels OCR-Scanner wieder
eingelesen. Das Verschlüsselungsmonopol fiel damit, wenn auch beispielsweise die französische Regierung dies wieder zu unterlaufen
versuchte, in dem sie jahrelang unter Strafandrohung darauf bestand,
dass die Geheimschlüssel bei Regierungsstellen zu hinterlegen waren.
Aber die Verschlüsselungstechnologie war damit nicht aufzuhalten,
und irgendwann hat sich dann niemand mehr um diese Vorgaben
gekümmert, Privatleute eingeschlossen.

Heute ist man in großen Unternehmen so weit, auch den betriebsin-
ternen Datenverkehr zu verschlüsseln. Public Key Infrastructure
(PKI) heißt das Schlagwort, mit dem interne Spionage verhindert
werden soll. Mitarbeiter und Server besitzen elektronische Zertifikate
wie sie auch bei SSL-gesicherten Webseiten verwendet werden, und
jede Verbindung wird dahingehend überprüft, ob der Nutzer eine Berechtigung besitzt, und anschließend verschlüsselt. Ein Belauschen

des Datenverkehrs ist dann sinnlos, ein Man-in-the-middle-Angriff, bei dem sich der Spion mit seiner eigenen Maschine zwischen Arbeitsplatzrechner und Server schaltet, nicht mehr möglich.

Eine weitere Maßnahme ist die Verschlüsselung der Festplatten der allgegenwärtigen Notebooks. Die enthalten nämlich nicht selten Firmeninterna, die besser nicht in die Hände der Konkurrenz gelangen. Das wissen auch die Konkurrenten, und so manches geklaute Notebook entspringt nicht dem Wunsch eines Besitzlosen, auch einmal so ein Ding zu bedienen, sondern ist ein gezielt geplanter Auftragsdiebstahl der Konkurrenz. Und Verschlüsselung hilft auch nur dann sicher weiter, wenn neben einem hinreichend langen Kennwort der Rechner auch immer ausgeschaltet ist, wenn man ihn nicht im Blickfeld hat:

Softwaremäßig verschlüsselte Festplatten, bei denen das Kennwort für die Entschlüsselung im Hauptspeicher steht, lassen sich mit Cold-Boot-Attacken angreifen. Dabei wird die Rechnerplatine mit Kältspray tiefgekühlt, abgeschaltet und mit einem anderen Betriebssystem wieder angefahren. Der Speicherinhalt einschließlich des Festplattenschlüssels bleibt dabei meist erhalten.

Hardwaremäßig gesicherte Festplatten, bei denen das Kennwort auf der Festplattenelektronik gespeichert wird, werden im Betrieb einfach auf ein anderes Motherboard umgesteckt. Da der Betrieb nicht unterbrochen wurde, kann die Festplatte ausgelesen werden.

Wenn ein Rechner geklaut wurde, der noch in Betrieb war, muss man daher trotz Verschlüsselung von einer Kompromittierung des Platteninhalts ausgehen.

Die Erfolgsmöglichkeiten, durch allgemeines Datenspähen an geheime Daten zu gelangen, werden für die Dienste geringer, da die Unternehmen langsam schlauer werden, wenn auch in manchen Bereichen recht langsam. Die Amerikaner sind dabei aufgrund der spionagetechnisch extrem aggressiv auftretenden Chinesen und anderer etwas aus dem Blickfeld geraten – vielleicht zu Unrecht?

Laut Snowden hat die NSA über Hintertüren in den Routern oder andere Angriffsmethoden Zugriff auf viele Netze, kann also auch aktiv nach Daten suchen. Computerviren wie Stuxnet, mit dem die iranischen Urananreicherungszentrifugen angegriffen wurden, scheinen das zwar zu bestätigen, aber was wirklich an der Behauptung dran ist, ist schwer abzuschätzen. Rein logisch betrachtet müssten sich auch Unternehmen mit einer bislang laxen Einstellung nach den Snowden-Enthüllungen genauer um ihre Netzwerke gekümmert haben, um etwaige Einbrüche zu erkennen und abzustellen.

Die dritte Spionagemöglichkeit ist das Insidergeschäft: Maulwürfe in Unternehmen an manchmal recht unscheinbaren Positionen sind in der Lage, große Mengen an brisanten Daten abzugreifen. Die US-Dienste können selbst ein Lied davon singen, wie Whistleblower wie Manning und Snowden beweisen, und die Geschichte des MfS der DDR zeigt ebenfalls, wie effektiv dieses Maulwurfsystem ist. In Summe war und ist die Insiderspionage die weitaus erfolgreichste Spionagemethode, und die Rekrutierung von Maulwürfen gehört folglich zu den Aufgaben der Nachrichtendienste.

Als Motivation von Industriespionen fallen ideologische Gründe, wie sie im politischen Bereich oft zu finden sind, weitgehend fort, und wenn, sind solche Gründe von Außen wohl nur schwer auszumachen. Geld oder gekränkte Eitelkeit sind die wichtigeren Motivationsgründe, und um Leute zu finden, die solchen Argumenten zugänglich sein könnten, können Daten der allgemeinen Überwachung herangezogen werden. Es beginnt mit einer Vorfilterung:

- Welche Personen arbeiten in einem für den Nachrichtendienst interessanten Unternehmen?

  Eine nicht allzu komplizierte Aufgabe für die Dienste, wenn man sich die Datenquellen anschaut. Und sollten die zu wenig hergeben, kann wieder über Mobiltelefon- und Videoortung gearbeitet werden.

- Arbeiten die Personen in einer Position, die Zugriffe auf interessante Daten erlaubt?

  Ausbildung und Verdienst lassen Rückschlüsse darauf zu, ebenso interne Telefonverzeichnisse, sofern diese zugänglich sind. Für mehr muss der Dienst aber schon tiefer in die Trickkiste greifen und Emails oder Einträge in sozialen Netzwerken analysieren. Eine Unsicherheit bleibt hier aber immer.

Nachdem nun wie in den anderen Zielgruppen zunächst eine Kandidatenliste erstellt wurde, geht es nun an die Detailanalyse:

- Wie ist die finanzielle Situation?

  Aus den Bankdaten geht hervor, wie gut eine Stelle bezahlt wird und ob die Person mit dem Geld auskommt. Chronischer Geldmangel oder Unterbezahlung könnte auf eine mögliche Bestechlichkeit hinweisen.

- Gibt es verfängliche Details der Lebensführung?

  Aus Bewegungsprofilen, Kreditkartenzahlungen und anderen Daten lassen sich Rückschlüsse auf geheime Liebschaften, Suchtkrankheiten, Bestechlichkeit an anderer Stelle und ähnliches ziehen, die es erlauben, den Bestechungsversuch mit einer kleinen Erpressung zu unterfüttern.

- Gibt es Unstimmigkeiten am Arbeitsplatz?

  Emails, soziale Netzwerke, Telefonate oder Postdaten geben Auskunft, ob hier ein Köder ausgeworfen werden kann.

Das ist nun rein spekulativ und obendrein ein Kapitel über die dunkle Seite des Datensammelns. Eine umfassende Ausspähung erlaubt auch eine statistische Anfrage nach *„korrumpierbare Personen bei der Konstruktion des neuen VW-Motors"* , und sind erst einmal Personen mit Schwachpunkten im allgemeinen Raster identifiziert, kann durch operative Maßnahmen versucht werden, einen Maulwurf zu gewinnen. Die US-Dienste sind auf jeden Fall gut aufgestellt, falls jemand auf die Idee kommt, solche Fragen an deren Datenbanken zu stellen.

7.5   Alle

Wie wir feststellen konnten, führt die Beobachtung der verschiedenen Zielgruppen fast zwangsweise zu einer allgemeinen und umfassenden Beobachtung aller. Zeit, noch eine technische Möglichkeit nachzulegen, die wir bislang nicht berücksichtigt haben.

7.5.1   Der Blick in den Briefkasten

In den USA werden laut Medienberichten sämtliche Postsendungen von den Nachrichtendiensten erfasst, was zunächst natürlich nur das Einlesen von Absender- und Empfängerdaten betrifft. Um eine besondere Technik handelt es sich dabei im Prinzip nicht, da die Post elektronische Auswertesysteme in ihren Verteilanlagen ohnehin benötigt. Es handelt sich nur um einen speichernden Abgriff vorhandener Daten.

Abbildung 7.9: Modernes Briefverteilzentrum (Deutsche Post AG)

Das OCR-Einlesen von maschinell erstellter Post ist problemlos möglich, schwieriger ist die Auswertung handschriftlich erstellter Adressen. Der Anteil dieser Briefe nimmt jedoch ab, was wieder entlastend wirkt. Bei der Auswertung hilft die Logik: Postleitzahlen sind auch bei handschriftlichem Eintrag maschinell erfassbar, und ein Abgleich mit dem, was von der Ortsangabe entziffert werden kann, zeigt der Maschine, ob sie richtig liegt. Das Straßenverzeichnis ist ebenfalls fest vorgegeben, so dass auch die Straßenangabe noch kontrolliert werden kann (Feinverteilung des Posteingangs der Sortierung). Was dann noch fehlläuft, müssen die Postboten manuell untereinander ausmachen.

*Absenderdaten müssen von der Post nicht eingelesen werden,
ein Weiterleiten der kompletten Bildinformationen an den
Nachrichtendienst erlaubt diesem jedoch die Korrelation der
Daten und den Abgleich der Personen mit den Adressen.*

Ein Geheimdienst ist durch diese Technik auch in der Lage, gezielt
Briefe aussondern zu lassen, um sie genauer zu untersuchen. Für das
Forschungsamt von Hermann Göring sowie das MfS der DDR ist gut
zugänglich dokumentiert, wie effektiv eine unauffällige Untersuchung
des Inhaltes von Briefen funktioniert. Die automatisierte Technik erlaubt das auch sehr viel verdeckter als früher, da von der Aussortie-
rung von Briefen nur noch der Mitarbeiter, der die Sortierbefehle in
die Maschine eingibt, davon wissen muss. Da der Postverkehr in allen
Ländern als hoheitliche Angelegenheit betrachtet wird und der Staat
entsprechende Kontrollen ausübt (auch wenn das Postunternehmen
selbst eine Kapitalgesellschaft ist), sollten solche Zugriffe auf die
Nachrichtendienste des Landes beschränkt sein.

In der EU weist man solche in den USA von der NSA durchgeführte
Praktiken weit von sich. Wenn auch ein allgemeines Lauschen wie in
den USA eher unwahrscheinlich ist, würde ich nicht meine Hand dafür ins Feuer legen, dass bestimmte Gesellschaftsgruppen gezielt
auch hier überwacht werden.

7.5.2   Wir sehen jeden !

Das auffälligste Symptom einer großflächigen Überwachung sind Videokameras. Das CCTV (Closed Circuit Television) genannte Phänomen ist vermutlich weltweit nirgendwo so ausgeprägt wie in London, das angeblich inzwischen mehr oder weniger lückenlos video-
überwacht ist (Abbildung 7.10). Man spricht von über einer Million
installierter Kameras. Andere angelsächsische Länder hängen nicht
weit zurück, und auch in Deutschland versucht man nachzuziehen.

Wir haben in Kapitel 4.6.3 ab Seite 131 beschrieben, dass es sich bei
der Auswahl der Kamerapositionen nicht um Zufall handeln muss,
sondern Position, Auflösung und Bildrate exakt geplant werden
können, wenn Personen identifiziert werden sollen. Private Aufstel-
ler, und von denen scheint es in London sehr viele zu geben, dürften

Abbildung 7.10: CCTV (wikipedia)

aber kaum eine exakte Planung durchgeführt haben. Das wird allerdings die Behörden nicht daran hindern, sich der Technik zu bedienen und die Kameras mitzunutzen, wenn Übertragungskapazitäten vorhanden sind.

In Deutschland gibt es vermutlich mehr Probleme mit privater Überwachungstechnik. Was nicht nur den eigenen Grund und Boden im Visier hat, verstößt gegen den Datenschutz. So befindet sich die in Russland allgegenwärtige Dashcam, eine im Fahrzeug montierte Kamera, die den Straßenverkehr aufnimmt und bei Unfällen als Beweismittel dient, in einer Grauzone: noch nicht unbedingt verboten, aber als Beweismittel für Verstöße gegen die Straßenverkehrsordnung nicht zulässig. In der Schweiz macht man sich bei der Nutzung sogar strafbar. Was man davon halten soll, dass die Polizei mit dieser Technik Drängler und andere auf Autobahnen überführt, man aber als Privatmann nicht berechtigt ist, sich gegen solche Leute, die Leib und Leben anderer gefährden, zur Wehr zu setzen, kann sich mal wieder jeder selbst überlegen.

Welche Qualität die Aufnahmen liefern, ist schwer einzuschätzen. Schaut man sich Aufnahmen von Schlägereien auf deutschen U-Bahnhöfen an, mit denen die Polizei um Hilfe bei der Identifizierung der Schläger bittet, so fallen diese oft durch unteramateurhaft grottenschlechte Qualität auf, die zudem so platziert sind, dass die Gesuchten nur von Hinten oder von der Seite ins Bild gelangen. Sind die deutschen Ordnungshüter so dumm, oder spielt man dem Bürger nur etwas vor, damit er sich selbst nicht überwacht fühlt?

Zumindest an anderer Stelle spielt man ihm etwas vor: Fotos von Geschwindigkeitssündern sind ebenfalls von einer Qualität, dass sich mancher Betroffene ernsthaft überlegt, nicht einfach alles abzustreiten, weil er ohnehin nicht identifizierbar ist. Vor Gericht erlebt dann mancher eine Überraschung, wenn das Foto in einer Qualität präsentiert wird, die den Zeitpunkt der letzten Rasur näher festzulegen erlaubt. Gehen wir daher im Weiteren ruhig einmal davon aus, dass die meisten Kameras qualitätsmäßig eine Identifizierung erlauben würden.

In wie weit sind nun solche Aufnahmen überhaupt für eine Identifizierung und individuelle Überwachung auswertbar? In der Theorie erstaunlich weit, wie die folgenden Überlegungen zeigen. Würde versucht werden, in einzelnen unverbundenen Videosequenzen ein biometrisches Abbild zu finden und dieses mit einer Datenbank abzugleichen, hätten die Nachrichtendienste Probleme, aber je dichter die Überwachung wird, desto einfacher wird es.

Wir haben die Informationen, die Nachrichtendienste über Personen besitzen, bisher als Dossier betrachtet, d.h. man weiß sehr viel über die Geschichte einer Person, kennt aber nicht den momentanen Zustand. Erweitern wir diese Vorstellung um eine Tabelle, in der der momentane Aufenthaltsort und die aktuellen Aktivitäten eingetragen sind. Nimmt man die BRD als Maßstab und zieht Kleinkinder und hochbetagte Rentner, also Gruppen, die für Nachrichtendienste eher uninteressant sind, ab, sind ca. 50 Mio. Datensätze zu verwalten. Also kein Problem für moderne Datenbanksysteme.

Sichere Identifizierung

Eine Reihe von Datenquellen erlaubt eine schnelle und zuverlässige Identifizierung von Personen:

➢ **Kreditkartennutzung**. Nummern von Kreditkarten oder EC-Karten lassen sich in Echtzeit zuordnen. An Bankautomaten und vielfach auch an anderen Stellen, an denen bargeldlos gezahlt wird (Tankstellen usw.), sind Kameras installiert, die biometrische Fotos liefern (können). Die Aufnahmen können direkt mit den Kreditkarteninhabern verglichen werden.

➢ **Ausweisscans.** Die Methode liefert deutlich weniger Daten, da zunächst nur reguläre Daten von Ausweis- oder Passkon-

trollen an Grenzen oder bei sonstigen Polizeikontrollen anfallen. Unauffällige Scans in Passagen (Kapitel 4.4, Seite 111)
dürften, falls eingesetzt, nur eine geringe Dichte besitzen,
und erfasst werden können auch nur Personen, die den Ausweis ohne Abschirmung mit sich führen. In der Regel sind
diese Kontrollen auch mit der Möglichkeit des biometrischen Fotoabgleichs verbunden.

> **Verkehrsscans.** Die Auswertung von Nummernschildern in
der Verkehrsüberwachung gibt in Echtzeit Auskunft über den
Fahrzeughalter. Eine sichere Identifizierung ist aber nur in
Verbindung mit einer biometrischen Auswertung möglich,
da Fahrzeuge in der Regel von mehreren Personen genutzt
werden. Da die Anzahl der Kandidaten begrenzt ist (näheres
soziales Umfeld), ist eine Identifizierung allerdings möglich.

Eine eindeutige Identifizierung liefern neben den unveränderlichen
biometrischen Kennzeichen auch aktuelle Kennzeichen wie Farben
der getragenen Kleidung, die bei der weiteren Verfolgung der Person
zur schnelleren Wiedererkennung eingesetzt werden können. Verblassen die Informationen, d.h. kann die Person nicht weiter verfolgt
werden, so können trotzdem Rückschlüsse darauf gezogen werden,
ob Personen in anderen Aufnahmen überhaupt als Kandidaten in
Frage kommen. Wenn beispielsweise jemand in Köln an einem Bankautomaten identifiziert wird, kommt er als Kandidat für eine Identifizierung in den nächsten Stunden in München nicht mehr in Frage.

Auch negative Ergebnisse sind von Interesse und können in einer Tabelle gesammelt werden.

✗   Lässt sich bei einer Keditkartenzahlung die Person nicht als
    der Inhaber der Karte identifizieren, liegt möglicherweise ein
    Betrug vor.

✗   Ist ein Ausweisscan nicht erfolgreich, kann dies zu einer Ein-
    stufung als „verdächtig" führen.

Verkehrszeichenscans werden in den USA inzwischen zur Echtzeit-
überprüfung von Fahrzeugen auch aus fahrenden Polizeifahrzeugen
heraus eingesetzt. In den Polizeifahrzeugen installierte Kameras scannen im Vorbeifahren die Nummernschilder, und sofern das Fahrzeug
gesucht wird (Diebstahl, Verwendung bei einer Straftat), erhält die

Streifenwagenbesatzung spätestens an der nächsten Ecke die Aufforderung, zu wenden und sich die Sache näher anzusehen. Ähnliches
ließe sich bei Kreditkartenverwendung anstellen. In der BRD mit seinem ausgeprägten Täterdatenschutz allerdings bislang eine Unmög-
lichkeit.

KANDIDATENLISTE

Da heute nahezu jeder mit einem Mobiltelefon in der Tasche unterwegs ist, erhält man für ein Gebiet auch eine Liste der Kunden, die
nach Zugangspunktdaten in ihm unterwegs sind. Besitzt das Mobiltelefon GPS-Funktionen, kann man den Ort des Telefons bis auf wenige Meter genau feststellen. Die Inhaber der Telefone sowie die nächsten Angehörigen im sozialen Netz des Inhabers kommen dann als
Kandidaten für eine Identifizierung in Frage.

BILDAUSWERTUNG

Bei einer Bildauswertung wird zunächst ein Objekt, das den Bildbereich betritt, als solches identifiziert. Durch Vergleich mit einem lee-
ren Bild und Bildmasken für Personen usw. lässt sich das schnell feststellen. Anhand von Farbmerkmalen lässt sich ein Objekt für die
Dauer seines Lebenszyklus bis zum Austritt aus dem Bildbereich
leicht verfolgen.

Ein Objekt kann nun von einem Hund über eine Kiste oder eine
durchs Bild gewehte Zeitung alles mögliche sein. Falls im ersten Ansatz noch nicht erfolgt, kann anhand von Masken – Gesicht und Kleidung ergeben für Menschen ein charakteristisches Bild – eine Identifizierung als Person erfolgen. Nur diese Objekte werden einer intensi-
veren Auswertung unterworfen.

Abhängig vom Bildausschnitt (die Auflösung muss hinreichend sein)
und wiederum von einer Maske (Gesicht mit den typischen Kennzeichen einer biometrischen Frontalansicht oder anderen auswertbaren
Ansichten) kann das System nun nach Aufnahmen in biometrischer
Qualität suchen. Nur solche Aufnahmen lohnen eine intensivere Auswertung. Einfach Maskenvergleiche lassen sich hingegen auch bei
vielen Objekte in hinreichend kurzer Zeit erledigen, entsprechende
Hardware vorausgesetzt.

Ist ein Objekt oder eine Person einmal identifiziert, kann sich das
System auf eine Verfolgung bis zum Austritt aus dem Bildbereich beschränken. Für eine Identifizierung ist so weniger ausschlaggebend,
wie viele Objekte/Personen ein Bild bevölkern, als vielmehr, wie viele in einer bestimmten Zeiteinheit das Bild verlassen bzw. hinzukommen. Die Auswertungshardware muss für diese Größe ausgelegt werden. Probleme können bei „Übervölkerung" entstehen, wenn die Zuordnung eines Objektes aufgrund von Überdeckungen nicht mehr
eindeutig ist.

IDENTITÄTSAUSWERTUNG

Bei überlappenden Bildern mehrerer Kameras oder bei benachbarten
Kameras, bei denen ein Objekt nach einer gewissen Zeit mehr oder
weniger zwangsweise im Bereich der anderen Kamera wieder auftauchen muss, ist zunächst ein Abgleich mit den Nachbarn sinnvoll. Objekte, die einen Bereich verlassen, lassen sich anhand aktueller Kennzeichen mit hoher Wahrscheinlichkeit im nächsten Bereich wieder
identifizieren. Das Bildobjekt der Nachbarkamera braucht daher nur
übernommen zu werden, und die Auswertung kann sich (zunächst)
darauf beschränken, die Objektzuordnung abzusichern. Die Objekt-
daten enthalten dadurch auch Verfolgungsinformationen über längere
Zeiträume=mehrere Kamerapositionen hinweg.

Identitätsauswertungen müssen nur dann erfolgen, wenn etwa ein
biometrisch brauchbares Foto noch nicht vorliegt und die Person
nicht identifiziert wurde. Ist bereits alles geklärt, muss nichts weiter
erfolgen; die Zeitspanne, die für die Identifizierung einer einzelnen
Person durch ein Zentralsystem zur Verfügung steht, erhöht sich
durch die Verfolgung über mehrere Kamerapositionen hinweg entsprechend.

Die Zuordnung von Personenidentitäten zu Objekten erfolgt nach
mehreren Kriterien:

a) Bei bereits biometrisch bei Kreditkartenverwendung oder
   Ausweisscans erkannten Personen genügt eine Objektverifi-
   zierung zwischen den Aufnahmepunkten ohne tiefere Analyse.

b) Bei bekannten Kreditkartendaten oder Ausweisdaten ohne
   biometrische Erfassung kann ein direkter biometrischer Ab-

gleich mit den Personendaten erfolgen, wobei ein „verblassen" der Information einzurechnen ist, wenn zwischen Kartenerfassung und biometrischem Scan ein größerer Zeitraum liegt.

c) Bei Mobiltelefonen mit GPS-Genauigkeit kann ein direkter biometrischer Vergleich mit dem angemeldeten Teilnehmer und ggf. dem engen sozialen Umfeld erfolgen.

d) Mobiltelefondaten ohne GPS-Genauigkeit liefern zumindest Kandidaten für eine Identifizierung. Nach a) – c) nicht erkannte Personen können mit dieser Gruppe abgeglichen werden.

Nach diesen Abgleichen bleibt ein Personenkreis übrig, der nicht zugeordnet werden konnte. Die Positivauslese kann durch eine Negativauslese und Berücksichtigung von Verblassungsfaktoren ergänzt werden:

e) An anderen Standorten erkannte Personen können aus der Kandidatenliste ausgeschlossen werden.

f) Gerätedaten nach a) – d) schließen weitere Personen aus, allerdings ist dies mit einem Unsicherheitsfaktor behaftet.

Ob hier noch eine Auswertbarkeit besteht und wie sicher die Informationen sind, hängt von der Größe dieser Gruppe ab. Übrig bleiben drei Listen von Objekten:

1. Objekte mit sicherer Identifizierung über Kreditkarten- oder Ausweisdaten, die aber keine positive Biometrie ergeben haben. Möglicherweise (aber nicht zwingend) liegen hier kriminelle Handlungen (Diebstahl oder anderes) vor.

2. Personen ohne Mobiltelefon, mit anonymen Prepaid-Handys oder mit gestohlenen Handys. Ist eine Verfolgung über mehrere Zellen möglich, kann in günstigen Fällen eine Verbindung zwischen einem der drei Fälle und einem biometrischen Bild hergestellt werden.

3. Personen, zu denen zwar ein biometrisches Bild vorliegt, aber keine Beziehung zu irgendeinem anderen Merkmal sicher hergestellt werden kann.

Mit diesen Fällen kann sich nun eine zentrale Datenverarbeitung auch längerfristig beschäftigen.

FAZIT

Wir sehen: je umfassender die Erfassung ist, desto einfacher wird die individuelle Auswertung. Die meisten Teile einer Bildauswertung können durch eine relativ bescheidene Hardware vor Ort erledigt werden, für den Rest genügt eine Vernetzung der lokalen Systeme zur Objektidentifizierung und eine Verbindung zu einer zentralen Serveranlage, die den generellen Datenabgleich vornimmt und sich um rechenintensivere Sonderfälle kümmert.

7.5.3   ... und die Ziele?

Je mehr Daten man hat, desto besser lassen sich Abweichungen von der Norm, wie immer man die auch definieren will, erkennen und darauf reagieren. In verschiedenen US-amerikanischen Städten ist man inzwischen so weit, sich andeutende kritische Situationen im Stadtbereich automatisiert zu erkennen und bereits im Vorfeld Polizeikräfte an den Ort des voraussichtlichen Geschehens zu dirigieren. Die Überwachung ist natürlich noch anonym und nicht personalisiert und betrifft nur allgemeinere Ereignisse. Beispielsweise können die Überwachungssysteme Hooligangruppen und deren Weg erkennen und potentielle Konfliktzonen ausmachen, auf die frühzeitig reagiert wird.

Das ist nun alles technisch weniger geheimnisvoll als man vielleicht annimmt. Die Bilderkennung kann Massierungen von Personen nebst einigen anderen Charakteristika leicht ausmachen, und die Statistik vorhergehender Ereignisse wird einfach fortgeschrieben. Hat man genügend Ereignisse in seiner Statistik, kann man versuchen, die zu erfassenden Charakteristika zu optimieren, um den zukünftigen Erfolg zu verbessern. Und selbst dieses Lernen lässt sich in gewissen Grenzen automatisieren, wie die Spamfilter der Emailclienten zeigen: im Laufe der Zeit lernt der Filter, Spams immer zielsicherer und fehlerfrei auszusondern. Filter unterschiedlicher Hersteller reagieren zwar leicht unterschiedlich, da verschiedene Charakteristika erfasst werden, aber im Laufe des Einsatzes gleicht sich das Meiste an.

Auch auf der individuellen Skala will man über statistische Analysen von gewaltigen Datenmengen feststellen, ob eine Person möglicherweise in Kürze ausflippt und besser rechtzeitig gestoppt werden sollte. Das erinnert an den Film *Minority Report*, und im Grunde geht es darum. Und auch hier geht es alles andere als geheimnisvoll zu: die Computer setzen die individuellen Daten miteinander in Beziehung und stellen Korrelationen fest. Was dabei herauskommt, weiß niemand. Vielleicht stellen die Computer fest, dass der Genuss von einem Glas eines Nuss-Nougat-Brotaufstrichs pro Woche zu einen notorischen Falschparken führt, und Sie sind eine Woche später Ihren Führerschein los.

Im Grunde kennen wir die Prinzipien schon seit Jahren recht gut: wer lange unfallfrei fährt, bekommt Versicherungsrabatt, und Fahrer bestimmter Fahrzeugtypen werden stärker zur Kasse gebeten als andere. Während die Politik an allen anderen Ecken und Enden lautstark über Diskriminierung polemisiert, wenn beispielsweise ein Vermieter einem Paar mit deutschem Namen eher eine Wohnung vermietet als einem Paar mit türkischem Namen, hält sie sich im Bereich der Versicherungsmathematik diskret zurück, obwohl der Vermieter letztlich auch nichts anderes als Versicherungsmathematik in seiner Entscheidung betrieben hat, wenn auch nicht so formellastig.

Ob die globale Beobachtung wirklich zu dem Erfolg führt, Amokläufer und Mörder rechtzeitig abzufangen? Wer weiß, und da man kaum eine Vergleichsbasis aufbauen kann wie bei einer Unfallstatistik, wird man das wohl auch nie so richtig nachweisen können.

So weit zur guten Seite. Wie wir alle wissen, ist die dunkle Seite der Macht aber auch immer präsent und sucht die Techniken auszunutzen. Konkret: die globale Überwachung erlaubt schnell und sicher die politische Unterdrückung. Wenn jemand an unpassender Stelle eine politisch unkorrekte Meinung äußert oder auch nur die falschen Bekannten hat, ist er schnell im Zielraster. Es braucht nur wenige Handgriffe, um die Technik auch auf diese Fragestellungen loszulassen, und es braucht auch nur wenige Eingeweihte, die wirklich wissen, was gegen bestimmte Personen inszeniert wird, und das macht die Angelegenheit ungeheuer gefährlich. Mit irgendwelchen Diskriminierungen sind der Staat und die Medien heute nämlich ziemlich schnell bei der Hand, wie das Beispiel der Ruderin Nadja Drygalla

zeigt, die (obwohl Medaillenhoffnung) kurzerhand von den olympi-
schen Spielen und aus ihrem Beruf (Polizistin) weggemobbt wurde,
weil ihr Lebenspartner ein ehemaliges NPD-Mitglied ist.

Das Ausgraben solcher privater Informationen ist eine typische nachrichtendienstliche Tätigkeit, wobei man in diesem Fall auch beden-
ken muss, dass die Inlandsdienste derzeit alles andere als die technische Fitness aufweisen, über die wir hier referieren. Trotzdem ist es
bereits möglich, eine relativ unbedeutende Persönlichkeit die Macht
der Dienste spüren zu lassen, und die Konsequenzen sind, genau betrachtet, in diesem Fall sinngemäß nicht sehr weit von den nürnber-
ger Rassegesetzen von 1938 entfernt. Offenbar ist letzteres inzwischen einigen Leuten in der Politik auch klar geworden, die ein wenig
zurück ruderten.

Mit den diskutierten umfassenden Spionagemöglichkeiten wissen die
Nachrichtendienste zukünftig alles über jeden. Besonders bedenk-
lich:

- Was heute noch in Ordnung ist, muss es morgen nicht mehr
  sein. Vielleicht gerät man für eine Bekanntschaft von heute
  unter die Räder, weil die sich morgen als Extremist erweist.

- Die Dienste haben durch die Datenhoheit auch die Möglichkeit der Manipulation. Wenn sie morgen etwas über die Vergangenheit einer bestimmten Person behaupten, kann das
  niemand kontrollieren, denn niemand verfügt sonst über genügend Daten.

Verschwörungstheorie? Nun, zumindest das Bundesverfassungsge-
richt war bei NPD-Verbotsverfahren aus dem Jahr 2001 der Ansicht,
dass die Nachrichtendienste nicht nur Fakten recherchiert, sondern
geschaffen hatten. Man ist also in guter Gesellschaft.

Psychologisch gesehen ist die Wirkung der Überwachung sogar noch
größer, und das Ziel der vollständigen Kontrolle wird schon erreicht,
bevor das System komplett funktioniert. Es genügt nämlich bereits,
dass die Menschen glauben, sie würden vollständig kontrolliert, um
dafür zu sorgen, dass alle genau so funktionieren, wie die Machthaber
sich das vorstellen. Weder die GeStaPo noch das MfS hatten eine totale Kontrolle im Sinne der Überwachungsmaßnahmen, aber die
Teilkontrolle zusammen mit einem daraus resultierenden Denunzian-

tentum reichte aus, alles zu kontrollieren. Die dunkle Seite ist zurück – mit einem noch mächtigeren Todesstern als früher.

7.6 Anonymes Surfen: TOR-Service

Machen wir zwischendurch noch einen kleinen technischen Abstecher. Manch einen stört, dass Unternehmen und Dienste die Surfgewohnheiten von Internetnutzen aufzeichnen, um daraus Profile zu gewinnen. Sie wollen anonym surfen und ihre IP-Adresse vor neugierigen Augen verbergen. Kann man im Internet anonym surfen?

Dazu ist zunächst anzumerken, dass lediglich die Nachrichtendienste in der Lage sind, Verbindungsdaten aufzuzeichnen und auszuwerten. Unternehmen erfassen die Bewegungen der Internetnutzer auf andere Art, wie im Kapitel über Technisches gezeigt wurde, und was man dagegen machen kann, zeigen wir im nächsten Kapitel. Die hier diskutierte Anonymisierung betrifft nur die Nachrichtendienste.

Möglichkeiten zum anonymen Surfen wurden bereits in der Zeit des kalten Krieges geschaffen, um Personen in Ländern mit Zensur und Unterdrückung einen Zugriff auf gesperrte Server zu ermöglichen. Zum einen bringen solche Systeme nur begrenzten Nutzen, wie die Internetzensurmöglichkeiten der chinesischen Regierung zeigen, zum anderen sind sie aber auch wünschenswert, erweist sich derzeit unser freiheitlich demokratisches System alles andere als freiheitlich demokratisch, Zensurtendenz eher zunehmend.

Die Richtigkeit der letzten Behauptung kann jeder nachvollziehen, wenn er sich traut. Bei der Suche nach bestimmten Informationen stellt man nämlich schnell fest, dass die Suchmaschine Meldungen wie diese verfasst:

Aus Rechtsgründen hat Google 2 Ergebnis(se) von dieser Seite entfernt. Weitere Informationen über diese Rechtsgründe finden Sie unter ChillingEffects.org.

Abbildung 7.11: Unterdrückte Suchergebnisse

Das kann harmlos sein, betrifft jedoch auch Suchergebnisse, die ... sagen wir ... politisch nicht ganz korrekt sind. Noch eindrucksvoller wird der Unterschied, wenn es gelingt, google.com statt google.de zu konsultieren. Die Suchergebnisse zu den gleichen Stichworten haben bei bestimmten Themen teilweise wenig miteinander zu tun. Offenbar werden nicht nur Suchergebnisse unterdrückt, sondern die komplette Suchanfrage anders bearbeitet.

Die US-Version einer Suchmaschine aufzurufen ist allerdings nicht einfach. Der Server merkt an Browserkommentaren im HTTP-Header oder an Ihrer IP-Adresse, dass sie nicht in den USA sind, und schaltet automatisch auf die deutsche Version um. Man muss sich schon mit einer US-IP-Adresse oder zumindest einer nicht-deutschen melden, um Erfolg zu haben, und genau das macht das Anonymisierungssystem TOR.

Der Trick zur Herstellung der Anonymität heißt „Relaissystem". Man nimmt nicht selbst Kontakt zum Zielsystem auf, sondern verwendet ein unauffälliges Zwischensystem, das mit dem Zielsystem Kontakt aufnimmt, die Daten aber nur vermittelt.

7.6.1   Funktionsprinzip

ANONYME CLIENTS

Das TOR-Funktionsprinzip ist relativ einfach: die Verbindung wird über mehrere Relaisrechner verschlüsselt aufgebaut, wobei jeder Rechner nur seine unmittelbaren Nachbarn kennt. Lediglich der Quellrechner kennt alle Teilnehmer.

Erreicht wird dies durch folgenden Verbindungsaufbau:

a) Der Quellrechner wählt aus einer Liste einen Zugangsknoten (guard node) aus und verbindet sich mit diesem mit einer SSL/TLS-Verbindung.

b) Der Quellrechner wählt aus der Liste einen Relaisknoten (relay node) aus und teilt diesen dem Zugangsknoten mit. Der Zugangsknoten erzeugt einen Tabelleneintrag für den Nachrichtenaustausch und stimmt diesen mit dem Quellrechner ab.

c) Der Quellrechner verbindet sich mit dem Relaisknoten mit den Daten des Zugangsknotens, verpackt die Datagramme aber jeweils in verschlüsselte Datenpakete für den Zugangs-knoten. Dieser sendet die inneren Pakete weiter an den Re-laisknoten. Zurück kommende Nachrichten können anhand der Tabelle einem Quellrechner zugeordnet werden und wer-den wiederum verpackt und an diesen weitergeleitet.

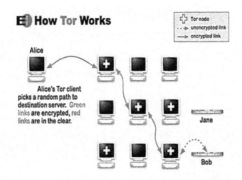

Abbildung 7.12: TOR – Funktionsprinzip (TOR-Project)

Auch die Verbindung zwischen Quellrechner und Relaisrech-ner wird mit TLS/SSL verschlüsselt.

d) Der Quellrechner wählt aus einer Liste einen Ausgangskno-ten (exit node) aus und führt die gleiche Prozedur nochmals unter Einschaltung des Relaisknotens durch.

e) Die Prozedur wird ein drittes Mal mit dem Ausgangsknoten durchgeführt, der nun eine Verbindung zum Zielsystem auf-baut. Diese Verbindung kann, muss aber nicht verschlüsselt sein.

Aus Sicht des Relaisknotens ergibt sich damit folgendes Bild:

✔ Der Knoten kennt die IP-Adressen des Zugangsknotens und des Ausgangsknotens, weil er mit diesen direkte TCP-Verbin-dungen unterhält.

✔ Der Knoten kennt nicht die IP-Adresse des Quellrechners, da dieser keinen direkten Kontakt mit ihm hat.

✔ Der Knoten kennt nicht die IP-Adresse des Zielservers, weil dessen Aushandlung über eine verschlüsselte Verbindung zwischen Quellsystem und Ausgangsknoten erfolgt ist.

Für den Zugangsknoten gilt entsprechend, dass er die Client- und die Relais-IP kennt, aber nicht weiß, welche Daten der Client an den Relaisknoten sendet. Was der Exitknoten weiß, können Sie sich nun sicher selbst zusammen reimen. Für einen Lauscher am Relaisknoten folgt:

✗ Die IP-Adressen der Zugangsknoten und die IP-Adressen der Ausgangsknoten können mitgelesen werden.

✗ Die Inhalte der Datagramme sind verschlüsselt und können nicht mitgelesen werden. Quellsystem und Zielserver bleiben unbekannt.

✗ Vermittelt der Relaisknoten mehrere Verbindungen, kann nicht direkt ermittelt werden, welcher Ausgangsknoten zu welchem Zugangsknoten geroutet wird.

Da Protokolle wie HTTP äußerst schwatzhaft sind und in ihren Kopfinformationen die Identität des Nutzers doch verraten könnten, wird der TOR-Service in Verbindung mit einer Content-Firewall verwendet, die solche Informationen entfernt, bevor die Datenpakete den Quellrechner verlassen. Anwendern, die auf den besuchten Servern in unverschlüsselten Verbindungen fröhlich ihre Daten hinterlassen, ist dann allerdings auch nicht mehr zu helfen.

Für die angesprochene Suchmaschinenabfrage kann nun ein US-Exitknoten verwendet werden. Da die Content-Firewall auch die Information, dass man gerne eine Antwort in deutscher Sprache erhalten möchte, entfernt, unterbleibt ein Weiterleiten an die deutsche Suchmaschine.

ANONYME SERVER

Eine erweiterte Funktionalität erlaubt auch eine Anonymität des Servers gegenüber den Client, d.h. der Anwender weiß nicht, von welchem Server die Informationen kommen, und der Server weiß nicht, welcher Client die Anfrage gestellt hat. Dies erfordert zunächst einige Schritte des Servers, um seine Dienste anonym anbieten zu können:

a) Der Server wählt aus einer Liste eine Reihe von Angebotsknoten aus, über die Verbindung mit ihm aufgenommen
   werden kann. Wenn er sich nach dem oben dargestellten
   Schema über Zugangs- und Relaisknoten mit den Angebotsknoten verbindet, bleibt seine Identität geheim.

b) Der Server trägt sein Angebot sowie die Liste der Angebotsknoten in einer zentralen Datenbank ein. Die Daten werden
   mit einem dem Server gehörenden Public Key System gesichert, sind aber anonym. Der Client sieht nur den angebotenen Dienst, aber nicht, wer diesen anbietet.

c) Ein Client wählt aus der zentralen Datenbank den gewünschten Service aus und verbindet sich wiederum über
   Zugangs- und Relaisknoten mit einem Rendezvousknoten.

d) Der Client verschlüsselt die Rendezvousposition sowie
   einen Einmalschlüssel mit dem öffentlichen Schlüssel des
   Servers und sendet die Information an einen der Angebotsknoten (wieder anonymisiert).

e) Der Angebotsknoten übermittelt die Information über die
   Knotenkette an den Server.

f) Der Server nimmt ebenfalls mit dem Rendezvousknoten
   Kontakt auf und identifiziert sich mit dem Einmalschlüssel.

Wenn Sie das Prozedere etwas genauer überdenken (ich habe einige
technische Details fortgelassen, aber das spielt weniger eine Rolle),
ist der Server hinter einem Dienst genauso unbekannt wie der Client,
und außer diesen beiden ist auch niemandem der Rendezvouspunkt
bekannt, da diese Informationen ebenfalls verschlüsselt ausgetauscht
werden.

7.6.2 TOR in der Praxis

Das TOR-Projekt basiert auf der Mitarbeit vieler Teilnehmer: je
mehr Leute teilnehmen, d.h. je größer das Tornetzwerk ist, desto besser sollte es die Anonymität gewährleisten. Wer folglich das Tornetzwerk nutzt, sollte auch daran teilnehmen.

Abbildung 7.13: Konfigurationsmenü

Das Mitmachen ist nicht weiter schwierig. Bei der Konfiguration kann der Nutzer seinen Rechner auch für andere Nutzer freigeben und dabei recht genau spezifizieren, welche Rollen er im Netzwerk zu übernehmen bereit ist.

Ein praktisches Problem resultiert aus der begrenzten Bandbreite, die einem normalen Internetnutzer zur Verfügung steht. Wenn sich ein Relaisknoten per ADSL mit dem Netz verbindet, muss sich der gesamte Verkehr durch dieses Nadelöhr quälen, wobei die Upload-Geschwindigkeit den Ausschlag gibt. Liegt die bei 512 Mbit/sec, ist das auch die Maximalgeschwindigkeit beim Surfen.

Ein zweites Problem ergibt sich aus der Vermutung, dass TOR-Nutzer nicht nur harmlose Gründe haben, ihre Identität zu verschleiern. Neben wirklich unredlichen Dingen nutzen manche auch die Anonymität, um in irgendwelchen Blogs hemmungslos die Sau raus zu lassen. Da das Tornetzwerk öffentlich und relativ begrenzt ist, sind die Ausgangsknoten bekannt und auch als Blacklist erhältlich. Viele Seitenbetreiber wie beispielsweise wikipedia nutzen dies, um TOR-Nutzer am Kommentieren zu hindern. Die TOR-Nutzung wird dadurch natürlich auch für andere Nutzer eingeschränkt.

Ein weiteres Problem ist die Reaktion der Behörden auf eine Beteiligung am TOR-System. Formal ist das Betreiben eines TOR-Rechners nichts anderes als ein (kostenloser) Transportservice, wie ihn die Internetprovider und die Post ja ebenfalls anbieten. Erpresserbriefe und Schlimmeres werden mit der normalen Post transportiert, aber niemand käme auf die Idee, den Postvorstand deswegen zu verhaften. Anders verhalten sich die Behörden allerdings bei Betreibern von Ausgangsknoten, besonders wenn sie feststellen, dass der Knoten genutzt wird, um beispielsweise kinderpornografisches Material zu transportieren. Da kann es schon einmal passieren, dass ein Räumkommando der BFE (→ Beweissicherungs- und Festnahme-Einheit der Polizei) Rechner konfisziert und nebenbei die Wohnung verwüstet, ohne sich groß um irgendwelche Argumente zu kümmern.

Um es rechtlich klar zustellen: ein Ausgangsknoten ist im rechtlichen Sinn tatsächlich ein Transportknoten und damit legal. Um unangenehme Überraschungen zu vermeiden bzw. deren Auswirkungen zu begrenzen, sollten allerdings einige Nebenbedingungen eingehalten werden, die auf den Seiten der TOR-Betrieber beschrieben sind.

7.6.3 Geheimdienste

So weit wieder einmal recht ausführlich zur Technik. Das TOR-Netzwerk ist gut überschaubar (die Blacklist der Ausgangsknoten ist bereits erwähnt worden). 2011 waren etwa teilnehmende 2.500 Knoten aufgelistet, davon ca. 900 Ausgangsknoten. Will die NSA hier beispielsweise flächendeckend durch den Betrieb eigenen Knoten eingreifen, könnte sie das mit folgendem Aufwand realisieren:

- Investitionen: ca. 2.000 Rechner zu 350 US-$, macht ca. 700.000 US-$.

- Laufende Kosten: die Rechner müssten auf der Welt an „Hilfswillige" verteilt werden, um das Netz zu verschleiern. Der Aufwand kann etwa wie folgt abgeschätzt werden:

    o Internetzugang mit DLS 16.000 oder besser, ca. 500 US-$/Jahr

    o Strom- und Wartungskosten, ca. 500 US-$/Jahr

    o Entlohnung des Teilnehmers, gemittelt ca. 500 US-$/Jahr

Gesamtkosten ca. 3 Mio US-$/Jahr. Bei einem Monatsbudget von mehr als 1 Mrd US-$/Monat eine akzeptable Summe.

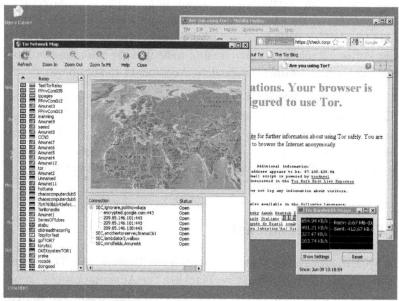

Abbildung 7.14: TOR-Netzwerkkarte

Der Nutzen, den die NSA daraus ziehen würden, ist eine Aufdeckung der Anonymität, wenn eine Knotenkette komplett unter Kontrolle des Geheimdienstes steht, weil sie Zugriff auf die NAT-Tabellen der Knoten hat. Die TOR-Entwickler legen zwar einigen Wert darauf, solche Kontrollen zu verhindern, einer Organisation wie der NSA darf man aber sicher zutrauen, dass sie über Mittel verfügt, unerkannt zu bleiben.

Ein Abhören der TOR-Ausgangsknoten liefert die gleichen Informationen über die kontaktierten Server wie der Betrieb des Ausgangsknotens selbst. Bei der beschränkten Anzahl sollte eine Überwachung weitgehend möglich sein. Da vermutlich jedes Land an einer Kontrolle interessiert ist, kann man sich durchaus Kooperationen ansonsten verfeindeter Geheimdienste auf diesem Gebiet vorstellen.

Aber was ist mit nicht kontrollierten Knoten? Stimmt das Bild mancher Kinofilmen, dass auf einer Weltkarte schrittweise die Verbindungen, die auf der TOR-Karte angezeigt werden, zurück verfolgt werden können? Mit ein wenig Nachdenken kommt man zu folgendem Schluss:

Zunächst sollte es durch die Beschränkung des TOR-Netzes auf wenige tausend Systeme möglich sein, alle Systeme online zu überwachen. Außerdem dürfte es ebenfalls kein Problem sein, einen bestimmten Server oder einen bestimmten Quellrechner zu überwachen, wenn man seine Kontakte analysieren will.

Wird ein Server von einem Ausgangsknoten angesprochen, kann der Nachrichtendienst den Datenverkehr des Ausgangsknotens online analysieren (*damit steht bereits die erste Verbindungslinie auf der Karte*). Ein Ausgangsknoten kann Verbindungen zu vielen Servern und zu vielen Relaisknoten aufrecht erhalten, so dass zunächst nicht klar ist, an welchen Relaisknoten die Daten des überwachten Servers gehen, aber jede Serverkommunikation unterliegt einem gewissen Rhythmus:

➤ Datagramme haben unterschiedliche Längen.

➤ Die Zeitabstände zwischen Datagrammen differieren.

➤ Die Verbindungen bestehen unterschiedlich lange.

Abhängig von der Anzahl der Verbindungen zwischen Ausgangsknoten und Server

> *es können ja mehrere Verbindungen zum Server über diesen Knoten abgewickelt werden*

und zwischen Ausgangsknoten und Relaisknoten

> *jeder Relaisserver kann mehrere Verbindungen zum Ausgangsknoten unterhalten, die auf unterschiedliche Quellen zurückführen*

sowie des Lastverhaltens an den Relaisknoten selbst

> *HTTP-Verbindungen werden jeweils nur kurzfristig für den Abruf einer Seite aufgebaut*

kann nach kurzer Zeit statistisch auf den Relaisknoten geschlossen werden, über die die Serververbindung angestoßen wurde (*damit steht die zweite Verbindungslinie*).

Ist der Relaisserver identifiziert, kann der Zugangsknoten sowie
schließlich der Quellrechner auf die gleiche Weise identifiziert werden. Eine schwache Last des TOR-Netzwerkes erleichtert die Analyse ebenso wie eine Teilkontrolle des TOR-Netzwerkes.

Fazit. Die in Kinofilmen dargestellte Verfolgbarkeit von Verbindungen über das TOR-Netzwerk ist real, wenn man die lückenlose on-
line-Überwachung der Zugangsknoten und der Exitknoten voraus-
setzt.

Ein „Entkommen" ist zwar möglich, wenn die Quelle die Netzlast
realistisch einschätzen kann und die Verbindung neu routet, bevor
die komplette TOR-Kette rekonstruiert werden kann. Wenn die Ge-
samtkommunikation allerdings eine größere Datenmenge umfasst,
besteht bei einem umfassenden Verbindungslogging für alle TOR-
Systeme trotzdem die Möglichkeit, durch statistische Analyse im
Nachhinein die Quelle mit einiger Sicherheit ausfindig zu machen.

Andere Angriffsmöglichkeiten. Eine weitere Möglichkeit für den
Nachrichtendienst ist der direkte Angriff auf den Clientrechner über
das Tornetzwerk. Mittels Packet-Injection können Informationen auf
das Clientsystem übertragen werden, die

- Cookies auf das Clientsystem übertragen, die später bei einer
  normalen Internetverbindung wiedererkannt werden,

- das Clientsystem auf vorhandene Cookies aus normalen Verbindungen überprüft, oder

- über eingeschleuste Cookies während der Tor-Sitzung zumindest alle Serververbindungen eines Nutzers hackt.

Auch die anderen Möglichkeiten von Packet-Injection-Angriffen stehen zur Verfügung.

7.6.4   Sollte man TOR nutzen?

Das Fazit wird sich für die Entwickler des TOR-Systems deprimie-
rend anhören, aber das lässt sich leider nicht ändern. Man stößt auf
folgende negative Eigenschaften:

> ➤ Das TOR-Netzwerk ist relativ langsam. Bereits Webseiten er-
> fordern eine deutliche Wartezeit, Downloads haben oft einen
> erheblichen Zeitbedarf.

> ➤ Viele Server blocken Verbindungen über das TOR-Netzwerk
> ab.

> ➤ Eine Anonymität kann über das TOR-Netzwerk nur dann er-
> reicht werden, wenn die Nachrichtendienste technisch er-
> heblich hinter dem zurückliegen, was man ihnen zutraut.

> ➤ Eine Benutzung von TOR macht Nachrichtendienste eher
> neugierig.

Sinnvoll ist der TOR-Service, um nationale Beschränkungen beim
Zugriff auf bestimmte Informationen zu unterlaufen. Dazu würde jedoch auch ein einfacheres System ausreichen.

7.7   Cyber - War

Die Macht der Nachrichtendienste macht bei der Bespitzelung jedes
einzelnen Bürgers nicht Schluss. Sie dürften in der Lage sein, Länder
wie die Bundesrepublik im Bedarfsfall (→ Krieg) in die Steinzeit zurück zu katapultieren. Das sei auf einem kleinen Umweg erläutert.

Viele Leser kennen vermutlich den Film „The Day After", der mit
EMP-Atombombenangriffen beginnt, die großflächig die Elektrik
weitgehend lahm legen. Auf die ausführliche Beschreibung der
Physik sei an dieser Stelle verzichtet und auf Abbildung 7.15 verwiesen.

Industriestaaten hängen inzwischen in einem Maße vom elektrischen
Strom und von Computern ab, dass ein solcher EMP-Angriff genügen
würde, einen Krieg zu gewinnen. Elektrische Geräte und Computer
werden in weitem Umkreis um die Explosion außer Gefecht gesetzt,
während eine bodennahe Explosion zwar medienwirksamer wirkt,
aber räumlich eine beschränktere Wirkung aufweist. Es würde mich
nicht wundern, wenn die Kriegsspieler in den Planungsstäben auf

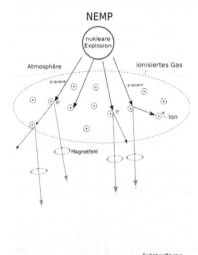

NEMP

diese Bomben verzichten und einen Atomkrieg inzwischen sogar für gewinnbar halten.

Einen ähnlichen Effekt traut man der Sonne im Rahmen von Sonneneruptionen oder Sonnenstürmen zu. Die bringen ab und zu die Kommunikations- und Stromnetze in Unordnung, wobei allerdings Sonnenstürme der heftigen Art glücklicherweise noch nicht aufgetreten sind. Die könnten nämlich durchaus auch Großtransformatoren durchbrennen lassen (Abbildung 7.16).

Abbildung 7.15: EMP

Abbildung 7.16: Großtransformator, Transport   (wikipedia,CC BY-SA 3.0)

Von solchen Geräte benötigt ein Land wie die BRD nur einige Hundert, aber aufgrund der Langlebigkeit der Geräte liegt die Produktionsrate bei nur wenigen Geräten pro Jahr. Ein Ausfall der Geräte würde die Stromversorgung auf Jahre hinweg lahm legen.

> *Einzig wirksame Strategie gegen heftige Sonnenstürme ist ein rechtzeitiges Herunterfahren der Stromversorgung. Ausgeschalteten Transformatoren können die Magnetfelder nichts anhaben. Bestehen solche Strategien? Da kann man nur raten,*

denn auf Anfragen erhält man weder von den Stromversor-
gern noch von den zuständigen Ministerien irgendeine Ant-
wort.

Okay, Strom weg, na und? Bevor man so reagiert, sollte man sich den
Grad der Abhängigkeit vom Strom überlegen:

- ➢ Die Gas- und Wasserversorgung bricht ebenfalls zusammen,
  da die Pumpen nicht mehr betrieben werden können. Durch
  Notstromaggregate lässt sich das vielleicht ein wenig hinaus-
  zögern.

- ➢ Tankstellen funktionieren nicht, weil den Pumpen der Strom
  fehlt. Der Straßenverkehr bricht nach einiger Zeit mangels
  Treibstoff zusammen. Der Schienenverkehr funktioniert ohnehin hin mehr.

- ➢ Geldautomaten funktionieren nicht, d.h. man kommt nicht
  mehr an Bargeld heran.

- ➢ Die Kassen in den Einkaufszentren funktionieren ebenfalls
  nicht mehr, d.h. auch Bargeld ist nur begrenzt nützlich.

- ➢ Die Kommunikation bricht in dem Maße zusammen, die die
  Stromversorgung der Verbindungsstellen ausfällt.

- ➢ Notdienste sind nicht mehr erreichbar oder fallen aus, wenn
  den Notstromversorgungen der Treibstoff ausgeht.

- ➢ ...

Kurz: nichts läuft mehr, und bei entsprechenden Schäden ist auch auf
längere Zeit damit zu rechnen, dass nichts mehr läuft. In den Städten
brechen nach kurzer Zeit anarchische Zustände aus, die sich ausbrei-
ten, und auch diejenigen, die an der Behebung der Schäden mitwirken können, bleiben voraussichtlich nur so lange bei der Stange, wie
die Regierung den Schutz und die Versorgung ihrer Familien garantieren kann. Mit längerer Dauer kommen Folgeschäden wie kaum
noch instand setzbare Abwassernetze hinzu, usw.

Was sich da alles an Katastrophenszenarium aufbauen kann, kann
sich der Leser sicher nach diesen einleitenden Bemerkungen in seiner
Fantasie zusammenbauen, und wer bequemer ist, der geht halt in die

nächste Videothek und leiht sich einen der vielen Katastrophenfilme zu diesem Thema.

Was haben die Nachrichtendienste damit zu tun? Wie wir festgestellt haben, ist alles miteinander vernetzt, und in allen Netzen hängen die Nachrichtendienste nicht nur oberflächlich, sondern sehr weit drin. Weit genug, dass irgendwelche Sicherungsmechanismen gegen Hacker nicht mehr greifen. Alles ist nicht nur vernetzt, sondern auch automatisiert. Crashs, ob an Börsen oder auch in Stromnetzen, werden heute dadurch produziert, dass überall die gleichen Programmstrategien eingesetzt werden und der Mensch nicht mehr mitzureden hat. Wo früher nach einer hektischen halben Stunde ein paar Broker möglicherweise auf Verstand gesetzt und den Crash aufgehalten hätten, ist heute nach einer halben Stunde der Megacrash bereits vorbei und durch automatischen Computerverkäufe die Börsenwerte auf Null reduziert.

In den Schubladen der Kriegsministerien liegen schon längst Kriegsszenarien, in denen die Nachrichtendienste durch ihren Durchgriff in die Steuerungsnetze die Infrastruktur eines Staates komplett ausschalten können. Es würde beispielsweise genügen, die Steuerung der Großtransformatoren so zu manipulieren, dass diese überlastet werden und durchbrennen, statt abzuschalten. Fantasie? Denken Sie an Stuxnet und den (vermutlichen) NSA-Angriff auf das iranische Atomprogramm. Das war nur ein Warnschuss.

Man sollte sich also wohl auch noch um andere Sachen Sorgen machen.

8 Ich habe etwas zu verbergen

Nach all dem muss man sich natürlich fragen, ob es noch ein Entkommen vor den Datenkraken gibt. Nun, wenn man nicht gerade in die Kalahari umziehen und fortan unter den !Kung leben, sondern weiter die Vorzüge unserer Zivilisation genießen will, muss man sich damit abfinden, dass die Nachrichtendienste eine ganze Menge über jeden von uns wissen oder in Erfahrung bringen können.

Um ein vernünftiges Maß zwischen Offenbaren und Verbergen zu finden, ist es vielleicht hilfreich darauf hinzuweisen, dass nicht irgendein Herr Müller in einem muffigen Büro sich emotional an der Unterwäschekollektion einer Frau Meier auf seinem PC berauscht, sondern alles auf irgendwelchen Computern landet und 99,9% der Information nie anderen Menschen zu Gesicht kommt. Der normale beobachtete Bürger wird nur statistisches Material sein, das benötigt wird, um die Ausreißer zu identifizieren.

Andererseits ist die Einstellung *„ich habe nichts zu verbergen"* und gar nichts zu unternehmen, sicher auch nicht richtig, denn

- auch wenn man nur von Computern beobachtet wird, alles möchte man aus rein gefühlsmäßigen Gründen sicher doch nicht in der Datensammlung wiederfinden,

- die Daten können auch zur Manipulation der Gesellschaft und des Einzelnen verwendet werden, und zu leicht sollte man es dem Staat damit auch nicht machen,

- Informationen können im Bedarfsfall auch verwendet werden, um jemandem zu schaden, wobei heute noch harmlose Daten in der Zukunft die Rolle der Stolpersteine übernehmen könnten.

An Positionen, die man noch selbst beeinflussen kann, sollte man daher schon versuchen, sich dem allgemeinen Raster zu entziehen. Um eine Strategie zu erarbeiten, muss man sich allerdings erst einmal die Grundregel klar machen:

Alles was man einkauft muss man auch bezahlen!

Mit anderen Worten: wenn Sie sich vor bestimmten Angriffen schützen wollen, müssen Sie entweder in zusätzlich Arbeit investieren oder auf etwas Komfort verzichten.

Heute wird vorzugsweise rumgenörgelt und auf irgendwelche Aktionen des Gesetzgebers gewartet, wobei wir allerdings inzwischen wissen sollten, dass genau der hinter vielem steckt und Gesetze oft nicht mal das Papier wert sind, auf dem sie gedruckt werden. Man muss schon selbst etwas tun, aber selbst kleine Verhaltensmaßnahmen werden schlicht ignoriert, wenn es länger als gefühlte 5 Sekunden dauert, sie einzurichten. So läuft es natürlich nicht!

Wenn man etwas macht, sollte das überlegt sein, denn wie wir gesehen haben, gibt es für die Nachrichtendienste jeweils mehrere Datenquellen, so dass sich Maßnahmen nur dann lohnen, wenn sie das Gesamtspektrum berücksichtigen. Man sollte also nicht blind irgendwelchen Datenschützergruppen folgen, die sich ohne den notwendigen technischen Hintergrund wichtig machen wollen.

Wenn man etwas machen will, gibt es zwei Optionen:

1. technische Maßnahmen, und

2. Verhaltensregeln

Einige Sachen kosten einen kleinen Startaufwand, sind dann aber zum Nulltarif weiter zu führen, andere erfordern mehr Disziplin oder grundlegende Änderungen des eigenen Verhaltens. Eine Generalempfehlung gibt es nicht; jeder muss sich selbst fragen, ob der Aufwand die Konsequenzen wert ist.

8.1 Verhaltensänderung

8.1.1 Bewegungsmuster

Wir haben gesehen, wie viele Informationen aus dem Bewegungsmuster von Personen zu gewinnen sind. Durch Verbindung verschiedener Daten kann jeder Person ein individuelles Bewegungsmuster
zugeordnet werden. Wir haben dies für verschiedene Zielgruppenbe-
obachtungen nachgewiesen.

Man wird einer Beobachtung zumindest in den Ballungsräumen nicht
vollständig entgehen können. Es stellen sich folgende Fragen:

a) Unterstellt man den Nachrichtendiensten, dass sie jede Aufzeichnung einer bestimmten Person zuzuordnen, oder dass
   sie sich durch längere Speicherung des Daten die Möglichkeit offen halten, dies nachträglich tun zu können?

b) Hält man es für möglich, in eines der Beobachtungsraster zu
   geraten, oder gehört man zu einer potentiellen Zielgruppe?

c) Zu welchem Aufwand ist man bereit, um einer Identifizierung zu entgehen?

Wenn Sie der Ansicht sind, dass Sie nicht betroffen sind oder das Ergebnis die Mühe nicht wert ist, dann machen Sie weiter wie bisher.

Um einer Identifizierung zu entgehen, ist folgendes zu beachten:

➤ Bei Videoüberwachungen bestehen nur geringe Identifizie-
  rungsmöglichkeiten, falls man nicht in ein Zielgruppenraster
  fällt, das zusätzliche Informationen liefert.

➤ Mobilfunkdaten liefern individuelle Bewegungsprofile.

➤ Anonyme Handys liefern anonyme Bewegungsprofile.

➤ Kfz-Kennzeichen, Kreditkartenzahlungen, Kundenkarten-
  nutzungen und Ausweisdaten liefern punktuelle Identifizie-
  rungsmöglichkeiten.

Wir haben auch gesehen, dass durch eine dichte Videoüberwachung eine Person quer durch das Überwachungsnetz verfolgt werden kann, da man sich in der Regel zwischendurch nicht umzieht. Es genügt während einer zusammenhängenden Überwachungssequenz eine einzige Identifizierung. Parken auf einem überwachten Parkplatz (→ Kennzeichenidentifizierung), Benutzung eines Bankautomaten, Zahlung mit einer Kreditkarte – wenn die Sequenz lang genug ist, kann Ihnen auch das anonyme Handy zugeordnet werden.

Sie bemerken: wenn man den Nachrichtendiensten eine dichte Überwachung unterstellt, ist es mit Einzelmaßnahmen nicht getan. Die Bewegungen, die Sie vorhaben, müssen geplant werden, damit die Mühe nicht umsonst war.

Ein spezielle Maßnahme ist der Schutz vor dem Auslesen des Ausweises oder allgemein von RFID-Geräten durch eine metallene RFID-Schutzhülle verhindern (Abbildung 8.1).

Abbildung 8.1: RFID-Ausweishülle (Produktfoto)

Wir haben das Auslesen als eine etwas exotische Identifizierungsmöglichkeit auf die Liste gesetzt. Da aber auch Kriminelle an den Daten interessiert sein könnten, ist der Schutz eine Überlegung wert. Der Schutz gilt aber nur für berührungslos auslesbare RFID-Geräte. Kreditkarten usw. besitzen einen sichtbaren Chip, der nicht kontaktlos auslesbar ist und nicht in dieser Weise geschützt werden muss, auch wenn das die eine oder andere Werbung behauptet.

Um den Bewegungsdaten der Mobilfunküberwachung zu entgehen, können Sie auch Ihr Handy zu Hause lassen, es ausschalten (→ Zeiten absprechend, zu denen Sie erreichbar sind), eventuell auch den Akku ziehen, um Silent-SMS zu entgehen. Das hilft allerdings nur, wenn keine dichte Videoüberwachung vorliegt oder sie strikt vermeiden, sich durch andere Handlungen zu identifizieren.

Mein Fazit aus diesen Überlegungen: wenn man nicht wirklich etwas zu verbergen hat (→ also irgendwelche kriminellen Intentionen), lohnt der Versuch, der Beobachtung zu entkommen, nicht. Der Aufwand ist hoch, und schon kleine Abweichungen vom Plan verhindern den erwünschten Erfolg.

8.1.2   Einkaufen

Einkäufe über das Internet wird zumindest bei den Verkäufern für ein Profil gespeichert, das Gleiche gilt für Käufe mit Kundenkarten oder Kreditkarten. Man kann sich zunächst noch einmal in Ruhe überlegen, wie schlimm das wirklich ist. Wenn im Tante-Emma-Laden der Verkäufer extra ein Stück eines besonderen Käses aufhebt, ist man dankbar für die Aufmerksamkeit, wenn der amazon-Computer das tut, wird über Datenschutz geredet. Drüber nachdenken sollte man auf jeden Fall einmal.

Eine erste simple Maßnahme, die Verfolgung zu erschweren, kann über die Einstellung des Umgangs des Browsers mit Cookies erfolgen (Abbildung 8.2). Cookies erlauben die Verfolgung der besuchten Seiten und der angeklickten Artikel. Sie sind zumindest bis zum Schließen des Browsers gültig, möglicherweise aber auch erheblich länger. Man kann den Browser aber auch anweisen, die angegebene Gültigkeitsdauer von Cookies zu missachten und langfristig gültige Cookies ebenfalls zu löschen.

Als Nutzer sollte man sich aber auch darüber im Klaren sein, dass mit dem sofortigen Löschen der Cookies Bequemlichkeit verloren geht. Will man später die Suche fortsetzen, wissen die besuchten Seiten

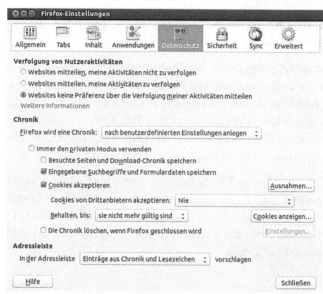

Abbildung 8.2: Maske zur Einstellung des Cookie-Umgangs

nichts mehr über die frühere Suche, und man muss von vorne anfangen bzw. sich auf Seiten erneut einloggen. Nichts ist ohne Preis.

Die Nachrichtendienste können natürlich weiterhin ihre Verbindungsdaten aufzeichnen und rekonstruieren, wo Sie gewesen sind. Anonymes Surfen mit Hilfe des TOR-Systems ist dabei auch nur bedingt hilfreich, wie wir gesehen haben (Kapitel 7.6 ab Seite 267).

Eine weitere Datenquelle für die Nachrichtendienste bei Käufen ist die Zustellung der Waren. Empfangene Postsendungen lassen sich nicht verheimlichen. Beim Versenden von Briefen kann man zwar den Absender fortlassen, was ein kleines bisschen Privatsphäre schafft, aber schon beim Versand von Paketen geht das nicht mehr. Die Nachrichtendienste können rekonstruieren, wann und wo sie etwas gekauft haben, aber möglicherweise nicht was, wenn sie keinen Zugriff auf die Unternehmensdaten haben.

Will man der Datenerfassung ausweichen, kann man versuchen, so weit wie möglich alles in Geschäften vor Ort zu kaufen und jeweils in bar und ohne Verwendung von Kundenkarten zu bezahlen. Um nicht in andere Datenanalysen zu geraten, sollte man sich das notwendige Kleingeld in einem Umfang besorgen, der die häufigere Benutzung eines Geldautomaten und die damit verbundene Identifizierung überflüssig macht. Auch Briefmarken sollte man nicht im Internet kaufen, sondern bar am nächsten Postschalter erstehen.

Aber auch hier gilt es zu überlegen, wie viel Aufwand die Flucht aus der Datenbank wert ist.

◆ Käufe in Geschäften kosten mehr Zeit,

◆ die Waren sind oft teurer als im Internet,

◆ nicht selten endet der Versuch eines Kaufs ergebnislos, weil das gesuchte Produkt nicht zu finden ist.

Die Nachrichtendienste zeichnen im schlimmsten Fall nicht mehr auf als die Unternehmen selbst und sind vorzugsweise an Ausreißern interessiert. Mein Fazit ist auch hier, dass der Aufwand meist den Nutzen überwiegt. Es ist wohl eher eine persönliche Grundsatzentscheidung, nichts im Internet zu kaufen, als eine begründete Furcht vor dem Ausspähen des geheimen Inneren.

8.1.3   Telefonate

Telefonate und SMS-Dienste können von den Nachrichtendiensten problemlos mitgelesen werden. Wie viel sie mitlesen, ist die einzige Unbekannte in dieser Gleichung. Flatrates jeglicher Art führen andererseits zu einem Boom der Gespräche und insbesondere der noch leichter mitlesbaren Nachrichten und Fotosendungen.

SMS sind zwar mit zusätzlichen Apps verschlüsselbar, aber man kann es wohl getrost knicken, beim Anwender ein sicherheitsbewusstes Verhalten zu erwarten. Auch wenn man es selbst macht – die Bekanntschaft wird nicht mitspielen. Fall erledigt !?

Nun ja, ganz so fatalistisch sollte man vielleicht doch nicht sein. Versuche mit Verschlüsselung sollten man auf jeden Fall unternehmen, und wenn Sie festgestellt haben, dass es machbar ist, machen Sie Werbung bei Ihren Bekannten, einzusteigen. Ich beiße bei solchen Aktionen meist auf Granit, weil ich ja der Fachmann bin, für den alles leicht ist und mit dem man nicht mithalten kann, aber vielleicht ha-

ben Sie als normaler Anwender ja mehr Glück, und der eine oder andere Ihrer Bekannten springt mit auf den Zug.

Lohnt das den Aufwand? Hier ist ein eindeutiges JA angebracht. Es
geht um Kommunikationsinhalte, also um sehr persönliche Sachen.
Dass Sie Herrn X oder Frau Y in der Stadt begegnen, lässt sich kaum
verheimlichen, aber was Sie im Gespräch sagen, ist eine andere Ebene und geht niemanden etwas an (→ obwohl es inzwischen viele
Hardliner gibt, die dermaßen laut in Ihr Handy brüllen, dass man es
am anderen Ende der U-Bahn immer noch hören kann). Diese Ebene
kann man verbergen, und nach ein wenig Einstiegsaufwand ist das
ein Aufwand zum Nulltarif, also sollte man es grundsätzlich tun!

Abbildung 8.3: Kulturänderung   (wikipedia, CC BY-SA 3.0)

Telefonate lassen sich bislang nur mit großem Aufwand verschlüsseln, also kann man hier wenig verbergen. Aber: setzen Sie sich für
Verschlüsselungsmöglichkeiten ein! Fragen Sie Ihren Provider, was er
macht. Geben Sie als Wechselgrund nicht „bessere Tarife", sondern
„fehlende Verschlüsselung" an. Nur so zwingt man die Industrie zu
Verbesserungen. Brüllen Sie nicht in Ihr Handy, so dass jeder mithören kann. Überlegen Sie, ob nicht vieles besser von Angesicht zu Angesicht besprochen werden sollte (Abbildung 8.3).

An dieser Stelle noch ein Wort zu anonymen Prepaid-Handys oder
öffentlichen Telefonen. Wie bei den Zielgruppen bemerkt, kommt
man bei bestimmten Themen schnell in Konflikt mit der FDGO (→
freiheitlich-demokratische Grundordnung), obwohl man nichts Bö-
ses vorhat. Für solche Zwecke kann man eine Anonymisierung mit

diesen Mitteln durchaus ins Auge fassen. Sonst lohnt es sich aus meiner Sicht wieder eher weniger.

8.1.4   Soziale Netzwerke

MɪᴛᴛᴇɪʟᴜɴɢsʙᴇᴅÜʀғɴɪs

Soziale Netzwerke sind im Grunde die Steigerung der Telefonitis, bieten sie doch zusätzlich die Möglichkeit, mit Leuten in Kontakt zu kommen, auf die man sonst nicht treffen würde (und denen man in der Realität auch dann nie begegnen wird und oft wohl auch nicht möchte), und seine Ansichten einem breiteren Publikum zugänglich zu machen. Nun dürfte den meisten inzwischen bekannt sein, dass nicht nur Nachrichtendienste sich in den sozialen Netzwerken bedienen, sondern auch potentielle Arbeitgeber, also sollte man vorsichtig sein, was man da alles veröffentlicht.

„Nur die Harten komm' in'n Garten", und manchen macht es offenbar wenig aus, sich in ihrer Fotostrecke nach dem Komasaufen vollgekotzt in einer Ecke liegend zu präsentieren oder weiterhin ungestraft „Freunde" in ihrem Kreis zu dulden, die das freundlicherweise in ihrem Fotoblog übernehmen. Wenn man soziale Netzwerke schon nicht meiden will, besteht die erste Überlegung darin, welche Informationen man nicht einer anonymen Allgemeinheit zur Verfügung stellen möchte, die zweite, wie man sich seine Freunde aussucht.

Bei dieser Freigiebigkeit handelt es sich um ein psychologisches Phänomen, dass man sich und seinen Freunden einmal klar machen sollte:

> *Je indirekter der Kontakt, desto größer die Bereitschaft zur Preisgabe vertraulicher Informationen!*

Konkret: wird man auf der Straße von jemandem in Zivil angehalten, der behauptet, von der Polizei zu sein, wird man ihm vermutlich noch nicht mal die Uhrzeit mitteilen, bevor man den Ausweis gesehen und kontrolliert hat. Ruft aber Herr Müller vom Innenministerium an, gibt man dem ohne Kontrolle, ob es sich nicht um Super-Mario von der Mafia handelt, selbst die PIN der Kreditkarte. Oft war es Super-Mario, und das Bankkonto ist leer.

Das Gleiche spielt sich in sozialen Netzwerken ab. Man weiß nicht, wer alles mitliest, aber es wird schon nicht so schlimm sein – und dann wird es doch schlimm. Einen Säufer braucht ein Unternehmen nicht als neuen Mitarbeiter, und wer so mitteilsam ist, dass er der Welt „Bratwurst – lecker" verkünden muss, kann möglicherweise auch Firmeninterna nicht für sich behalten. Wer dem Ganzen die Krone aufsetzen möchte, kann auf fb auch Posten, dass er seinen Chef für ein Arschloch hält, sich gerade mit einem ermogelten gelben Schein den Urlaub verlängert hat oder einen geheimen Deal des Unternehmens zu einem ungeheimen Deal machen. Die darauf folgende fristlose Kündigung wird bis hinaus zum Bundearbeitsgericht von jeder Instanz gerne bestätigt. Und das war nur die Reaktion der Guten – die Nachrichtendienste haben noch ganz andere Hintergedanken.

Anonymität

Ein weiteres Phänomen ist der Glaube, durch das Pseudonym *pupsmäuschen3* anonym zu sein und jeden Dreck in irgendwelchen Foren absondern zu können. Weit gefehlt: wenn der Foreninhaber sich beleidigt fühlt, hat auch Herr Rolf Akena, Oldenburger Ring 17, Westoverledingen, IP-Adresse 1.2.3.4 bald Besuch vom Staatsanwalt, und auch erfahrenen privaten Schnüfflern ist es oft möglich, Beziehungen zwischen Pseudonymen und Personen zu ermitteln. Damit wären wir wieder beim Thema des vorhergehenden Absatzes.

Ich halte es für ein ernstes gesellschaftliches Problem, dass kaum noch jemand mit offenem Visier auftritt und sich nahezu jeder hinter irgendeinem Pseudonym im Netz versteckt, aber leider muss man das Vielfach, da man zwar ein verfassungsmäßiges Recht auf freie Meinungsäußerung hat, aber das Wörtchen „folgenlos" im Grundgesetz leider fehlt. Trotzdem sollte man seine Kommentare in Grenzen halten.

Kampfplatz YouTube

Auch wenn man selbst in sozialen Netzwerken umsichtig zu Werke geht, muss das nicht auf andere zutreffen. Mobbing-Videos auf YouTube oder irgendwelchen anderen Seiten sind leider heute an der Tagesordnung, und in sozialen Netzwerken erscheinen oft Bemerkungen oder Fotografien, die man dort lieber nicht sehen möchte. In welchem Umfang man von so etwas betroffen sein könnte, hängt vom

Alter (Jugendlich sind mehr gefährdet als Ältere) und auch von den Gruppen ab, in denen man verkehrt.

Erster Schritt sollte eine regelmäßige Kontrolle durch ego-Suchen im Netz und in sozialen Netzwerken sein. Die Suchmaschinen bieten erweiterte Suchmodi an, die genutzt werden können, um tatsächlich nur Einträge mit dem eigenen Namen zu finden (Abbildung 8.4).

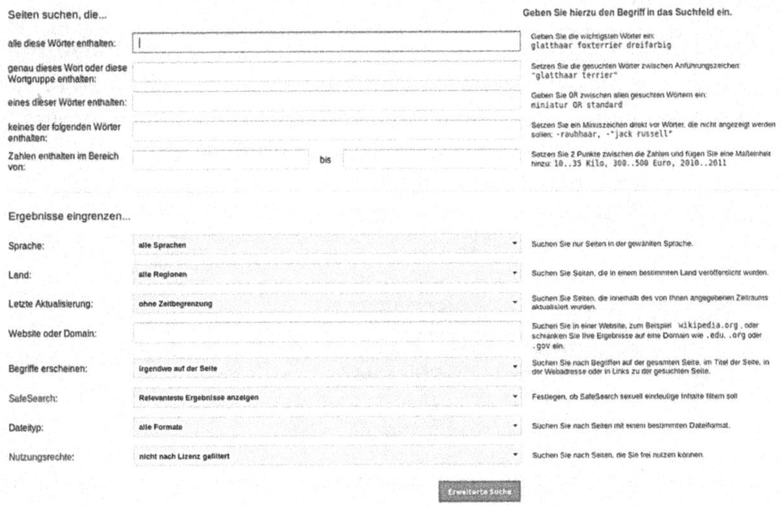

Abbildung 8.4: erweiterte google-Suche

Die Suche funktioniert inzwischen sogar mit Bildern. Wenn Sie Fotos haben, die Sie lieber nicht im Netz sehen wollen, sich aber nicht sicher sind, ob sich die Bekannten an Ihren Wunsch halten, können Sie auch direkt nach dem Bild oder Tags in den Bildern suchen.

Das Gleiche gilt auch für soziale Netzwerke, die möglicherweise nicht vollständig von Suchmaschinen erfasst werden. Welche Suchoptionen hier bestehen, müssen Sie aber selbst in Erfahrung bringen. Die Betreiber sind inzwischen wegen negativer Propaganda doch hellhöriger geworden und stellen Hilfen dazu bereit.

Wird man fündig, sollte man nicht zögern, die Einträge zu melden und deren unverzügliche Entfernung wegen Verletzung der Persönlichkeitsrechte zu verlangen. Die meisten Netzwerkbetreiber reagieren auf solche Anträge recht schnell und sperren ggf. auch den Nut-

zer, über den man sich beschwert. Die Beschwerde sollte allerdings
berechtigt sein, sonst kann sich das zum Bumerang entwickeln.

Darüber hinaus kann man den Verursacher abmahnen und eine Un-
terlassungserklärung erwirken. Allerdings lohnt sich das nur bei
rechtsmündigen Verursachern, und man sollte sich schlau machen,
bevor man hier etwas lostritt, was zu nichts als Kosten führt. Falls
man das macht, kann man das beim Netzwerkbetreiber mit angeben,
damit der weiß, dass man es ernst meint.

Bei noch weiter gehenden Tatbeständen steht auch eine Strafanzeige
wegen Beleidigung zur Debatte. Allerdings sollte das Vertrauen in das
Rechtssystem nur bedingt sein. So urteilte das Bundesverfassungsge-
richt beispielsweise bezüglich des Umgangs in Foren miteinander

```
Pressemitteilung Nr. 77/2012 vom 13. November 2012
Beschluss vom 17. September 2012
1 BvR 2979/10
```

**Die Bezeichnung anderer als „rechtsradikal" ist ein Werturteil
und fällt unter die Meinungsfreiheit**

Abbildung 8.5: Urteil des Bundesverfassungsgerichtes

Angesichts der Praxis der Diskriminierung von Personen, die in irgendeiner Form mit diesem Adjektiv in Verbindung gebracht werden,
schon ein recht eigenartiges Urteil.

8.2   Emails

Wir kommen nun zu technischen Maßnahmen, die zwar einfach
durchzuführen und auch in den meisten Systemen funktionsmäßig
bereits integriert sind, aber trotzdem fast nie von den Anwendern
eingesetzte werden. Bei Emails, dem Angelpunkt der nachrichtendienstlichen Schnüffeltätigkeit – selbst der unscheinbare BND hat
zugegeben, über Jahre hinweg bis zu 40 Mio Email/Jahr ausgespäht
zu haben (→ wieviel % vom Gesamten das wohl sind?) – und der bür-
gerlichen Empörung, existieren sogar mehrere Möglichkeiten:

1. Man benutzt ein X.509-Zertifikat, dass man sich im Internet besorgen kann oder das man mit dem neuen Personalausweis erhalten hat, oder

2. man erzeugt sich ein PGP-Zertifikat, mit dem man

   a) nach dem PGP-Text-Modus oder

   b) mittels PGP-Mime verschlüsselt.

Ersteres kostet Geld, und da man alles – auch den privaten Schlüssel – von einem Anbieter erhält, weiß man nicht, wer den Schlüssel noch kennt. 2.a) ist auch nur Kennern zu empfehlen, da nicht alle Teile der Mail automatisch verschlüsselt werden. 2.b) ist daher das Mittel der Wahl, das hier beschrieben wird.

Wichtig! Die Zertifikate sind an die Email-Adressen gekoppelt. Man muss/sollte die Schlüssel ändern, wenn man eine neue Emailadresse verwendet. Warum? Die Emailadresse ist eine persönliche Angelenheit, wie Nutzer von PayPal wissen. Gehört ein Zertifikat zu einer bekannten Emailadresse, kann man schon sicher sein, dass man den richtigen Adressaten vor sich hat.

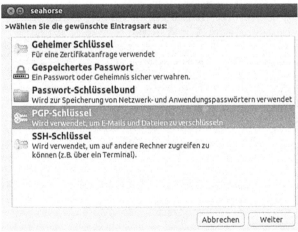

Abbildung 8.6: Schlüsselerzeugung, Auswahlmenü

Als einmalige Aktion (für jedes Emailkonto) erstellt man sich ein OpenPGP-Schlüsselpaar. In Linux kann man dies menügeführt über die Kennwort- und Schlüsselverwaltung erledigen (Programm seahorse, Abbildung 8.6). Die Schlüssel sind mit dem Namen und dem Emailkonto verbunden (Abbildung 8.7).

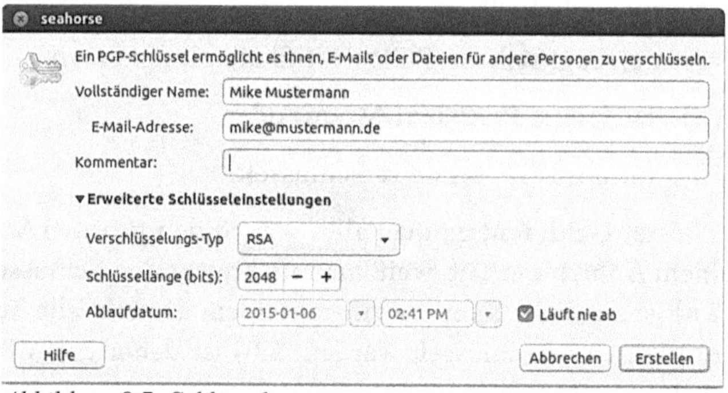

Abbildung 8.7: Schlüsselerzeugung

Das Ergebnis sieht dann ähnlich aus wie in Abbildung 8.9. Das Verzeichnis mit den Schlüsseln oder dem exportierten gesamten Schlüssel (Privater + öffentlicher Schlüssel) sollte man irgendwo dauerhaft sichern, damit man Emails noch öffnen kann, wenn der Rechner einmal ausfällt. Für andere Systeme (andere Linux-Versionen, Windows, MAC) existieren ebenfalls menügesteuerte Generatoren, und im Internet sind ausführliche Anweisungen erhältlich, die Handgriff für Handgriff beschreiben. Abschließend exportiert man den (privaten)

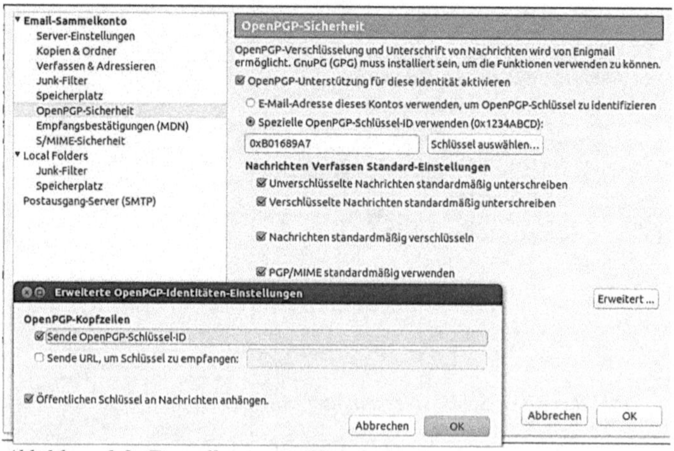

Abbildung 8.8: Einstellungen in Thunderbird

Schlüssel auf einen Server, von dem andere das Zertifikat herunterladen können (auch das ein Menüpunkt).

Abbildung 8.9: PGP-Zertifikatverwaltung unter Ubuntu-Linux

In der Regel ist das Zertifikat auch gleich im Mailagenten zugänglich, hier in Thunderbird.

Wenn man die Konfiguration so wie in Abbildung 8.8 gezeigt einstellt, wird PGP in der richtigen Form für eine Unterschrift und für eine Verschlüsselung verwendet, wenn dies möglich ist. Die Mails können nun normal erstellt werden. Besitzt der Adressat ein bekanntes PGP-Zertifikat, erfolgt alles automatisch, ansonsten wird man um die Angabe des Schlüssels gebeten.

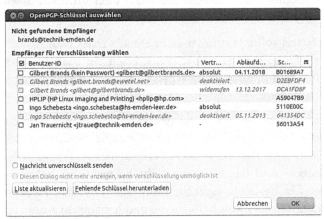

Abbildung 8.10: Sendeoptionen

Man kann nun den/die fehlenden Schlüssel auf dem Schlüsselserver suchen oder die Mail doch unverschlüsselt senden. Der Empfänger erhält mit den angegebenen Einstellungen das Zertifikat und wird bei einer verschlüsselten Antwort nicht gefragt. Die Verschlüsselung und Unterschrift wird durch ein Schlüsselsymbol und ein Siegelsymbol beim Öffnen der Mail angezeigt. In anderen Mailprogrammen ist der Ablauf ähnlich.

Gesamtaufwand:

> Einmal pro Emailkonto: Erzeugen der Schlüssel und Hochladen des Zertifikats auf den Schlüsselserver, ggf. Installation im Mailprogramm.

> Einmal pro Emailadresse: Bestätigung in der Schlüsselverwaltung, dass man dem Absender vertraut. In diesem Fall erzeugt der Mailagent keine Warnung mehr. Wenn man mit den Warnungen leben kann und will, kann man sich den Schritt einsparen.

> Einmal pro Öffnen des Mailprogramms: Eingabe des Kennwortes für den Geheimschlüssel. Auf dem heimischen Rechner kann man den Geheimschlüssel aber auch unverschlüsselt hinterlegen, so dass dieser Schritt entfällt.

> Einmal pro versandter Email: Angabe des öffentlichen Schlüssels des Empfängers (entfällt, wenn Empfänger bereits bekannt und Schlüssel bestätigt) oder unverschlüsseltes Absenden.

Der Aufwand sollte vertretbar sein; Details muss man sich eventuell nochmals für sein System anschauen. Nach ein paar Testemails, die man mit einem Freund austauschen kann, dürfte aber alles problemlos funktionieren.

Ähnlich, aber mit etwas mehr Aufwand kann ein X.509-Zertifikat verwendet werden, mit dem nach dem gleichen Prinzip verschlüsselt wird, hinter dem aber ein anderes Vertrauensmodell bezüglich des Inhabers steckt und das meistens nicht kostenlos zu bekommen ist. Man muss es bei einer Agentur beantragen, bei den besseren auch einen Identitätsnachweis beibringen, und hat einigen Aufwand, wenn man den privaten Schlüssel selbst erstellen will.

Überlegen sollte man sich die Benutzung von Webmail-Konten. Auch die können mit den Verschlüsselungsmechanismen umgehen, allerdings verlangt dies die zumindest zeitweise Übertragung der privaten Schlüssel an den Webserver. Ob man das Vertrauen hat, muss sich der Nutzer selbst überlegen.

Bei Emails an mehrere Empfänger müssen alle mitmachen, denn wenn einer dabei ist, der keinen Schlüssel besitzt, kann die ganze Email nicht verschlüsselt werden. Haben verschiedene Partner unterschiedliche Zertifikattypen, muss auch das berücksichtigt werden. Ggf. muss man die Mails einzeln an jeden senden.

Es sind nur einige Mausklick mehr, aber ich habe schon mehrfach in diesem Buch angemerkt, dass diese Hürde für die meisten Nutzer trotz ihres lauten Schreiens nach mehr Sicherheit anscheinend nicht überwindbar ist. Selbst bei Informatikern und Elektrotechnikern an deutschen Hochschulen, die mit der Materie eigentlich umgehen können und an ihrer Verbreitung interessiert sein müssten, trifft man immer wieder auf Ablehnung oder stures Ignorieren, so dass selbst diejenigen, die mit einer Verschlüsselung angefangen haben, nach einiger Zeit oft entnervt wieder aufgeben (→ pikant: eine Hochschule macht sogar mit speziellen Studieninhalten zur „IT-Sicherheit" auf sich aufmerksam, ohne dass PGP oder X.509 eine Chance hätten).

Dabei würde eine allgemeine Verschlüsselung schon sehr viel nützen. Selbst wenn die Nachrichtendienste Hintertüren haben, um auch verschlüsselte Mails lesen zu können – einfach können diese Hintertüren nicht sein. Werden sämtliche Emails verschlüsselt, wären die Dienste mit einiger Wahrscheinlichkeit überfordert: sie könnten nur einen Teil der Emails entschlüsseln, und einige Nutzer kommen ohne Ausspähung davon.

Meine Empfehlung: wenn es Ihnen mit den Schutz der Privatsphäre ernst ist,

- installieren Sie sich eigene Zertifikate,

- nerven Sie Ihre Bekannten, es Ihnen gleich zu tun,

- gehen Sie Unternehmen mit Internetportalen unausgesetzt auf den Keks, Emails verschlüsselt mit Ihnen auszutauschen

(→ warum sollen Sie Ihre Bewerbungsunterlagen unverschlüsselt per Email einreichen?)

8.3   Mein Heimnetzwerk gehört ... wem?

Laut Snowden hat die NSA Zugriff auf alle Heimrechner, und wir haben Techniken vorgestellt, derer sie sich bedienen könnte. Man kann
aber trotzdem einiges für die private Sicherheit tun.

8.3.1   Router

Bei von Unternehmen betriebenen Netzwerken endet die Zuständigkeit des Providers am Anschlusskasten – bei privaten Nutzern meist
nicht. Der private PC steht in einem privaten LAN oder WLAN hinter einem DSL- oder Kabelrouter, aber der gehört nicht selten dem
Provider. Ist das Netzwerk sicher?

Sicher nicht, wenn der Router von außen steuerbar ist. Fast alle Router sehen eine Steuermöglichkeit von außen vor. Die ist zwar in DSL-
Routern in der Regel deaktiviert, aber man sollte sich zumindest davon überzeugen. Kabelrouter hingegen sind keine echten Router im
Endnutzersinn, sondern virtuelle Router, die vom Kabelprovider ge-
steuert werden. Der kann daher grundsätzlich alles mitlesen, was
über den Router abgewickelt wird, und das ist auch alles, was im
LAN von einem Rechner zum anderen läuft.

Wer sicherer sein will, installiert zumindest einen eigenen WLAN-
Router hinter dem Kabelrouter. Achten Sie beim Kauf auf einen Router mit einem Linux-Betriebssystem. TP-Link bietet beispielsweise
solche Router an, und man kann die komplette Firmware aus dem Internet laden und prüfen, wenn man möchte. Ironischerweise stehen
gerade die teuren All-round-Router wie die Fritz-Boxen im Ruf, Hintertüren zu besitzen, durch die ein Nachrichtendienst eindringen
könnte. Ein zusätzlicher Router für 40-50 € ist möglicherweise eine
lohnenden Maßnahme.

8.3.2 Sichere Rechner

Die Anfälligkeit des Fenster-Betriebssystems für schmutzige Software aller Art ist bekannt, so dass nicht weiter darauf hingewiesen werden muss. Trotzdem gibt es natürlich gute Gründe, warum man auch auf dieses Betriebssystem nicht verzichten möchte. Trotzdem ist ein Schutz möglich.

PARTITIONEN

Analysieren Sie zunächst, für welche Anwendungen ein bestimmtes Betriebssystem direkt installiert sein muss. In der Regel ist das nur für Spiele oder besonders hochwertige oder rechenaufwändige Multimediaprogramme notwendig. Erzeugen Sie für diese Anwendungen eine oder mehrere Partitionen auf der Festplatte bei der Systeminstallation und installieren Sie das passende Betriebssystem.

Wenn Windows installiert werden muss, sollte das jeweils zuerst erfolgen. Für die restlichen Anwendungen sollten Sie Linux installieren (keine Bange, Sie müssen sich nicht unbedingt an dieses Betriebssystem gewöhnen). Beim Starten werden Sie gefragt, welches Betriebssystem ausgeführt werden soll.

VIRTUELLE MASCHINEN

Installieren Sie VirtualBox oder VMWare auf Ihrer Maschine. Diese Anwendungen erlauben es Ihnen, weitere Betriebssysteme in einer virtuellen Umgebung zu installieren, d.h. die Hardware wird nur simuliert. In der Regel merkt man den Unterschied zur direkten Installation aber kaum.

In ihrem Wirtsbetriebssystem können mehrere virtuelle Maschinen gleichzeitig gestartet werden. Das erlaubt es Ihnen, Funktionen zu unterteilen, beispielsweise

> hat die Maschine mit Ihrer Textverarbeitung oder Ihrer Dokumentenverwaltung gar keinen Kontakt (oder nur sehr eingeschränkten, wenn es das Wirtsbetriebssystem ist) zum Internet, d.h. Informationen können durch Nachrichtendienste auch nicht ausgelesen werden;

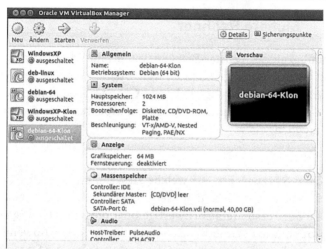

Abbildung 8.11: Virtuelle Maschinen in einer VirtualBox

> läuft das Emailprogramm in einer anderen Maschine als Ihre
> Browseranwendung, d.h. irgendwelche von Webseiten einge-
> schleppten Schadprogramme könne Ihre Emails nicht ausle-
> sen;

> ...

Je nach Misstrauen können Sie die Funktionen beliebig unterteilen.
Die Maschinen lassen sich als Backup sichern oder klonen, so dass
bei einer Kompromittierung nur die korrupte Maschine gelöscht und
durch ihre saubere Kopie ersetzt werden muss.

PRÜFEN

Wenn Sie einen ausgeprägten Spieltrieb haben oder durch die anderen Maßnahmen Ihr Interesse geweckt worden ist, können Sie die Sicherheit von Systemen auch testen. Aber Vorsicht! Machen Sie das
nur im eigenen Heimnetzwerk! Das Testen anderer Systeme ist nur
unter sehr engen Grenzen straffrei gestattet, auch wenn die Systeme
ihre eigenen Daten beinhalten!

Für das Testen installieren Sie zweckmäßigerweise Kali-Linux, eine
Linux-Version, die mit so ziemlich allen Hackertools ausgestattet ist,
die man kennt. Die meisten kommen in einer Konsolenumgebung
daher und sind über Kommandozeilen zu bedienen, auch wenn es

grafische Bedieneroberflächen gibt. Das macht das Arbeiten mit den Systemen nicht einfach. Bringen Sie also viel Zeit mit!

Sicherheitstests fallen in drei Kategorien. Die Anwendung von Tests aller drei Kategorien ist ohne ausdrückliche Erlaubnis des Systemeigentümers verboten.

1. **Oberflächentests.** In diesen Tests wird nur überprüft, ob das Zielsystem irgendwelche Eigenschaften aufweist, die im Zusammenhang mit Systemeinbrüchen genutzt werden können.

   Hierzu gehören Portscans, Analysen der Verschlüsselung und Systeminformationen, bestimmte Inhalte von Webseiten, Links, Reaktionen auf bestimmte Datenanfragen und Weiteres. „Auffälligkeiten" bedeuten weder, dass tatsächlich Schwachstellen vorhanden sind, noch dass der Tester sich Zugriff auf Daten zu schaffen versucht, die ihm vom System normalerweise nicht angeboten werden.

   Solche Tests sollten meines Erachten grundsätzlich erlaubt sein. Wenn hier bereits Auffälligkeiten gefunden werden, kann der Anbieter diese entweder begründen (und schafft damit eine Vertrauensbasis) oder hat bereits hier schlampig gearbeitet.

2. **Invasive Tests.** In diesen Tests wird überprüft, ob man sich Zugriff auf Daten verschaffen kann, für die man keine Berechtigung besitzt.

   Hierunter fallen einige Kategorien der SQL-Injections und des Cross-Site-Scriptings sowie auch andere Tests. Als Ergebnis kommt heraus, dass man sich grundsätzlich Informationen verschaffen oder Manipulationen durchführen kann, für die man keine Berechtigung besitzt. Sich diese tatsächlich zu verschaffen, erfordert aber in der Regel schon speziellere Maßnahmen als die Tests hergeben.

   Sauber konstruierte Software sollte auf diese Tests nicht ansprechen. Wenn sich der Anbieter seiner Sache sicher ist, sollte er eigentlich nichts gegen solche Tests haben.

3. **Destruktive Tests**. Diese dritte Kategorie von Tests ist geeignet, Schaden anzurichten, etwa Datenbanken zu Löschen,
   Dateisysteme durcheinander zu bringen und anderes mehr.

   Tests dieser Kategorie sollte man vielleicht besser Fachleuten
   vorbehalten.

Weiteres muss ich Ihrem Fleiß und Interesse überlassen.

Eine Anregung zum Rechtsverständnis

Eigentlich sollten Systemtests, von DoS und DDoS-Angriffen abgesehen, jedem freistehen, zumindest an Systemen, auf denen private
Daten gespeichert sind. Warum? In der Praxis finden sehr viele Angriffe dieser Art statt, und der Nutzer erfährt nur dann davon, wenn
das Ergebnis wirklich desaströs ist. Einzelne Konten geknackt und
ein paar Kunden geschädigt? Kein Problem, war halt ein einmaliger
Systemfehler, man entschuldigt sich beim Kunden und entschädigt
ihn, und weiter. Hauptsache, es bleibt unter dem Strich noch was übrig. Im Kreditkartengeschäft sieht das so aus (ungefähre Angaben für
2009): Umsätze ca. 40 Mrd. €, Provision ca. 700 Mio € (nur Verkäu-
ferprovisionen ohne Kosten und Provisionen für den Kunden), Schäden ca. 200 Mio. €. Offenbar ist hier die Schmerzgrenze für die Anbieter noch nicht erreicht, sich etwas besseres auszudenken. Und das
waren nur die Bösen! Hacken der Nachrichtendienste fällt gar nicht
erst auf, und diese benutzen genau die Techniken, die auch mit Kali-
Linux möglich sind.

Würde nun jeder testen können (es würden vermutlich ohnehin
kaum mehr Leute tun als bisher im Geheimen), fällt fast jede Lücke
auf, bevor ein ernster Schaden eintritt. Jeder betroffene Dienstleister
oder Softwarehersteller müsste und würde etwas tun, das Kundenver-
trauen würde wachsen und Lücken und Betrug würde weniger. Wäre
es das nicht wert, anfangs vielleicht ein wenig Unruhe zu schaffen?
Zumal vielleicht auch die Zahl der BOT-PCs abnehmen und andere
Gefährdungen damit ebenfalls weniger werden würden.

Ich kann als Techniker hier auch nur spekulieren. Verbote bewirken
aber meist wenig, denn die, die es wollen, tun es eben im Geheimen
und dann oft heftiger. Was meinen Sie?

8.4 Schlussbetrachtungen

Wo stehen wir nun? Die NSA und andere Nachrichtendienste sammeln Daten von allem und jedem mit der Begründung der Terrorabwehr, Tendenz trotz allen anderen Beteuerungen eher zu- als abnehmend. Dazu ist festzustellen:

a) In Bezug auf das Abhören unserer Regierung tun sie nichts als ihren Job.

b) In Bezug auf die Terrorabwehr müssen sie tatsächlich eine umfassende Überwachung durchführen, wenn sie diesen Job effektiv erledigen wollen.

c) Eine umfassende Überwachung erlaubt möglicherweise auch weitere Erfolge in der Verbrechensbekämpfung.

Andererseits gibt es die „dunkle Seite", die in Richtung Diktatur und Überwachungsstaat führt. Die Politik neigt dazu, den Menschen in immer intimeren Bereichen Vorschriften machen zu wollen (→ Veggie-Day). Darüber hinaus schafft die Politik durch eine Reihe von Maßnahmen erst die Notwendigkeit für eine derartige Überwachung. Man sollte sich daher ernsthaft dagegen zur Wehr setzen, und zwar gegen die Gesamtpolitik und nicht nur gegen die nachrichtendienstliche Überwachung.

Angesichts der bekannt gewordenen Fakten tun unsere Regierung, die Politiker und die Medien überaus empört und faseln etwas von Datenschutzabkommen, Begrenzung der Ausspähung und Ähnliches vor sich hin. Hierzu ist festzustellen:

a) Unsere Regierung und die Abschirmdienste haben sich in Bezug auf das Abhören der Regierung unglaublich stümperhaft benommen, und die Empörung ist lediglich der Versuch einer Verschleierung der eigenen Unfähigkeit.

b) Das umfassende Abhören der Bürger durch die NSA ist ohne aktive Duldung oder Mithilfe der deutschen Behörden gar nicht möglich. Alle Aufregung ist ebenfalls reine Augenwischerei.

c) Irgendwelche „Datenschutzabkommen" sind der größtmögliche Blödsinn, den man sich ausdenken kann. Wer glaubt, dass sich Geheimdienste durch Gesetze und Abkommen einschränken lassen, glaubt auch an den Weihnachtsmann und die Scheibengestalt der Erde.

Das gleiche gilt für irgendwelche Beschränkungen der Auswertungstiefe der heimischen Dienste. Augenwischerei, mehr nicht. Wo der Zug wirklich hinfährt, zeigt die neuerliche Diskussion um eine erweiterte Vorratsdatenspeicherung – natürlich als EU-Vorgabe, damit sich keiner aufregt.

d) Weitere Akteure wie die Chinesen, Russen und andere Geheimdienste, die ebenso aggressiv nach Daten buddeln, aber keine Unterstützung der deutschen Dienste genießen, sind bislang gar nicht erwähnt worden. Man tut schlicht so, als gäbe es die überhaupt nicht.

e) Die einzige Möglichkeit, dem Schnüffeln Paroli zu bieten – Verschlüsselung, Verschlüsselung, und nochmals Verschlüsselung – wird weder von der Politik noch von den Medien überhaupt erwähnt.

Kurz: wenn man sich nicht ohnehin schon permanent schämen müsste Deutscher zu sein, angesichts einer solchen Polit- und Medienriege wäre der passende Zeitpunkt endgültig gekommen.

Als Bürger kann man nur bedingt etwas gegen die Datensammelei machen. Aber zumindest die wirklich privaten Daten könnte man schützen oder auf eine Verbesserung des Schutzes einwirken:

a) Verschlüsselung der Emails,

b) Verschlüsselung der SMS,

c) Aufforderung an Unternehmen, Webseiten und Emails zu verschlüsseln,

d) Aufforderung an die Telekommunikationsunternehmen, wirksame end-2-end-Verschlüsselung einzuführen,

e) Suchen und Verwenden von Apps, die Verschlüsselungen in Bereichen ermöglichen, in denen noch keine existiert,

f) Sichern des eigenen Heimnetzes,

g) Überdenken, welche persönlichen Informationen man wo öffentlich zugänglich macht.

Leider passiert auch da gar nichts. „Ich habe nichts zu verbergen" ist die Parole, die einem von der Politik ohnehin eingehämmert wird und der 99% der Bürger aus Bequemlichkeit erliegen. Schön, Leute, macht das, aber dann hört wenigstens mit dem Meckern auf.

Stichwortverzeichnis

Einführung in die Informatik

Ein kleines Lehrbuch in englischer Sprache.

Create Space 2013

ISBN 978-1492827849

Der sichere Webserver und seine Umgebung

(in German)

Aufsetzen, Programmieren und Testen: ein Trainings-, Übungs- und Ideenbuch für den Administrator, Programmierer und den, der es werden will

195 Seiten, CreateSpace 2013

ISBN-13: 978-1489565990

Die Programmierung der eigene Webseite wird immer mehr zum Volkssport, und nicht wenige der Programmierer verdienen sich später ihr Brot oder zumindest ein Zubrot durch Programmieren der Webseiten anderer Leute. Leider kommt die Sicherheit der Webanwendung dabei häufig zu kurz, und auch in der Informatikerausbildung wird das Thema eher am Rande abgehandelt. Die Folge sind unnötige Schäden durch Hacker und Kriminelle.

Das Buch tritt an, vom der sorgfältigen Konfigurationsplanung des Server über die Auswahl geeigneter Programmierwerkzeuge, Verschlüsselungs- und Authentifizierungstechniken und Programmiermethoden bis hin zur Umgebung mit Firewall und Emailserver den Weg zum gesicherten Netzwerk aufzuzeigen. Alle Komponenten sind frei verfügbar, d.h. alles kann am eigenen Rechner ausführlich geübt und vertieft werden. Es eignet sich damit gleichermaßen für den Hobbyprogrammierer der eigenen Webseite, der sein Hobby zum Beruf ausbauen will, für den Studenten, der sich im Studium oder Selbststudium mit Serversicherheit beschäftigen will, bis hin zum Administrator kleiner (und mittlerer) Netzwerke, der Neues aufbaut oder vorhandenes einem Audit unterzieht.

Gilbert Brands

IT – Sicherheit 1.5

Internetprotokolle, Webprogrammierung,
Systemsicherheit

Wie funktionieren Internetprotokolle im Detail, welche Tricks können Angreifer nutzen, um Informationen auszuspähen? Wie sind EMails, IP-Telefonie und Funknetze organisiert, wie können Angreifer eindringen oder stören, wie kann man sich schützen? Worauf ist bei der Webprogrammierung zu achten, um SQL-Injections, Cross-Site-Scripting und andere Angriffe zu verhindern? Wie baut man ein verschlüsseltes Netzwerk auf, was ist bei Zertifikaten zu beachten? Wie sind die Details von SSL, SSH, PGP, VPN? Wie unterscheiden sich Public Key Infrastructure und Kerberos? Das Buch gibt auf diese und weitere Fragen zu anderen Protokollen detaillierte Auskunft. Darüber hinaus werden Viren und Schadsoftware betrachtet und Möglichkeiten der Absicherung angesprochen. Aber auch Geschäftsprozesse wie Dokumentenverwaltung und anderes finden Berücksichtigung.

Das Buch wendet sich an Studenten Informatik und Wirtschaftsinformatik sowie IT-Fachleute aus Unternehmen. Der Autor ist Hochschullehrer mit den Lehr- und Forschungsgebieten softwaretechnische und mathematische IT-Sicherheit und Mitglied der Arbeitsgruppe IuK-Kriminalität der Polizeidirektion Oldenburg/Hochschule Emden-Leer.

Ergänzend zu lesen: Verschlüsselung, Signaturen, Angriffsmethoden, ISBN 978-8448-0872-8. und Das C++ Kompendium, ISBN 978-3-642-04786-2.

•Taschenbuch: 612 Seiten
•Verlag: CreateSpace Independent Publishing Platform (29. November 2012)
•Sprache: Deutsch
•ISBN-10: 1481119273
•ISBN-13: 978-1481119276
•Link: http://www.amazon.de/dp/1481119273

(in German)

Pressemitteilung / Bibliotheksinformation

Buchneuerscheingung

Gilbert Brands

Verschlüsselung, Signaturen, Angriffsmethoden

Die Welt der elektronischen Sicherheit in Theorie und Praxis

BoD Norderstedt 2012, 596 Seiten, 45,80 €

ISBN 978-3-8448-0872-8

Das Buch beginnt mit der Untersuchung der Schnittstelle Mensch-Maschine. Wie sollten Kennworte unter verschiedenen Rahmenbedingungen gestaltet und verwaltet werden, warum ist beispielsweise eine vierstellige EC-PIN relativ sicher? Wie funktionieren biometrische Verfahren zur Personenindentifizierung, und wie sicher oder unsicher sind sie? Es geht dann über zu maschinengebundenen Verschlüsselungsverfahren und vergisst auch die für die Praxis wichtige Kodierungsfrage nicht. Über einfache Sicherungsverfahren und Wasserzeichen geht es zu symmetrischen Verschlüsselungsverfahren mit der Vorstellung der wichtigsten Algorithmen aus Netzwerk-, Festplatten- und Mobilfunkverschlüsselung, wobei ausführlich statistische und physikalische Angriffsverfahren vorgestellt werden. Mit der gleichen Sorgfalt werden die Hashalgorithmen der derzeitigen und der nächsten Generation und ihre vielfältige Verwendung vorgestellt, wobei auch hier Angriffsmöglichkeiten und ihre Ausnutzung nicht fehlen.

Für die asymmetrischen Verfahren wie RSA und Diffie-Hellman wird die Mathematik in einem eigenen Kapitel vorbereitet. Neben dem Standardeinsatz SSL oder PKI werden unterschiedliche Gruppensignaturen sowie auch die Möglichkeit der transparenten Durchführung demokratischer Wahlen über das Internet ausführlich vorgestellt. Die letzten beiden Kapitel widmen sich mit mathematischen Betrachtungen zu Primzahlen den noch offenen Fragen der asymmetrischen Algorithmen und mit der Untersuchung verschiedener Faktorisierungsalgorithmen der Sicherheitsfrage von RSA.

Das mathematische Niveau des Buches erfordert in den praxisorientierten Kapiteln kaum mehr als Schulniveau, gewinnt aber in den letzten Kapiteln einiges an Fahrt, wobei darauf Wert gelegt wird, dass der Leser den Anschluss nicht verliert. Dazu tragen auch die in jedem Kapitel reichlich vorhandenen Aufgaben bei, die den Leser meist auffordern, das Gelesene in eine Computeranwendung umzusetzen. Interesse an Programmierung ist daher auch gefragt.

Die Zielgruppen des Buches sind hauptsächlich Informatiker, Mathematiker und Elektrotechniker, und hier nicht nur Studenten und Hochschulen, sondern auch Praktiker im Beruf, die sich mit Sicherheitsfragen in Netzwerken oder der Entwicklung von Sicherheitsanwendungen auseinander setzen. Aber auch der einfach nur interessierte Leser dürfte auf seine Kosten kommen. Einen Eindruck über das Gesamtspektrum des Buches bietet der von den großen Online-Buchhändlern angebotene „Blick ins Buch".

http://www.amazon.de/Verschl%C3%BCsselung-Signaturen-Angriffsmethoden-elektronischen-Sicherheit/dp/3844808728/ref=sr_1_1?ie=UTF8&qid=1334637490&sr=8-1

Kontakt: Prof. Dr. Gilbert Brands, 26736 Krummhörn, email: gilbert@gilbertbrands.de

(in German)

Das C++ Kompendium

Taschenbuch: 950 Seiten

•**Verlag:** Springer; Auflage: 2. Aufl. 2010 (20. August 2010)

•**Sprache:** Deutsch

•**ISBN-10:** 3642047866

•**ISBN-13:** 978-3642047862

Das Lehrbuch vermittelt die zentralen Konzepte der Programmierung in C++ im Detail. Anhand komplexer Problemstellungen wird gezeigt, wie korrekter und wiederverwendbarer Code entwickelt wird und wie sich mithilfe einer Programmiertechnik typische Fehler vermeiden lassen. Leser werden anhand von Aufgaben schrittweise an Problemstellungen herangeführt. Die mathematische und algorithmische Herangehensweise macht das Buch auch zu einem wertvollen Studienbegleiter für Veranstaltungen wie „Algorithmen und Datenstrukturen" oder „numerische Mathematik".

Einführung in die Quanteninformatik

Taschenbuch: 384 Seiten

•**Verlag:** Springer; Auflage: 2011 (31. August 2011)

•**Sprache:** Deutsch

•**ISBN-10:** 3642206468

•**ISBN-13:** 978-3642206467

Ausgehend von der Theorie und den Protokollen der Quantenkryptografie werden in dem Band die Servicequalitäten vorgestellt, die angesichts der aktuellen technischen Möglichkeiten erreichbar sind. Unter Berücksichtigung wenig beachteter Gesichtspunkte der Kryptoanalyse diskutiert der Autor die erreichbare Sicherheit und untersucht die Möglichkeiten des Quantencomputing. Anhand praxisnaher Aufgaben können Leser ihr Wissen vertiefen und lernen, die Techniken kritisch zu bewerten. Mit Programmieranleitung für Simulationsversuche auf dem eigenen Rechner.

www.ingramcontent.com/pod-product-compliance
Lightning Source LLC
Chambersburg PA
CBHW071406050326
40689CB00010B/1777